As **10** HABILIDADES
ESTRATÉGICO-FINANCEIRAS
DOS GESTORES MODERNOS

As **10** habilidades estratégico-financeiras dos gestores modernos

Roberto Nepomuceno Bento

Editora Senac Rio – Rio de Janeiro – 2022

As 10 habilidades estratégico-financeiras dos gestores modernos ©
Roberto Nepomuceno Bento, 2022.

Direitos desta edição reservados ao Serviço Nacional de Aprendizagem Comercial – Administração Regional do Rio de Janeiro.

Vedada, nos termos da lei, a reprodução total ou parcial deste livro.

Senac RJ

Presidente do Conselho Regional
Antonio Florencio de Queiroz Junior

Diretor Regional
Sergio Arthur Ribeiro da Silva

Diretor de Operações Compartilhadas
Pedro Paulo Vieira de Mello Teixeira

Diretor de Educação Profissional Interino
Claudio Tangari

Editora Senac Rio
Rua Pompeu Loureiro, 45/11º andar
Copacabana – Rio de Janeiro
CEP: 22061-000 – RJ
comercial.editora@rj.senac.br
editora@rj.senac.br
www.rj.senac.br/editora

Editora
Daniele Paraiso

Produção editorial
Cláudia Amorim (coordenação), Manuela Soares (prospecção), Andréa Regina Almeida, Gypsi Canetti e Michele Paiva (copidesque e revisão de textos), Priscila Barboza, Roberta Santos e Vinícius Silva (design)

Projeto gráfico de capa e miolo e diagramação
Aline Haluch

Impressão
Imos Gráfica e Editora Ltda.

1ª edição
Agosto de 2022

CIP-BRASIL. CATALOGAÇÃO NA PUBLICAÇÃO
SINDICATO NACIONAL DOS EDITORES DE LIVROS, RJ

B42d

    Bento, Roberto Nepomuceno.
      As 10 habilidades estratégico-financeiras dos gestores modernos / Roberto Nepomuceno Bento. - 1. ed. - Rio de Janeiro : Ed. Senac Rio, 2022.
        264 p. ; 23 cm.

      ISBN 978-65-86493-51-1

      1. Planejamento estratégico. 2. Desenvolvimento organizacional. 3. Finanças. 4. Lideranças. I. Título.

22-78035   CDD: 658.4012
                                                                               CDU: 005.51

Gabriela Faray Ferreira Lopes - Bibliotecária - CRB-7/6643

Dedico esta obra a todos os professores e alunos que cruzaram o meu caminho, pois foram responsáveis por transformar o fluxo estudar-ensinar-aprender em algo prazeroso e transformador para mim.

Eu sou feliz!

"Feliz aquele que transfere o que sabe e aprende o que ensina."

Cora Coralina

SUMÁRIO

Apresentação, **9**

Agradecimentos, **13**

Introdução, **15**

Habilidade 1: Compreender o processo de planejamento estratégico, **27**

Habilidade 2: Monitorar o macroambiente da empresa, **63**

Habilidade 3: Construir processos simples, diretos e eficientes, **99**

Habilidade 4: Criar KPIs de alto valor, **111**

Habilidade 5: Entender a linguagem dos negócios, **121**

Habilidade 6: Avaliar o desempenho do negócio, **151**

Habilidade 7: Praticar o orçamento base zero, **177**

Habilidade 8: Propor projetos de alto valor, **193**

Habilidade 9: Gerir risco continuamente, **207**

Habilidade 10: Desenvolver modelos preditivos, **221**

Considerações finais: O que o gestor moderno deve fazer agora?, **271**

Anexo: Tabela I, **273**

Referências, **275**

APRESENTAÇÃO

As 10 habilidades estratégico-financeiras dos gestores modernos é um reflexo de minha carreira até o momento. O conteúdo encontrado nos capítulos a seguir é um compilado do que aprendi na jornada paralela que venho traçando entre os mundos acadêmico e profissional.

O lado acadêmico se iniciou aos 15 anos, quando me tornei professor de inglês, inclui duas faculdades (economia e contabilidade), um mestrado (economia) e um MBA (finanças), e se faz presente por meio de meus projetos como professor de MBA, coordenador acadêmico e escritor. O lado profissional se iniciou aos 26 anos quando me tornei trainee em uma empresa multinacional e abrange experiências como assistant controller (Holanda), analista de tesouraria (Noruega), project controller (Escócia), business controller (Rio de Janeiro), gerente de tesouraria Brasil (Curitiba), superintendente financeiro (Rio de Janeiro) e atualmente finance manager Brazil (Rio de Janeiro). A junção das experiências nessas distintas realidades sintetiza o profissional que sou e influencia esta obra.

Uma de minhas tarefas prediletas como professor de MBA é participar da banca avaliadora de projetos de investimento e novos negócios em disciplinas de business games. Nessa matéria, alunos de turmas que estão em conclusão de curso são divididos em times de projetos e recebem um aporte financeiro fictício para criar um negócio novo com um produto inovador. Com a proposta de simular o mundo dos negócios, as equipes têm de apresentar seus projetos à banca, que os avalia nos quesitos inovação, gestão de projetos, marketing, recursos humanos, comercial e finanças. Para mim, business game é uma oportunidade fantástica de discutir com mentes aguçadas os diversos aspectos que dão forma a um negócio. Contudo, quanto mais apresentações avaliativas presenciei nos últimos dois anos, mais me questionei sobre três hipóteses importantes e, para mim, inquietantes.

A primeira hipótese é que muitos alunos em conclusão dos cursos de MBA não conseguem montar um planejamento. Observei nas diversas apresentações a falta crônica de um planejamento que orientasse as entregas. Presenciei apresentações que ultrapassaram o tempo, que não deram atenção a todos os quesitos analisados ou que demonstraram problemas com as ferramentas audiovisuais. Outras apresentações não consideraram a visão geral do produto no início e, muitas vezes, os avaliadores só entendiam a inovação perto do fim da apresentação. Praticamente nenhum grupo iniciava com a demonstração de alguma ferramenta que explicasse o modelo de negócios, como Canvas.[1] Enfim, o que testemunhei mais vezes do que gostaria foi uma sucessão de "fazejamentos" que contribuiu para desentendimentos entre os integrantes dos grupos e falta de controle, qualidade e previsibilidade nas entregas das equipes.

Na segunda hipótese, esses mesmos alunos não tinham a real dimensão do que é ser gestor. Os líderes das equipes costumavam dividir as tarefas com os demais integrantes e depois voltavam suas atenções para a parte do trabalho que deveriam entregar, mas falhavam no planejamento, no monitoramento da performance dos outros, na qualidade da comunicação da equipe e na construção dos relacionamentos imprescindíveis ao sucesso do projeto. Por fim, acreditavam que, como gestores, deveriam apresentar cada membro da equipe e reter para si a maior parte do tempo de exibição do projeto para a banca. Ou seja, percebia-se não apenas uma intenção de necessitar aparecer mais que os outros individualmente mas também uma incapacidade de distinguir as responsabilidades e os fardos de atuar como gestor.

A terceira e mais perturbadora hipótese é que a maioria desses alunos não tinha ferramentas básicas de finanças para exercer funções de gestão nas empresas. Nos business games, era comum as equipes deixarem a parte financeira do projeto para os

---

1 Osterwalder, Alexander; Pigneur, Yves. *Business model generation: inovação em modelos de negócios*. Rio de Janeiro: Alta Books, 2011.

últimos dois minutos da apresentação, muitas vezes falhando em evidenciar o fluxo de caixa do negócio e os indicadores básicos de avaliação do projeto, como o valor presente líquido (VPL), o período de payback e a taxa interna de retorno (TIR). Muitas equipes não consideravam em suas operações impostos, capital de giro, análise de riscos ou análise de cenários. O pouco tempo dedicado ao assunto e os discursos não muito entusiasmados, que muitas vezes misturam custos com despesas ou embaralham os regimes de caixa e competência, deflagraram o desconforto que os alunos sentiam em falar sobre finanças.

Dediquei um tempo a refletir sobre essa última hipótese, fazendo o exercício de lembrar e anotar algumas interações que tive no passado com colegas, chefes, colaboradores e parceiros. Infelizmente, vieram à cabeça momentos que reforçaram essa conclusão. Por exemplo, certa vez, durante uma reunião interna para desenvolvimento de uma proposta para o cliente, ao ser questionada sobre o orçamento necessário para o projeto, a gerente sênior de produtos respondeu não fazer a menor ideia, pois "essas coisas de dinheirinho são com o departamento financeiro". Em outra oportunidade, ao debater o resultado operacional do período com um diretor de operações, ele insistiu que nossa receita deveria ser maior porque já havíamos recebido pagamento do cliente e nossa entrega ainda não havia ocorrido (demonstrando falta de conhecimento sobre o regime de apuração de resultado correto). Quanto mais situações parecidas revivi mentalmente, mais me convenci de que muitos gestores, de fato, não têm conhecimento dos conceitos básicos e ferramentas de finanças para desempenhar suas funções. Ora, alguns gestores nem acreditam que precisam entender de finanças para desempenhar bem seu ofício!

Convicto de que essas hipóteses são uma realidade, decidi dar minha contribuição. Este livro é a oportunidade de traduzir para o papel minha crença de que as finanças influenciam aspectos mais amplos do gerenciamento de uma organização do que apenas as áreas integrantes do departamento financeiro. Busco identificar o papel que as finanças exercem em cada etapa do planejamento estratégico de uma organização; para isso, apresento diversas ferramentas com as quais os gestores deveriam se familiarizar a fim de executar suas funções plenamente. Assim, parto do princípio de que o leitor não tenha formação em qualquer área relacionada a finanças, mas conheça o básico de matemática financeira e mantenha a curiosidade intrínseca do que faz um negócio girar. Que este livro seja valioso para profissionais em busca do desenvolvimento de suas habilidades financeiras e gerenciais, sejam gestores de qualquer área de uma empresa, sejam aspirantes a esses cargos.

AGRADECIMENTOS

À minha esposa, Michele Santana, que: como parceira perfeita, me apoia e me motiva; como gestora excelente, me ajuda a enxergar outras perspectivas; e, como um lindo ser humano imperfeito, serve de modelo em sua busca pelo autodesenvolvimento.

Ao meu pai, que sempre me incentivou a estudar e fazer grande esforço para concluir a primeira faculdade.

À minha mãe, que é meu esteio emocional e espiritual.

Ao casal Reuel (*in memoriam*) e Dixie Johnson, que tornaram possível minha experiência de fazer faculdade nos Estados Unidos. Vocês foram o início de tudo!

Ao meu tio Beto, que sempre promoveu conversas perspicazes acompanhadas de um belo vinho. Você é um exemplo!

À minha madrinha, torcedora mais apaixonada.

Aos meus irmãos e sobrinhos, que são fonte de motivação.

À família Chaves (Romeu, Régia, Rômel e Douglas), minha segunda casa e família ("família é tudo de bom").

Ao amigo Mario Lopes, que abriu as portas do mundo acadêmico brasileiro para mim.

Aos amigos Douglas Chaves, Rômel Chaves, Sylvio Martins, Alex Braga, Marcel Santos, Diogo Santos, Leonardo Santos, Filipe Ferreira, Daniel Olair, Isnard Carvalho, Leonardo Baldissera Santos e Alan Rabelo, que proporcionaram momentos, ensinamentos e ajuda durante a vida. Cada um de vocês teve influência em minha jornada.

Em especial, ao meu amigo, pai e anjo da guarda Larry Boeke, que me conheceu, acolheu, adotou, tornou filho, ensinou e amou sem restrições. Sem você eu não teria me tornado o ser humano de hoje.

E, por fim, a Deus, que colocou todos em minha vida na hora e nas medidas certas.

Amo vocês!

INTRODUÇÃO

> Quando não podemos mais mudar uma situação, somos desafiados a mudar a nós mesmos.
>
> Viktor Frankl

Você sabe o que organizações como a Kodak, a Blockbuster e a Saraiva têm em comum? Todas elas foram, um dia, empresas líderes nos respectivos setores, mas não foram capazes de acompanhar o ritmo do mercado no século XXI. Prova disso é que a Blockbuster foi extinta em 2013, a Kodak até hoje não se recuperou da invenção da fotografia digital e a Saraiva entrou em processo de recuperação judicial no fim de 2018! A razão específica para o declínio dessas corporações também é comum a todas elas: a incapacidade de acompanhar o aumento da competitividade no mercado, oriundo da globalização, do avanço tecnológico e da velocidade das inovações.

O MERCADO MODERNO

O mercado do século XXI pode ser definido pela hiperconcorrência,[1] ou seja, uma situação de instabilidade e mudanças resultante de manobras estratégicas entre concorrentes globais e inovadores para estabelecer com rapidez vantagens e melhorar seus posicionamentos competitivos. Os movimentos do mercado hipercompetitivo são ilustrados na Figura I.1.

---

1 Hitt, Michael A.; Ireland, R. Duane; Hoskisson, Robert E. *Administração estratégica*. 2. ed. São Paulo: Cengage Learning, 2008. p. 7.

A concorrência agressiva criada por esse mercado moderno divide as empresas em três grupos distintos. O primeiro grupo é o das organizações exponenciais,[2] que abrange empresas como Uber e Airbnb cujo impacto no mundo é desproporcionalmente maior que de seus concorrentes. O segundo é o das empresas visionárias,[3] aquelas como 3M e GE, que são líderes em seus setores, muito admiradas por outras empresas e com um longo registro de impactos significativos sobre o mundo à sua volta. Por fim, o terceiro é o grupo de empresas como Kodak e Saraiva, que, se não se transformarem em exponenciais ou visionárias, estarão fadadas a padecer, como a Blockbuster.

Figura I.1 – Fonte: adaptado de Hitt, Ireland e Hoskisson. *Administração estratégica.*

---

2   Ismail, Salim; Malone, Michael S.; Van Geest, Yuri. *Organizações exponenciais: por que elas são 10 vezes melhores, mais rápidas e mais baratas que a sua (e o que fazer a respeito).* Tradução de Yamagami, Gerson. São Paulo: HSM Editora, 2015. p. 19.

3   Collins, J.; Porras, J. *Feitas para durar: práticas bem-sucedidas de empresas visionárias.* 9. ed. Rio de Janeiro: Rocco, 2015. p. 15.

As organizações exponenciais são empresas nascidas no mundo digital, criadas com o intuito de alavancar as tecnologias da informação. Elas estão no centro da revolução digital e são fruto da era da inovação. Suas estruturas enxutas promovem agilidade e flexibilidade. Suas habilidades de conectar-se a recursos externos à empresa e acessar grandes volumes de informações geram oportunidades de negócios até então inimagináveis. Em resumo, as organizações exponenciais são a razão do ritmo acelerado de mudanças e da hipercompetitividade do mercado moderno.

As empresas visionárias são organizações centenárias, com alto poder de recuperação, que demonstram extraordinário desempenho de longo prazo e capacidade de deixar sua marca no mundo. Com ideologias centrais marcantes e imutáveis, mas uma vontade de progredir baseada em definir metas corajosas e dar aos funcionários as ferramentas necessárias para ultrapassar essas metas, elas buscam constantemente a autossuperação. O que move tais empresas não é superar a concorrência, mas, sim, o desejo de desempenhar melhor amanhã o que fizeram hoje. Por fim, as empresas visionárias têm histórico, visão, vitalidade e capacidade operacional e financeira para criar organizações exponenciais de forma orgânica, bem como comprar ou se unir àquelas já existentes. Por isso, as empresas visionárias também alimentam a hipercompetitividade do mercado moderno.

Como se esse alto nível de competitividade já não fosse desafio suficiente para as organizações, em dezembro de 2019 um "ato de Deus", originado na China, mudou a vida de todos: a pandemia de coronavírus. Capaz de forçar o mundo a se trancar em períodos variados de quarentena, que ficaram conhecidos como *lockdown*, essa pandemia assolou o mundo dos negócios. Com o distanciamento social forçado, o consumo parou, investimentos foram postergados e fluxos de comércio exterior, desestruturados. A economia não colapsou apenas pelo extraordinário aumento no gasto governamental no período. As empresas responderam, de imediato, com enxugamento de custos, demissões, suspensões e reduções de jornadas de trabalho e salários. Mas, para muitas, não foi suficiente. A Victoria's Secret fechou todas as suas lojas, bem como sua operação on-line; a Ford anunciou uma grande reestruturação global, com sua retirada de vários países (inclusive o Brasil) e o abandono de algumas linhas de montagem; grandes empresas, como Latam, Avianca, Cirque du Soleil, Hertz e J.C. Penney, entraram em processos de recuperação judicial.

Aos poucos, porém, concluiu-se que a pandemia seria duradoura e que os negócios precisariam retornar, mesmo com a ameaça constante do coronavírus. O que se viu em seguida foi um grande esforço das empresas para inovar em seus planos de negócios. Iniciativas como a popularização do *home office*, a aceleração da digitalização e a massificação do *delivery* de produtos e virtualização dos serviços passaram a ser adotadas em todos os lugares. Na medida em que a vacinação contra o coronavírus avança mundialmente, espera-se uma melhora no ambiente de negócios. Contudo, a pandemia deixa aprendizados e marcas profundas no ambiente competitivo global.

Assim é o mundo moderno dos negócios: uma guerra estratégica, tecnológica, inovadora e em alta velocidade entre organizações exponenciais, empresas visionárias e instituições decadentes que tentam sobreviver à nova realidade pós-pandemia. As implicações dessa nova realidade permeiam todos os aspectos das organizações. Entre esses aspectos, há um extremamente importante: o efeito do mercado hipercompetitivo sobre a atuação dos gestores. Como o mercado moderno influencia o trabalho do gestor? De que maneira os gestores podem contribuir para que suas organizações se adaptem à nova realidade? Em resumo, de quais habilidades o gestor moderno deverá se apropriar para impulsionar sua organização a obter êxito no mercado moderno?

O PAPEL E AS HABILIDADES DO GESTOR

Gerir significa administrar, dirigir ou comandar algo. Segundo a abordagem clássica, as funções do gestor[4] são de planejamento, organização, comando, coordenação e controle. Portanto, gestores encarregam-se de supervisionar as atividades dos outros e são responsáveis pelo alcance dos objetivos da organização. Por isso, eles são medidos por sua capacidade de engajar os colaboradores para que estes façam o trabalho certo da maneira certa. Os gestores conectam o presente ao futuro, concentram-se em estabelecer um vínculo entre o curto e o longo prazos, administram seu tempo, engajam os demais profissionais e garantem que todos assumirão o dever de prestar contas e as consequências de cumprir as metas dentro do prazo estabelecido.[5]

Um colaborador, independentemente da área em que atue, desenvolve seu trabalho com base em suas habilidades técnicas. O gestor, por sua vez, precisa fundamentar seu trabalho em uma gama de habilidades distintas. Ser gestor requer uma coleção de aptidões, habilidade de usar o tempo e um conjunto de valores diferentes daqueles necessários a um "contribuidor individual".[6] As competências reunidas por gestores eficazes incluem: habilidades técnicas, que são a competência ou o conhecimento profundo do gestor em determinada área; habilidades humanas, que são as aptidões para trabalhar, motivar e engajar pessoas, ou seja, fomentar o capital humano da empresa; e habilidades conceituais, que são a capacidade cognitiva de analisar e diagnosticar situações complexas.[7] Esse conjunto de habilidades é ilustrado na Figura I.2.

---

4   Robbins, Stephen P.; Judge, Thimothy A.; Sobral, Filipe. *Comportamento organizacional: teoria e prática no contexto brasileiro*. 14. ed. São Paulo: Pearson Prentice Hall, 2010. p. 3.
5   Ulrich, D.; Smallwood, N.; Sweetman, K. *O código da liderança: cinco regras para fazer diferença*. 3. ed. Rio de Janeiro: Best Seller, 2012, p. 63.
6   Charan, R; Drotter, S.; Noel, J. *The leadership pipeline: how to build the leadership-powered company*. Califórnia: Jossey-Bass, 2001. p. 8.
7   Robbins, Stephen P.; Judge, Thimothy A.; Sobral, Filipe. *Comportamento organizacional: teoria e prática no contexto brasileiro*. 14. ed. São Paulo: Pearson Prentice Hall, 2010. p. 5.

Figura I.2 – Fonte: adaptado de Robbins, Judge e Sobral.
Comportamento organizacional: teoria e prática no contexto brasileiro.

Fica claro que o gestor deve sustentar seu trabalho em um conjunto de habilidades diferentes e mais complexo, quando comparado a um colaborador que não desempenhe tarefas de gestão. É possível afirmar que uma empresa cujos gestores tenham todas essas habilidades e executem suas funções com qualidade goza de eficácia organizacional.[8] Entretanto, esse conceito clássico de gestão, atrelado ao processo administrativo, remete a uma organização ineficiente, inflexível em seus processos, intolerante ao risco, avessa a inovações disruptivas e, principalmente, lenta! Logo, não seria incoerente perguntar: será que o mercado moderno hipercompetitivo pós--pandemia não exige ainda mais habilidades dos gestores?

AS HABILIDADES DO GESTOR MODERNO

O contexto atual das organizações é de empresas que se utilizam de inovações, tecnologia da informação e novas técnicas organizacionais para aniquilar conceitos clássicos de outrora. Essa realidade exige maiores habilidades dos gestores. Assim, quando empresas como Uber e Airbnb compartilham ou alavancam ativos, em vez de possuí-los, como fazem taxistas e redes hoteleiras, os gestores precisam ser capazes de entender as consequências, os riscos e oportunidades de minimizar os ativos no balanço patrimonial

---

8   Eficácia significa completar as tarefas planejadas, ou seja, alcançar o resultado pretendido.

(BP).[9] Isso quer dizer que não basta ser eficaz; é preciso buscar flexibilidade, velocidade e eficiência[10] organizacional.

A velocidade dos negócios no mercado moderno é tamanha que mesmo os modelos de negócios mais bem-sucedidos podem mostrar-se defasados rapidamente. Os gestores precisarão criar as condições para que as empresas incorporem à operação novas tecnologias, como impressoras 3D, big data, criptomoedas, blockchain, inteligência artificial, realidade aumentada, internet das coisas etc. Isso requer aumento de eficiência, capacidade de lidar com o imprevisível, liberação de tempo para analisar informações, criação de processos e mecanismos que façam a empresa funcionar perfeitamente, acompanhamento profícuo do negócio, entre outros. Ou seja, será preciso estruturar a empresa para que ela estenda a vida útil de seu modelo de negócio ou crie, com rapidez, um novo modelo de negócios com base em inovações.

Conforme relatei na Apresentação do livro, um bom número de gestores ou aspirantes a essa função, atualmente, não reúne as habilidades necessárias para estruturar suas empresas a ponto de acompanhar a velocidade do mercado hipercompetitivo. Faltam a eles habilidades estratégicas. Faltam-lhes também habilidades financeiras. As 10 habilidades estratégico-financeiras que, acredito, os gestores devem desenvolver para modernizar suas "caixas de ferramentas" a fim de atuarem de forma eficaz e eficiente no mercado moderno são:

1. **Compreender o processo de planejamento estratégico** – em muitas empresas, é comum o planejamento estratégico ser um processo longo, que visa enxergar três a cinco anos à frente, desenvolvido exclusivamente pela diretoria

---

9 Balanço patrimonial (BP) é um relatório contábil que evidencia o patrimônio de uma empresa. Esse relatório será amplamente debatido neste livro.

10 Eficiência significa concluir as tarefas de forma otimizada, ou seja, da forma mais rápida, mais barata ou que traga o maior retorno, visando alcançar o maior resultado possível.

executiva e, não raro, de difícil desdobramento para o resto da organização. A velocidade do mercado hipercompetitivo impossibilitará o planejamento estratégico com visão de tão longo prazo. Para competir e acompanhar o ritmo do mercado, será necessário implementar modelos de negócios flexíveis e ciclos de planejamento estratégicos curtos. Isso só será possível se todos os gestores da empresa, não apenas aqueles da direção executiva, tiverem abertura para contribuir para o planejamento estratégico. Logo, o gestor moderno precisa entender o planejamento estratégico, identificar em qual momento do processo sua atuação se encontra e perceber de que modo poderá torná-lo mais ágil, eficiente e competitivo.

2. **Monitorar o macroambiente da empresa** – uma das formas de o gestor moderno contribuir para o planejamento estratégico da empresa é acompanhar o mercado, analisando suas instabilidades e avaliando mudanças estratégicas promovidas por seus concorrentes. A velocidade de resposta da empresa em relação a mudanças de mercado dependerá da capacidade de o gestor moderno identificar e interpretar mudanças estratégico-financeiras no ambiente externo de sua empresa.

3. **Construir processos simples, diretos e eficientes** – a velocidade de atuação de que as empresas precisam para obter êxito no mercado moderno exige eficiência operacional. Antes de conseguir estimular inovações, o núcleo de atuação das empresas precisa ser eficaz e competente. Isso passa por otimizar todas as interfaces, seja com os clientes, seja com os fornecedores e os próprios funcionários. Consequentemente, o gestor moderno precisa construir processos justos, eficientes e que maximizem a utilização dos recursos da empresa.

4. **Criar KPIs[11] de alto valor** – para o mercado moderno, é necessário que as empresas estabeleçam um ambiente que encoraje a dedicação, a iniciativa individual e a inovação. Para tanto, elas precisam utilizar metas ousadas que estimulem todos os níveis da organização. Por outro lado, também será crucial medir o desempenho operacional da empresa e a eficiência de seus processos. Por isso, o gestor moderno deve criar KPIs relevantes para cumprir tais funções.

5. **Entender a linguagem dos negócios** – o gestor moderno precisa entender o andamento do negócio para ajudar sua empresa a competir no mercado do século XXI. Isso não é possível sem que esse gestor entenda a linguagem dos negócios. Essa linguagem é transmitida pela contabilidade e por seus demonstrativos financeiros. Portanto, o gestor moderno precisa ler e entender os principais relatórios contábeis.

6. **Avaliar o desempenho do negócio** – para a empresa obter êxito no mercado hipercompetitivo, seus gestores terão de tomar decisões rápidas e acertadas. Há aspectos gerenciais das finanças que oferecem técnicas, práticas e ferramentas para prover informações aos gestores de qualquer área e apoiá-los na tomada de decisão. Além disso, se as empresas desejam instituir a disciplina de se sair cada vez melhores, precisarão de finanças para medir e interpretar esse desempenho. Dessa forma, os gestores modernos precisam compreender alguns conhecimentos e ferramentas de finanças para exercer suas funções adequadamente.

---

11 KPIs significa *key performance indicators* ou, em português, indicadores--chave de performance.

7. **Praticar o orçamento base zero** – no processo de planejamento empresarial, o orçamento é a etapa que sucede o planejamento estratégico. O gestor moderno deverá tanto contribuir com o planejamento estratégico da organização como também agregar valor ao construir seu orçamento. Isso não significa realizar aquele "chute educado"[12] de adicionar um percentual sobre os dados históricos. Significa combater a complacência, adotar práticas de orçamento base zero (OBZ) e contribuir para a utilização eficiente dos recursos da empresa.

8. **Propor projetos de alto valor** – para acompanhar o ritmo do mercado hipercompetitivo, as empresas estão experimentando de tudo, "prototipando" muitas novas ideias e mantendo tudo o que dá certo. Todo gestor deve desenvolver iniciativas que resultem na melhoria dos resultados de sua área. Mas apenas as iniciativas que geram riqueza para a empresa devem receber investimentos. Portanto, o gestor moderno necessita de ferramentas para avaliar seus projetos e determinar se tal iniciativa agregará valor ou se precisará, imediatamente, ser abandonada em prol de outro projeto mais benéfico para a organização.

9. **Gerir risco continuamente** – o processo de inovação das empresas exponenciais e visionárias baseia-se em dar autonomia operacional, incentivar a tomada de decisão, permitir falhas, aceitar erros e monitorar os efeitos. Correr risco é uma característica de qualquer negócio. Nas condições do mercado hipercompetitivo, porém, as empresas demonstram uma altíssima tolerância de correr riscos. Essa realidade deve ser acompanhada de uma competente estrutura de gestão de riscos. Consequentemente, caberá aos gestores modernos

---

12 Tradução ao pé da letra da expressão em inglês *educated guess*.

desenvolver habilidades qualitativas e quantitativas de identificar, avaliar e acompanhar riscos.

10. **Desenvolver modelos preditivos** – definitivamente, o mercado hipercompetitivo exige que o gestor moderno aprenda a lidar com o imprevisível. Contudo, uma realidade em que o imprevisível prevalece demanda muito esforço e recursos de uma empresa. Nem tudo precisa, de fato, ser imprevisível. Basta que o gestor moderno desenvolva certas habilidades que o ajudem a prever, com boa probabilidade, situações futuras. Isso inclui não só analisar informações do passado mas também fazer a leitura de situações e fatos diversos atuais, coletar e analisar dados, estruturar informações por meio de tecnologia, reconhecer padrões, aplicar ferramentas estatísticas e criar modelos.

De agora em diante, chamaremos de gestor moderno aquele capaz de alavancar novas habilidades para propulsar sua empresa a se tornar uma empresa visionária ou organização exponencial. Em outras palavras, é ele quem se apropria desse conjunto de habilidades estratégico-financeiras necessárias para transformar a organização e evitar sua decadência. Logo, o gestor moderno é aquele que detém o conjunto de habilidades ilustrado a seguir (Figura 1.3).

Figura I.3 – Fonte: o autor.

A proposta deste livro é apresentar os conhecimentos e ferramentas de estratégia e finanças para auxiliar os gestores modernos a exercer adequadamente suas funções no mercado moderno. A obra obedecerá à sequência das 10 habilidades estratégico-financeiras relacionadas anteriormente. Assim, a primeira habilidade apresentará ao leitor o processo de planejamento estratégico de uma organização. Da Habilidade 2 em diante, virão conhecimentos e ferramentas muito utilizados por profissionais de finanças na rotina de suas funções, que devem ser assimilados por gestores de qualquer área. O objetivo final é demonstrar que há aspectos de estratégia e finanças necessários à atuação de todos os gestores e não apenas daqueles alocados nas áreas de estratégia ou finanças das empresas, bem como ajudá-los a desenvolver tais habilidades.

HABILIDADE 1

COMPREENDER O PROCESSO DE PLANEJAMENTO ESTRATÉGICO

> O planejamento não diz respeito às decisões futuras, mas às implicações futuras de decisões presentes.
> Peter Drucker

Imagine morar no Rio de Janeiro e ter vontade de conhecer o litoral do Nordeste brasileiro de carro com a família. Você pode pensar: "Tiramos férias, arrumamos a mala, entramos no carro e seguimos norte na BR 101." Sem ter feito essa viagem (ainda!), posso lhe garantir que será uma aventura! Afinal, não faltarão praias maravilhosas no percurso. Algumas questões, porém, vão surgir logo no início de sua viagem. Até onde gostariam de ir? Os trinta dias que tirou de férias do trabalho serão suficientes para chegar até lá e voltar? Quais praias conhecerão? E, mais, quanto tudo custará? Perceba que mal começaram as férias e a aventura tem potencial para se tornar um pouco estressante!

Imagine, agora, pensar estrategicamente e desenvolver um plano para essa viagem. Sua viagem, com certeza, será diferente! Primeiro, você decidirá o destino. Se for no próprio carro, terá de ir e voltar dirigindo. Nesse caso, talvez consiga chegar até Natal, no Rio Grande do Norte, cobrindo 2.659 km em cada perna. Ou pode alugar um carro, seguir até Barreiras, no Maranhão, para terminar essa viagem fantástica nos Lençóis Maranhenses, cobrindo 3.794 km e voltando de avião. Depois, escolherá quais praias visitar, onde dormirão e quanto tempo permanecerão em cada local. Em seguida, terá condições de analisar o clima nos locais e decidir, de forma estratégica, dirigir por mais tempo nos dias de chuva para maximizar os momentos de sol em cada praia. Por fim, orçará a viagem para garantir obter as melhores férias possíveis que caibam no seu bolso.

Essas duas situações hipotéticas têm em comum o objetivo de viajar pelas praias do Nordeste de carro. A diferença entre elas é que, em virtude do planejamento prévio, no segundo caso tem-se um destino claro, uma estratégia de viagem, metas, prazo e orçamento. Logo, a viagem na segunda situação tem potencial para ser menos arriscada, menos estressante, mais barata e melhor. É exatamente dessa forma que funcionam as organizações! A razão da existência de qualquer empresa é fornecer valor aos seus clientes de forma lucrativa.[1] Como mapa de navegação para uma viagem, o planejamento estratégico desenha o caminho que a empresa deve percorrer para alcançar seu propósito.

O mercado hipercompetitivo deste século aumentou sobremaneira a velocidade dos negócios. A consequência disso para o planejamento estratégico é que o processo deverá ser cada vez mais rápido e flexível. Empresas que não conseguirem adequar seus modelos de negócios às inovações e tecnologias disruptivas dificilmente sobreviverão. O planejamento estratégico deixará de ser um plano de três a cinco anos em que apenas a diretoria executiva participa e se tornará um processo mais rápido, dinâmico e que contará com o envolvimento de outros stakeholders na organização. Por isso, o gestor moderno deverá contribuir com o planejamento estratégico de sua empresa e buscar oportunidades de agregar valor ao processo sempre que possível. Este capítulo apresentará o processo de planejamento estratégico, assim como muitas ferramentas úteis à atuação do gestor moderno.

---

1 Há organizações que não visam lucro, como ONGs ou entidades ligadas ao governo. Tais organizações não serão o foco deste livro, pois em muitos casos suas atuações têm mais motivação política do que estratégica, o que foge do âmbito deste trabalho.

O PLANEJAMENTO ESTRATÉGICO

Planejamento estratégico é o conjunto de avaliações, compromissos, decisões e ações necessárias para que uma empresa obtenha vantagem competitiva.[2] Vantagem competitiva é a capacidade de uma empresa apresentar desempenho superior a seus concorrentes em um ou mais itens.[3] Pode ser entendida também como o conjunto de atributos que propicia a uma empresa se diferenciar de seus concorrentes ao entregar mais valor a seus clientes, sob o ponto de vista destes. O sistema de produção *just-in-time* da Dell é um excelente exemplo de vantagem competitiva. Outros bons exemplos são os canais de distribuição da Coca-Cola e a força do *branding* da Procter & Gamble. A vantagem competitiva é crítica na obtenção e manutenção de clientes, pois é o motivo pelo qual os clientes escolhem a oferta de uma empresa sobre as demais!

É imprescindível reconhecer que vantagem competitiva é um termo relativo, ou seja, só faz sentido quando comparada aos concorrentes no mercado ou dentro do segmento de atuação. Isso porque sem concorrência não há necessidade de estratégia, já que a finalidade do planejamento estratégico é mesmo criar vantagem sobre seus concorrentes. Em última análise, o planejamento estratégico é o processo que assegura à empresa selecionar e executar corretamente as atividades que lhe propiciarão obter vantagem competitiva.

O planejamento estratégico permeia toda a empresa e apresenta características específicas de cada nível organizacional em que se encontra, por isso é comum ser retratado como pirâmide, conforme a Figura 1.1.

---

[2] Hitt, Michael A.; Ireland, R. Duane; Hoskisson, Robert E. *Administração estratégica*. 2. ed. São Paulo: Cengage Learning, 2008. p. 6.
[3] Kotler, Philip; Keller, Kevin L. *Administração de marketing*. 12. ed. São Paulo: Pearson, 2006. p. 148.

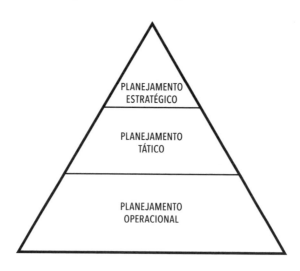

Figura 1.1 – Fonte: o autor.

Os atributos do planejamento estratégico em cada nível organizacional estão diretamente ligados à hierarquia, forma como as pessoas trabalham, tipo de tarefas com as quais elas devem se envolver, visão de prazo de suas atividades, resultados esperados de seus trabalhos etc. A Tabela 1.1 resume os principais atributos:

Tabela 1.1

Principais características	Nível do planejamento		
	Estratégico	**Tático**	**Operacional**
Nível hierárquico envolvido	Presidente, sócio, diretores	Administrador, gerente, coordenador	Analista, técnico, executor
Principais perguntas a serem respondidas	Por quê? Quando?	Onde? Como?	O quê?
Prazo a ser considerado	Longo prazo	Médio prazo	Curto prazo
Foco da análise	Toda a organização	Departamento ou setor	Projeto, processo ou atividade
Propósito da análise	Definir estratégia corporativa	Funcionar como elo entre os níveis	Desenvolver projetos e ações
Resultados esperados	Estratégias	Objetivos estratégicos (departamentais)	Planos de ação, Cronogramas

Principal ferramenta utilizada	SWOT	BSC	5W2H
Exemplo - área financeira	Planejamento estratégico →	Planejamento financeiro →	Orçamento Plano de investimentos Plano de financiamento
Exemplo - área de recursos humanos	Planejamento estratégico →	Planejamento de RH →	Plano de treinamentos Plano de cargos/salários Plano de R&S

Fonte: o autor.

Essa visão do planejamento estratégico em níveis organizacionais perfaz o retrato de sua amplitude e importância para uma empresa. Já uma visão de processo do planejamento estratégico ilustra as atividades e o fluxo de informações contidos nele. Um processo é qualquer atividade ou grupo de atividades que transforma um ou mais insumos (inputs) e fornece um ou mais resultados (outputs) a seus clientes.[4] O planejamento estratégico é um encadeamento de etapas que converte informações em estratégias, objetivos estratégicos e planos de ação. O processo de planejamento estratégico de uma empresa está representado na Figura 1.2.

Figura 1.2 – Fonte: adaptado de Kotler e Keller. *Administração de marketing*.

---

4   Krajewski, Lee; Ritzman, Larry; Malhotra, Manoj. *Administração de produção e operações*. 8. ed. São Paulo: Pearson, 2009. p. 2.

Compreender todo o processo de planejamento estratégico passa pelo entendimento de cada uma de suas etapas, bem como pelo encadeamento entre elas. Esse será o desafio do restante deste capítulo.

DEFINIÇÃO DO NEGÓCIO

A definição do negócio está relacionada à área de atuação da empresa, como setor automobilístico, eletrônico ou de cosméticos. No filme *Fome de poder*, que retrata a história da criação do McDonald's, o empresário Ray Kroc busca a ajuda de um consultor financeiro para rever seus livros, pois estava em dificuldades financeiras. Ao revê-los, o consultor percebe que o negócio com maior potencial de lucro estava em oferecer o imobiliário aos franqueados, e não o negócio de alimentação em si. O empresário decide, então, trocar o foco de seu negócio para o ramo imobiliário sem sair do negócio original de alimentação. O resultado foi a criação da Franchise Realty Corporation, entidade precursora da The McDonald's Corporation, uma das empresas mais ricas, poderosas e bem-sucedidas da história.

O sucesso de um planejamento estratégico começa no desenvolvimento da definição estratégica do negócio. O Boticário, por exemplo, não se define como empresa de cosméticos, mas, sim, como de beleza, o que denota um sentido muito mais abrangente para o negócio. A Kopenhagen, por sua vez, se define como um negócio no segmento alimentício de qualidade, não se restringindo apenas ao chocolate. O interessante da escolha de definição de negócio dessas duas empresas é que, depois que essa definição ocorre, ambas conseguem posicionar seus produtos como opções de presente, além, é claro, de produtos de beleza e chocolates. Quem nunca quis ganhar de Natal um perfume de O Boticário ou um panetone da Kopenhagen?

Uma definição de negócio acertada surge quando há clareza e entendimento do modelo de negócios do empreendimento. Um modelo de negócios descreve a lógica de criação, entrega e captura de valor por parte de uma organização.[5] A ferramenta mais usada para criação e inovação em modelos de negócios é o Canvas de modelo de negócios, introduzida em 2011 pelo livro *Business model generation*, de Alexander Osterwalder e Yves Pigneur.

Figura 1.3 – Fonte: adaptado de Osterwalder e Pigneur. *Business model generation: inovação em modelos de negócios.*

Como mostrado na Figura 1.3, o Canvas contém nove componentes diferentes que, quando bem explorados e definidos, ajudam a fortalecer um modelo de negócios. Já a Tabela 1.2 apresenta cada componente e o tipo de questionamento ao qual sua definição deve responder:

Tabela 1.2

Segmento	Descrição	Questionamentos a serem respondidos
Segmentos de clientes	Define os diferentes grupos de pessoas ou organizações que uma empresa busca alcançar e servir.	Para quem estamos criando valor? Quem são nossos consumidores mais importantes?
Proposta de valor	Descreve o pacote de produtos e serviços que criam valor para um segmento de clientes específico.	Que valor entregamos ao cliente? Qual problema estamos ajudando a resolver? Que necessidades estamos satisfazendo? Que conjunto de produtos e serviços estamos oferecendo para cada segmento de clientes?

---

5 Osterwalder, Alexander; Pigneur, Yves. *Business model generation: inovação em modelos de negócios.* Rio de Janeiro: Alta Books, 2011. p. 14.

Segmento	Descrição	Questionamentos a serem respondidos
Canais	Descreve como uma empresa se comunica e alcança seus segmentos de clientes para entregar uma proposta de valor.	Por meio de quais canais nossos segmentos de clientes querem ser contatados? Como os alcançamos agora? Como nossos canais se integram? Qual funciona melhor? Quais canais apresentam melhor custo-benefício? Como os canais estão integrados à rotina dos clientes?
Relacionamento com clientes	Descreve os tipos de relação que uma empresa estabelece com segmentos de clientes específicos.	Que tipo de relacionamento cada um dos nossos segmentos de clientes espera que estabeleçamos com eles? Quais já estabelecemos? Qual é o custo de cada um? Como se integram ao restante do nosso modelo de negócios?
Fontes de receita	Representa o dinheiro que uma empresa produz com base em cada segmento de clientes.	Quais valores nossos clientes estão realmente dispostos a pagar? Pelo que eles pagam atualmente? Como pagam? Como prefeririam pagar? Com quanto cada fonte de receita contribui para o total da receita?
Recursos principais	Descreve os recursos mais importantes exigidos para fazer um modelo de negócios funcionar.	Que recursos principais nossa proposta de valor requer? Nossos canais de distribuição? Relacionamento com clientes? Fontes de receita?
Atividades-chave	Descreve as ações mais importantes que uma empresa deve realizar para fazer seu modelo de negócios funcionar.	Que atividades-chave nossa proposta de valor requer? Nossos canais de distribuição? Relacionamento com clientes? Fontes de receita?
Parcerias principais	Descreve a rede de fornecedores e os parceiros que põem o modelo de negócios para funcionar.	Quem são nossos principais parceiros? Quem são nossos fornecedores principais? Que recursos principais estamos adquirindo dos parceiros? Que atividades-chave os parceiros executam?
Estrutura de custo	Descreve todos os custos envolvidos na operação de um modelo de negócios.	Quais são os custos mais importantes em nosso modelo de negócios? Que recursos principais são mais caros? Quais atividades-chave são mais caras?

Fonte: adaptado de Osterwalder e Pigneur. *Business model generation: inovação em modelos de negócios.*

O Canvas foi criado para parecer uma tela de pintura com os segmentos já definidos para que, com a utilização de marcadores ou anotações, seja possível fomentar a discussão entre profissionais multidisciplinares sobre cada elemento de um modelo de negócios. Essa é a ferramenta ideal para iniciar o planejamento estratégico de um empreendimento.

IDENTIDADE ORGANIZACIONAL

Toda empresa busca criar sua identidade. Essa busca tem início logo nas primeiras etapas do planejamento estratégico, quando a empresa trabalha para determinar como ela vislumbra transformar o mundo e como ela será nesse novo mundo. A identidade organizacional é o conjunto composto de visão, missão e valores de uma empresa. Esse grupo de afirmações contém qualidades e características particulares a cada empresa. Segundo alguns estudos, ter visão e missão eficazmente elaboradas gera impacto positivo nas vendas, nos lucros, emprego e patrimônio líquido, enquanto para outros estudos não ter visão e missão aumenta a probabilidade de fracasso de uma empresa.[6]

Visão

A Declaração de Visão refere-se à definição de uma situação desejada em longo prazo que se caracterize como uma meta ambiciosa, e que possa servir de guia tanto para a definição de objetivos como para a realização da missão institucional.[7] Isso quer dizer que a visão molda o futuro pretendido pela empresa, direcionando-a para onde ela deseja estar. Mais que isso, a visão deve refletir os valores e as aspirações da empresa e capturar o coração e a mente de cada funcionário, como um sonho que desafia e energiza a empresa.

---

6   Hitt, Michael A.; Ireland, R. Duane; Hoskisson, Robert E. *Administração estratégica*. 2. ed. São Paulo: Cengage Learning, 2008. p. 19.
7   Andrade, Arnaldo Rosa de. *Planejamento estratégico: formulação, implementação e controle*. 2. ed. São Paulo: Atlas, 2016. p. 32.

A visão do Walmart, por exemplo, expressa claramente esse desejo de capturar os corações de consumidores e funcionários:

> Walmart: "Ser o melhor varejista nos corações e mentes dos consumidores e funcionários."

Já a visão da Gerdau propõe uma aspiração clara e desafiadora:

> Gerdau: "Ser global e referência nos negócios em que atua."

A visão da Amazon, por sua vez, nem se dá o trabalho de impor limites, o que se reflete na sua atuação onipresente tanto geograficamente quanto em termos de segmentos de mercado:

> Amazon: "Oferecer a maior seleção da Terra."

Na esteira das organizações de maior sucesso no mundo, a Declaração de Visão de uma empresa deve ser encarada como condutora de negócios e lucro.

Missão

A missão é a razão da existência de uma empresa e deve especificar o negócio em que está e os clientes que deseja atender. Como está mais conectada com o mercado em que a empresa atua e seus clientes, a missão é mais concreta do que a visão. Enquanto a visão busca demonstrar ao mundo as aspirações da empresa para o futuro, a missão serve para orientar os funcionários sobre o que a empresa faz, de qual forma ela atua e como ela se diferencia dos concorrentes.

Veja a missão corporativa da Pfizer, que externaliza seu desejo por constante inovação:

> Pfizer: "Ser a principal e mais inovadora empresa farmacêutica."

A Merck, outra do ramo farmacêutico, também aposta na inovação, mas aproveita sua Declaração de Missão para vender uma imagem de buscar melhorar o mundo:

Merck: "Descobrir, desenvolver e fornecer produtos e serviços inovadores que salvem e melhorem vidas no mundo."

No ramo siderúrgico, a Gerdau coloca como missão atuar de modo sustentável e gerar valor para seus stakeholders:

Gerdau: "Gerar valor para nossos clientes, acionistas, equipes e sociedade, atuando na indústria do aço de forma sustentável."

Já para a sua concorrente CSN também é importante atuar de forma sustentável, mas ela dá mais ênfase à inovação que à geração de valor:

CSN: "Atuar de forma integrada e inovadora, gerando desenvolvimento de maneira sustentável e perpétua."

Ao comparar as Declarações de Missão das empresas citadas com as respectivas concorrentes, duas características tornam-se aparentes:

1. Como as empresas estão no mesmo mercado, alguma semelhança entre as declarações é quase inevitável, e;

2. Justamente por serem concorrentes, as empresas utilizam a missão como um primeiro artifício de diferenciação de seus concorrentes.

Valores

Valores representam o conjunto dos princípios, crenças e questões éticas fundamentais de uma empresa. Eles fornecem sustentação para todas as suas principais decisões.[8] Por funcionarem como princípios éticos que norteiam as ações da empresa, os valores têm influência direta na cultura da organização e servem de guia para o comportamento dos funcionários. Ou seja, os valores são elaborados para dar apoio às pessoas e dar significado às ações dos membros da organização.

---

8   Oliveira, Djalma de Pinho R. de. *Planejamento estratégico: conceitos, metodologia e práticas*. 34. ed. São Paulo: Atlas, 2018. p. 43.

Algumas empresas escolhem como seus valores corporativos um grupo de frases que representam intenções do negócio. Esse é o caso do McDonald's, por exemplo:

- Oferecer qualidade, serviço & limpeza para nossos clientes;
- Focar em resultados com espírito empreendedor;
- Promover a meritocracia e o trabalho em equipe;
- Valorizar as diferenças e incentivar a inclusão;
- Operar com responsabilidade & ética;
- Contribuir para o desenvolvimento das comunidades em que atuamos.

Outras empresas, como a Natura, preferem definir um conjunto de palavras importantes para seu negócio e explicar, pela comunicação corporativa, de que modo essas expressões funcionam como mantras para a organização:

- Humanismo;
- Criatividade;
- Equilíbrio;
- Transparência.

Por fim, há empresas que formam acrônimos com a primeira letra de cada valor para compor uma palavra que é de suma importância para sua cultura de trabalho. Esse artifício é utilizado, por exemplo, pela BW Offshore, em que a primeira letra de cada valor forma o acrônimo I LEAD, que em português quer dizer EU LIDERO:

- **I**ntegrity (integridade);
- **L**everage the team (alavancar a equipe);

- **E**xcellence (excelência);
- **A**ccountability (prestação de contas; responsabilização);
- **D**isciplined delivery (entrega disciplinada).

Independentemente de como uma empresa escolhe apresentar seus valores corporativos, o importante é que eles guiem o comportamento de seus membros e sirvam de pilar para sua cultura interna de trabalho.

Propósito transformador massivo®

No capítulo introdutório, vimos que o mundo dos negócios está sendo arrebatado pelo surgimento de organizações exponenciais. Como o livro[9] de próprio nome explica, a Geração Y, formada pelos indivíduos nascidos entre 1984 e 2002, demonstra uma disposição natural pela busca por propósito em suas vidas. À medida que essas pessoas se tornam clientes, funcionários, donos e investidores das empresas, essa noção de desígnio superior se infiltra nas organizações. Tal *"propósito maior e ambicioso da organização"* é conhecido como propósito transformador massivo (PTM).

É verdade que as organizações têm buscado substituir suas declarações corporativas por manifestos mais curtos, diretos e genéricos. O PTM não visa necessariamente substituir as Declarações de Missão e Visão. Busca, na verdade, capturar os corações e mentes dos stakeholders. A finalidade do PTM é ser atraente, empolgante, ambicioso e inspirador. Mais que isso, o PTM leva aos questionamentos do porquê da existência da empresa e do motivo da realização daquele trabalho. Como o livro explica, um PTM autêntico e abrangente pode facilitar o posicionamento da empresa, melhorar a atração de talentos,

---

9   Ismail, Salim; Malone, Michael S.; Van Geest, Yuri. *Organizações exponenciais: por que elas são 10 vezes melhores, mais rápidas e mais baratas que a sua (e o que fazer a respeito)*. Tradução de Yamagami, Gerson. São Paulo: HSM Editora, 2015.

clientes, parceiros de negócios e fornecedores, além de auxiliar na integração dos processos de negócio, servindo de autêntica vantagem competitiva. Exemplos de PTM incluem:

> Google: "Organizar a informação do mundo."
>
> TED: "Ideias que merecem ser espalhadas."
>
> Singularity University: "Impactar positivamente um bilhão de pessoas."

Com tantos benefícios, não é má ideia incluir essa etapa no planejamento estratégico da empresa.

ANÁLISE DO AMBIENTE EXTERNO

Eleições nos Estados Unidos, guerra no Oriente Médio, mudanças nos juros internacionais, crise financeira, mudanças no preço do barril de petróleo, quebra na safra nacional de grãos, introdução de legislação específica para um determinado setor... Todas essas circunstâncias externas à empresa são oriundas do macroambiente em que ela se encontra. O conjunto de fatores da sociedade que influencia a indústria e as empresas que a compõem é chamado de ambiente externo. A Figura 1.4 ilustra o ambiente externo de uma empresa:

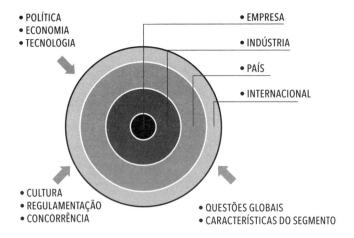

Figura 1.4 – Fonte: o autor.

O ambiente externo se apresenta como gerador de mudanças para as organizações, oferecendo riscos potenciais e oportunidades escondidas. Ele afeta o crescimento e a lucratividade das empresas, que precisam estar preparadas para lidar com fatores externos, seja para se protegerem, seja para identificarem novas possibilidades de negócios. Dessa forma, para que obtenha competitividade estratégica, uma organização precisará entender as dimensões desse ambiente e adequar suas estratégias a ele.

A análise do ambiente externo envolve o estudo de seus diversos segmentos para identificação de possíveis mudanças e projeção das prováveis consequências de tais mudanças para a organização. Esse processo gera uma grande quantidade de informações e culmina no registro das ameaças e oportunidades a serem confrontadas pela empresa. Ameaças são circunstâncias do ambiente externo que podem impedir a obtenção de competitividade estratégica por uma empresa, já oportunidades são condições do ambiente externo que, se exploradas, ajudam a empresa a obter competitividade estratégica.[10]

Existem ferramentas para sistematizar o processo de análise do ambiente externo e registrar as ameaças e oportunidades encontradas. A primeira delas é a Análise PEST,[11] modelo utilizado para analisar os fatores políticos, econômicos, socioculturais e tecnológicos do ambiente externo geral de uma organização. Segundo esse modelo, a empresa poderá determinar, para cada segmento, a importância estratégica de mudanças e tendências, como relacionado na Figura 1.5.

---

10 Hitt, Michael A.; Ireland, R. Duane; Hoskisson, Robert E. *Administração estratégica*. 2. ed. São Paulo: Cengage Learning, 2008. p. 37.
11 Alguns autores denominam essa análise PESTEL, cujo acrônimo inclui os elementos ecológicos e legais na estrutura do modelo. Este autor acredita que tais elementos já são analisados dentro dos fatores socioculturais.

FATORES POLÍTICOS	**FATORES ECONÔMICOS**
Como a política influencia regras empresariais e recursos disponíveis para cada atividade? • Legislação antitruste • Legislação tributária • Filosofias de desregulamentação • Leis de treinamento de mão de obra • Filosofias e políticas educacionais • Acontecimentos políticos globais importantes	Como a economia afeta os negócios a curto e a longo prazo? • Taxas de inflação e de juros • Déficits/superávits comerciais • Taxa de poupança pessoal • Taxas de poupança nacional • PIB • Distribuição de renda • Mercados globais essenciais
FATORES SOCIOCULTURAIS	**FATORES TECNOLÓGICOS**
Como influências culturais variam entre países ou regiões e como afetam a empresa? • Mulheres no mercado de trabalho • Diversidade de mão de obra • Atitudes em relação à qualidade de vida profissional • Preocupações com o meio ambiente • Mudanças nas preferências por produtos e serviços • Diferentes atributos culturais e institucionais	Como a tecnologia pode ser usada para atingir uma vantagem competitiva para a empresa? • Inovações dos produtos • Aplicações do conhecimento • Foco nos gastos privados e públicos de P&D • Novas tecnologias de comunicação • Inovações de processos

PEST

Figura 1.5 – Fonte: o autor.

A segunda ferramenta é um modelo empregado para analisar o ambiente da indústria, bem como suas ações e reações competitivas, além da competição entre empresas no desenvolvimento da estratégia empresarial. Essa análise estrutural da indústria é conhecida como As cinco forças de Porter.[12] Aqui, o modelo foi expandido, como ilustrado na Figura 1.6, para incluir as ações de órgãos reguladores (que também afetam o ambiente de negócios).

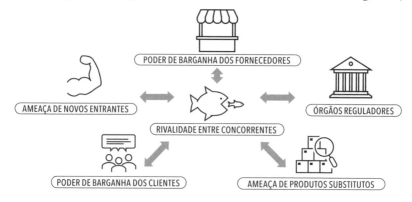

Figura 1.6 – Fonte: adaptado de Portal Administração. Disponível em: https://www.portal-administracao.com/2015/05/as-cinco-forcas-de-porter.htm. Acesso em: 2019.

---

12 Magretta, Joan. *Entendendo Michael Porter: o guia essencial da competição estratégica*. São Paulo: HSM Editora, 2012. p. 21.

A intensidade da competição e o potencial de lucros da indústria são consequência das cinco forças de competição, o que prova a importância de uma aplicação abrangente deste modelo. Durante a análise é importante buscar respostas para diversas perguntas, como as apresentadas na Tabela 1.3.

Tabela 1.3

Forças	Algumas das muitas questões a serem analisadas
Rivalidade entre concorrentes	Há muitos concorrentes ou concorrentes igualmente equilibrados? O quanto o crescimento lento do setor acirra a concorrência? Como altos custos fixos ou de armazenagem afetam a concorrência? O setor comercializa uma commodity ou são ofertados produtos diferenciados? De que forma possíveis barreiras de entrada ou saída afetam a indústria?
Ameaça de novos entrantes	Há barreiras de entrada, como economias de escala, diferenciação de produtos, requisitos de capital, custos de mudança e acesso a canais de distribuição que dificultem a entrada de novas empresas? Qual o poder de retaliação que as empresas de uma indústria têm para reagir contra novos entrantes?
Poder de barganha dos clientes	Quanto da produção total da indústria é comprado por um mesmo cliente? Quão significativa é uma determinada venda nas receitas anuais do vendedor? Os clientes podem mudar para outro produto a um custo baixo ou sem custo algum? Qual o nível de diferenciação vs. padronização dos produtos dessa indústria? Existe a ameaça de os compradores se integrarem para trás na indústria do vendedor?
Ameaça de produtos substitutos	Há substitutos a essa indústria com preço mais baixo, qualidade superior, melhor serviço, melhor pós-venda ou localidade superior? Como podem ser aumentados os custos de mudança a fim de evitar substituições?
Poder de barganha dos fornecedores	O grupo de fornecedores é dominado por poucas grandes empresas? Os fornecedores são mais concentrados que a própria indústria? A indústria é realmente importante para o grupo de fornecedores? Quão importante é o bem comercializado por esses fornecedores para a indústria? Existe ameaça de fornecedores se integrarem para a frente na indústria do comprador?
Órgãos reguladores do setor	Quais órgãos reguladores podem influenciar a indústria? Como decisões desses órgãos podem gerar oportunidades e ameaças para a indústria?

Fonte: adaptado de Hitt, Ireland e Hoskisson. *Administração estratégica*.

Após a conclusão das análises PEST e das cinco forças de Porter, a empresa deve transformar os dados em informações que possam agregar valor ao processo de planejamento estratégico, ou seja, agrupá-los entre ameaças e oportunidades. Talvez seja interessante qualificar estas entre atuais e futuras para definir quais são os riscos potenciais para a organização, bem como quais são as oportunidades escondidas que se apresentarão para a empresa, tanto no curto quanto no longo prazo. Essa lista de oportunidades e ameaças representa inteligência sobre o ambiente externo em que a empresa está inserida e será de muita utilidade na etapa de formulação de estratégias que virá mais à frente.

ANÁLISE DO AMBIENTE INTERNO

Uma das muitas definições para vantagem competitiva é: estratégia que os concorrentes não conseguem copiar ou acham custosa demais para imitar.[13] Por mais que seja difícil ou caro para a concorrência replicar a vantagem competitiva de uma empresa, com o tempo isso vai acontecer. Todas as vantagens competitivas podem ser imitadas, o que significa que elas têm vida limitada e as empresas precisam criar vantagens novas rapidamente. Dessa forma, para a empresa implantar estratégias que gerem vantagens competitivas com rapidez, é preciso identificar, explorar e melhorar seus pontos fortes e fracos.

Pontos fortes são todas as capacidades, competências, capacitações e recursos que a empresa explora para se tornar competitiva. Pontos fracos são todos os fatores, elementos ou aspectos internos que diminuem a capacidade de a empresa ser competitiva. A identificação desses atributos é feita com base na análise do ambiente interno, que é tudo o que está dentro da empresa. O ambiente interno diz respeito a tudo o que está sob controle da empresa, quer dizer, suas atividades, seus processos e sua administração.

---

13 Hitt, Michael A.; Ireland, R. Duane; Hoskisson, Robert E. *Administração estratégica*. 2. ed. São Paulo: Cengage Learning, 2008. p. 4.

A análise do ambiente interno é feita por intermédio da cadeia de valor, que é o conjunto de atividades desempenhadas por uma organização, ou seja, o conjunto de processos que transforma inputs em outputs. Na cadeia de valor estão as atividades relacionadas ao caminho que o produto percorre desde a aquisição da matéria-prima até a chegada ao cliente final, quer dizer, todas as atividades que propiciam a criação de valor para o cliente pela empresa e a obtenção de margem em troca. Conforme ilustra a Figura 1.7, a cadeia de valor de uma empresa divide-se em atividades principais e atividades de apoio.

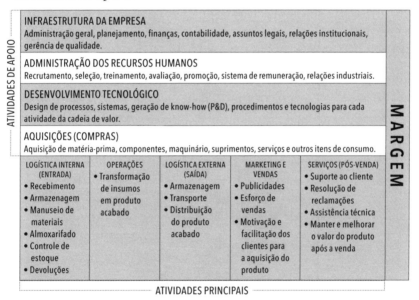

Figura 1.7 – Fonte: adaptado de Hitt, Ireland e Hoskisson. *Administração estratégica*.

As atividades primárias ou principais estão relacionadas com a geração ou transformação dos produtos e serviços. Além disso, estão diretamente ligadas à criação física, à venda e distribuição para os compradores e à assistência técnica após a venda. São exemplos dessas atividades: logística, operações, marketing e vendas e serviços. As atividades primárias ou principais têm produtividade diária e os colaboradores responsáveis por executá-las detêm conhecimento da atividade-fim, isto é, das especificidades do produto/serviço e do mercado em que atuam.

As atividades de apoio ou de suporte são aquelas que apoiam, direta ou indiretamente, a execução das atividades primárias, dando a assistência necessária. São exemplos dessas atividades: finanças, infraestrutura, recursos humanos, desenvolvimento tecnológico e aquisição. As atividades de apoio ou de suporte têm produtividade não diária e os colaboradores responsáveis por executá-las detêm conhecimento de suas funções, ou seja, suas habilidades são aplicáveis a outros mercados.

Tanto as atividades principais quanto as de apoio devem ser comparadas com os concorrentes e classificadas como superiores, equivalentes ou inferiores. Isso possibilita que a empresa identifique quais áreas de sua operação criam valor e quais não criam. Logo, a análise da cadeia de valor tem como objetivo principal[14] conhecer as forças (vantagens em relação à concorrência) e as fraquezas (desvantagens em relação à concorrência) da organização por meio de seus processos. A lista de forças e fraquezas representa inteligência sobre o ambiente interno da empresa e, assim como a lista de ameaças e oportunidades oriunda da análise do ambiente externo, será de muita utilidade na etapa de formulação de estratégias que virá mais à frente.

POSICIONAMENTO ESTRATÉGICO

Uma organização utiliza o planejamento estratégico para formular estratégias que a ajudarão a exercer sua missão e atingir sua visão. No entanto, antes de formular estratégias, a empresa precisa definir

---

14 Além da análise de sua cadeia de valor, é recomendável que a empresa examine a integração de sua cadeia de valor com as cadeias de valor de seus fornecedores e distribuidores. O conjunto das cadeias de valor de um mesmo segmento ou indústria, ou seja, cadeias de valor dos fornecedores, clientes, canais, concorrentes e órgãos governamentais é conhecido como sistema de valor. Essa análise, porém, extrapola os objetivos deste livro.

seu perfil estratégico. O posicionamento estratégico implica a decisão de posicionar a empresa em relação às demais organizações que estão competindo pelos mesmos clientes.[15] O posicionamento significa determinar uma linha estratégica adequada para que a empresa possa exercer domínio em algum aspecto do produto/serviço ou mercado segundo características do ambiente externo e suas capacidades e disponibilidade de recursos.

Michael Porter propôs três estratégias genéricas que são um bom ponto de partida para o planejamento estratégico: liderança total em custos, diferenciação e foco:[16]

- **Liderança em custo** – a empresa toma decisões voltadas para a redução dos custos de operação a fim de oferecer preços mais baixos que os concorrentes e conquistar a maior fatia de mercado possível. Em outras palavras, a empresa implementa políticas de minimização de custos, eliminação de atividades que não criam valor, maximização da utilização dos recursos, produção em escala etc.

- **Diferenciação** – a empresa procura agregar mais valor que a concorrência em algum atributo que seja valorizado por muitos clientes para, assim, se distinguir no mercado. Quer dizer, a empresa lidera algum aspecto, como oferecer melhor qualidade, maiores atributos tecnológicos, melhor design e melhor assistência técnica, não sendo possível liderar em todas as frentes.

- **Foco ou nicho** – a empresa segmenta o mercado e procura atender apenas esse grupo comprador de forma mais íntima e objetiva, buscando liderar em custos ou se diferenciar dentro desse nicho específico. Ou seja, a

---

15 Andrade, Arnaldo Rosa de. *Planejamento estratégico: formulação, implementação e controle*. 2. ed. São Paulo: Atlas, 2016. p. 77.
16 Kotler, Philip; Keller, Kevin L. *Administração de marketing*. 12. ed. São Paulo: Pearson, 2006. p. 54.

empresa escolhe um tipo específico de produto, região geográfica ou perfil comprador e realiza ações para liderar nessa faixa específica do mercado.

Com a escolha de uma dessas três estratégias genéricas, a empresa poderá se posicionar estrategicamente no mercado. É importante frisar que, como uma estratégia genérica não é superior a outra, a empresa tem de optar pela estratégia mais eficaz que seja condizente com as ameaças e oportunidades apresentadas pelo ambiente externo e as forças e fraquezas presentes em seu ambiente interno.[17] Contudo, é importante optar por uma delas. Afinal, "se você não sabe para onde quer ir, qualquer caminho serve".[18]

FORMULAÇÃO DE ESTRATÉGIAS

Após definir seu posicionamento estratégico, a empresa está pronta para criar suas estratégias. Estratégias são cursos de ação a serem seguidos. Produto do nível estratégico do planejamento, as estratégias estabelecem o caminho a ser percorrido. Para formulá-las, a empresa cruza os aspectos de seu ambiente interno com aqueles encontrados no ambiente externo no qual está inserida, processo esse conhecido como Análise SWOT. Você se lembra das listas com forças e fraquezas do ambiente interno e ameaças e oportunidades do ambiente externo criadas em etapas anteriores? Pois bem, as estratégias serão criadas do cruzamento dessas informações.

Você já deve ter participado de uma sessão estratégica na qual o moderador foi ao quadro, desenhou uma CRUZ e disse: "Vamos fazer nossa SWOT!" Provavelmente, nessa mesma sessão experientes colegas sugeriram listar fraquezas como oportunidades de melhoria! Ao final da sessão, é bem possível que você tenha olhado para essa cruz, reunido toda sua fé corporativa e rezado

---

[17] Hitt, Michael A.; Ireland, R. Duane; Hoskisson, Robert E. *Administração estratégica*. 2. ed. São Paulo: Cengage Learning, 2008. p. 105.
[18] *Alice no País das Maravilhas*.

para os deuses organizacionais em busca de uma luz para o planejamento estratégico de sua empresa!

Brincadeiras à parte, a SWOT é uma matriz, não uma cruz. SWOT é o acrônimo para Strengths, Weaknesses, Opportunities e Threats, que em português significam, respectivamente, Forças, Fraquezas, Oportunidades e Ameaças. Em vez de apenas listar esses requisitos, a matriz SWOT é uma ferramenta que tem por objetivo gerar as estratégias da empresa, cruzando informações do ambiente externo com as informações do ambiente interno. Como pode ser visto na Figura 1.8, é preciso listar as Forças, Fraquezas, Oportunidades e Ameaças no lado de fora da matriz para que dentro dos quadrantes possam ser criadas as estratégias do negócio.

SWOT	AMBIENTE INTERNO	
	FRAQUEZAS	FORÇAS
AMBIENTE EXTERNO — AMEAÇAS	ESTRATÉGIAS DE SOBREVIVÊNCIA	ESTRATÉGIAS DE MANUTENÇÃO
AMBIENTE EXTERNO — OPORTUNIDADES	ESTRATÉGIAS DE CRESCIMENTO	ESTRATÉGIAS DE DESENVOLVIMENTO

Figura 1.8 – Fonte: adaptado de Templum Consultoria (https://certificacaoiso.com.br/o-que-fazer-com-a-analise-swot/).

As estratégias podem ser de quatro tipos:

- **Estratégias de desenvolvimento** – visam capturar as oportunidades do mercado; para isso, usam as forças da empresa. Nesse caso, a empresa adota uma postura ousada de perseguir uma taxa de crescimento superior à do mercado. Isso é alcançado com a utilização de seus pontos fortes como fonte de diferenciação e vantagem competitiva e com o aproveitamento de oportunidades do seu ambiente externo favorável;[19]

- **Estratégias de manutenção** – visam bloquear as ameaças do mercado; para isso, valem-se das forças da empresa. Esse é um tipo de estratégia defensiva, na qual a empresa aproveita suas qualidades para eliminar falhas e afastar ameaças, seja pela especialização de competências, seja pela identificação de um nicho para atuar;[20]

- **Estratégias de crescimento** – visam capturar as oportunidades do mercado com base na melhoria das fraquezas da empresa. Nesse caso, a empresa aproveita um ambiente favorável para melhorar pontos fracos, investindo em estratégias como inovação, internacionalização, joint ventures e processos de expansão;[21]

- **Estratégias de sobrevivência** – visam melhorar as fraquezas da empresa para bloquear as ameaças do mercado. Esse tipo de estratégia é implementado quando se busca reduzir instabilidades ou sair de crises. Os tipos de estratégias que se enquadram nas de sobrevivência incluem redução de custos, desinvestimento ou até liquidação do negócio.[22]

É possível perceber que as estratégias desenvolvidas na matriz SWOT utilizam as forças da organização ou a melhoria de suas

---

19 Andrade, Arnaldo Rosa de. *Planejamento estratégico: formulação, implementação e controle*. 2. ed. São Paulo: Atlas, 2016. p. 81.
20 Kuazaqui, Edmir. *Planejamento estratégico*. São Paulo: Cengage Learning, 2016. p. 56.
21 Oliveira, Djalma de Pinho R. de. *Planejamento estratégico: conceitos, metodologia e práticas*. 34. ed. São Paulo: Atlas, 2018. p. 191.
22 Oliveira, Djalma de Pinho R. de. *Planejamento estratégico: conceitos, metodologia e práticas*. 34. ed. São Paulo: Atlas, 2018. p. 188.

fraquezas para capturar oportunidades e bloquear ameaças. Desse ponto em diante, a organização já tem suporte para se posicionar de maneira distinta de seus concorrentes pela execução diferente de suas atividades ou pela execução de atividades diferentes. Aquela SWOT criada com o desenho da CRUZ e da listagem de seus aspectos dentro dos quadrantes também oferece informações relevantes às organizações. Entretanto, peca por não realizar todo o potencial da ferramenta.

FATORES CRÍTICOS DE SUCESSO

Você já parou para pensar no que torna uma organização bem-sucedida em seu mercado? Será que existem elementos mais responsáveis que outros pelo sucesso da estratégia empresarial de uma determinada empresa? De acordo com a Lei de Pareto,[23] 80% dos resultados advêm de 20% das causas. Desse modo, é de se esperar que algumas variáveis influenciem mais diretamente o sucesso de uma empresa que outras. Bom, essas variáveis existem e são conhecidas como fatores críticos de sucesso.

Os fatores críticos de sucesso são atributos-chave para uma empresa obter sucesso em seu negócio.[24] Não é a empresa que os define, mas, sim, o mercado. Logo, esses fatores são as condições fundamentais que precisam, necessariamente, ser satisfeitas para que ela tenha sucesso em sua área de atuação.[25] Uma usina nuclear, para exemplificar, só funciona se estiver ao lado de um corpo de água que possa ser utilizado no resfriamento de seu sistema. Então,

---

23 Essa lei foi introduzida no mundo dos negócios em homenagem ao economista Vilfredo Pareto, que desenvolveu o princípio ao observar que 20% das vagens em seu jardim continham 80% das ervilhas (https://administradores.com.br/artigos/lei-de-pareto).
24 Kuazaqui, Edmir. *Planejamento estratégico*. São Paulo: Cengage Learning, 2016. p. 56.
25 Pereira, Maurício Fernandes. *Planejamento estratégico: teorias, modelos e processos*. São Paulo: Atlas, 2010. p. 94.

a proximidade de um rio é fator crítico de sucesso da usina, que dificilmente sobreviveria sem tal característica.

Apesar de os fatores críticos de sucesso serem extremamente importantes para o êxito de uma empresa, eles não chegam a representar uma etapa do planejamento estratégico. Na verdade, esses atributos devem surgir já nas etapas de análise e definição do negócio e ser formalmente reconhecidos ou definidos com a conclusão da SWOT. Quando em uma empresa se vê um determinado fator crítico de sucesso como ponto forte, ela desenvolve uma vantagem competitiva. Assim, as estratégias que tenham em seus enunciados uma ação que alavanque um fator crítico de sucesso deverão ter prioridade nos investimentos da empresa.

Exemplos de fatores críticos de sucesso incluem: localização geográfica, disponibilidade de mão de obra especializada, disponibilidade de capital, acesso à tecnologia, acesso a recursos naturais etc. Os fatores críticos de sucesso podem ser considerados os pontos de referência das atividades voltadas para a missão da organização. Por ferramentas de controle, a empresa deve traduzir os fatores críticos de sucesso em indicadores e monitorá-los para verificar se a organização está alcançando os objetivos traçados pela alta direção.

PLANEJAMENTO TÁTICO

Segundo a Tabela 1.1, que distingue os níveis de planejamento, o planejamento tático funciona como elo entre os planejamentos estratégico e operacional. De fato, o planejamento tático deve ser mais detalhado que o planejamento estratégico, pois traduz e interpreta o planejamento estratégico, transformando-o em planos que serão concretizados pelo planejamento operacional.[26] Com horizonte de médio prazo e responsabilidade da média gerência da organização, o planejamento tático tem a função de desdobrar

---

26 Cruz, Tadeu. *Manual do planejamento estratégico: ferramentas para desenvolver, executar e aplicar.* São Paulo: Atlas, 2017. p. 80.

as estratégias em objetivos estratégicos a serem perseguidos pelas diferentes áreas da empresa.

OBJETIVOS ESTRATÉGICOS

Se as estratégias definidas no planejamento estratégico revelam até que ponto a empresa deve ir, os objetivos estratégicos indicam o que deve ser feito para perseguir tal caminho. Os objetivos estratégicos estabelecem o que cada departamento ou função deverá executar para auxiliar a empresa na implementação da estratégia. Também chamados de funcionais, esses objetivos devem ter coerência com as respectivas estratégias das quais se desdobraram. Assim, os gerentes funcionais ou departamentais criarão seus planos táticos (plano de marketing, planejamento financeiro, plano de produção, planejamento de RH etc.) com objetivos estratégicos concentrados no estabelecimento das estratégias definidas.

Como suposição, se uma certa empresa determinou como estratégia aumentar sua lucratividade em 10%, é razoável esperar que seu departamento comercial defina o objetivo estratégico de aumentar as vendas em 6%, que seu departamento de operações trace o objetivo estratégico de diminuir os custos de produção em 8% e assim por diante. Ao final desse exercício, você deve imaginar que todos os departamentos da empresa terão uma lista de cinco a sete objetivos atrelados às estratégias do negócio que perseguirão no médio prazo (ao longo do ano, por exemplo). A questão principal do planejamento tático passa a ser como controlar todos os objetivos estratégicos da organização, o que pode ser feito com uma ferramenta chamada Balanced Scorecard.

BALANCED SCORECARD (BSC)

O Balanced Scorecard[27] (BSC) é um instrumento utilizado para traduzir os objetivos estratégicos de uma empresa em indicadores de desempenho. Essa metodologia baseia-se na representação equilibrada de indicadores financeiros e operacionais, organizados em quatro dimensões,[28] que são conectadas entre si assim:

1. **Perspectiva financeira** – indicadores de desempenho financeiro que medem se a estratégia da empresa está resultando em melhora financeira. São esses indicadores que apontam, de forma objetiva, a contribuição econômica de todas as medidas tomadas em prol do estabelecimento das estratégias da empresa;

2. **Perspectiva dos clientes externos** – indicadores de desempenho relacionados ao mercado em que a empresa compete, fazendo um elo direto entre a estratégia e a proposta de valor oferecida aos clientes. É a correta gestão dos fatores importantes para os clientes que produzirá os recursos financeiros da empresa que serão capturados pela perspectiva anterior;

3. **Perspectiva dos processos internos** – indicadores de desempenho relacionados à eficiência dos processos internos da empresa. Para entregar uma proposta de valor que satisfaça os clientes e garanta o devido retorno financeiro, a empresa deverá executar com excelência seus processos internos. Para criar processos internos que levem a organização à excelência, a empresa deve incorporar uma mentalidade de inovação à sua cadeia de valor;

---

27 O BSC foi criado em 1990 por Robert Kaplan e David Norton, professores da Harvard Business School.
28 Serra, Fernando R; Ferreira, Manuel P.; Torres, Alexandre P.; Torres, Maria Cândida. *Gestão estratégica: conceitos e casos*. São Paulo: Atlas, 2014. p. 324.

4. **Perspectiva de aprendizagem e crescimento** – indicadores de desempenho relacionados com todas as atividades de aprender, melhorar e inovar, necessárias para garantir a melhoria contínua e a competitividade da empresa no mercado. Essas atividades estão ligadas a geração de inovações, desenvolvimento de talentos humanos, melhoria da liderança interna, aumento da infraestrutura tecnológica, satisfação dos trabalhadores etc. É o desenvolvimento da perspectiva de aprendizagem e crescimento que possibilitará à organização ter sucesso nas perspectivas anteriores consistentemente e entregar valor econômico de forma sustentável.

O ponto de partida para a criação de um BSC são as estratégias advindas da matriz SWOT no planejamento estratégico. Em seguida, os gerentes funcionais devem desdobrar essas estratégias em objetivos estratégicos para cada área e definir metas. Metas representam a segmentação e quantificação dos objetivos estratégicos. É nesse momento que os objetivos estratégicos são transformados em indicadores de desempenho. Por fim, as metas devem ser dispostas de acordo com a perspectiva do BSC em que se encaixam, produzindo a ferramenta mostrada na Figura 1.9.

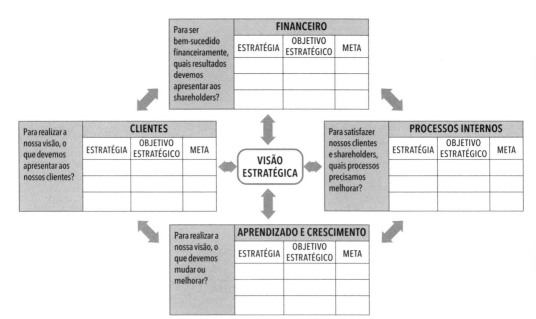

Figura 1.9 – Fonte: adaptado de Lucca. *Gestão estratégica balanceada: um enfoque nas boas práticas estratégicas.*

A sistemática do BSC se resume a cascatear as estratégias em objetivos funcionais com indicadores explícitos que possam medir adequadamente o estabelecimento da estratégia organizacional. Ao implementá-lo, as organizações passam a reconhecer os seguintes benefícios (princípios) internos: a tradução da estratégia em termos operacionais; o posicionamento da organização em relação à estratégia; a transformação da estratégia em uma atividade do dia a dia de todos; o acompanhamento contínuo da estratégia; e a mobilização das mudanças via liderança executiva.[29] Em resumo, o BSC propicia que a organização alinhe todos os seus recursos com as suas estratégias.[30]

---

29 Tavares, Mauro Calixta. *Gestão estratégica.* 3. ed. São Paulo: Atlas, 2010. p. 320.
30 Müller, Cláudio José. *Planejamento estratégico, indicadores e processos: uma integração necessária.* São Paulo: Atlas, 2014. p. 109.

Mais que sistema de medição de desempenho, o BSC pode ser utilizado como sistema de gerenciamento estratégico, pois, além de monitorar os resultados da empresa, identifica os processos estratégicos críticos para que ela obtenha altos índices de desempenho.[31] Isso quer dizer que o BSC funciona como um mapa estratégico para a organização, provando ser uma ferramenta fundamental no processo de administração estratégica de uma empresa.

PLANEJAMENTO OPERACIONAL

Se os objetivos estratégicos definidos no planejamento tático definem o que a organização deve fazer para implementar suas estratégias, é o planejamento operacional que determinará como tais objetivos serão atingidos. O plano tático traça as linhas gerais operacionais da organização, enquanto o plano operacional detalha a operação.[32] O planejamento operacional representa o nível executor da organização, ou seja, de coordenadores, analistas, especialistas e técnicos e foca em métodos, projetos e atividades. Os resultados esperados desse nível do planejamento são planos de ação, processos, fluxogramas e checklists. O planejamento operacional inclui cada grupo de tarefas que necessitam ser executadas, é bastante detalhado e se direciona ao curto prazo.[33]

FERRAMENTA 5W2H

Como no planejamento operacional devem-se especificar os recursos necessários para concluir determinada tarefa, a principal ferramenta utilizada nesse nível de planejamento é o 5W2H, ilustrado na Figura 1.10.

---

31 Lucca, Giancarlo. *Gestão estratégica balanceada: um enfoque nas boas práticas estratégicas*. São Paulo: Atlas, 2013. p. 52.
32 Cruz, Tadeu. *Manual do planejamento estratégico: ferramentas para desenvolver, executar e aplicar*. São Paulo: Atlas, 2017. p. 131.
33 Andrade, Arnaldo Rosa de. *Planejamento estratégico: formulação, implementação e controle*. 2. ed. São Paulo: Atlas, 2016. p. 13.

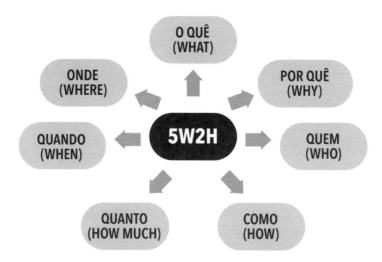

Figura 1.10 – Fonte: UVAGP (https://uvagpclass.wordpress.com).

O 5W2H é uma ferramenta lógica que, apoiada em perguntas simples, requer a definição dos principais aspectos necessários para a efetiva execução de uma atividade. O termo 5W2H é detalhado:

- **W**hat – qual é o objetivo ou a meta?
- **W**hy – por que está sendo feito e que benefício trará?
- **W**ho – quem será o responsável?
- **W**here – onde será realizado e por qual departamento?
- **W**hen – qual é o cronograma?
- **H**ow – como será feito e quais atividades e tarefas serão executadas?
- **H**ow much – quanto de recursos, inclusive financeiros, será despendido?

Ao oferecer respostas a todos esses importantes questionamentos, o 5W2H acaba servindo de princípio para traduzir um objetivo estratégico em plano de ação.

Planos de ação

Com a finalidade de produzir resultados efetivos pela implementação do processo de planejamento estratégico, os planos de ação devem ser elaborados em consistência com a missão e com os objetivos estratégicos.[34] O 5W2H serve de insumo para a execução e o controle de um plano de ação. Assim, cada objetivo estratégico formulado no nível de planejamento tático será desdobrado em planos de ações detalhados, conforme a Tabela 1.4.

Tabela 1.4

ESTRATÉGIA Ampliar a lucratividade da empresa					OBJETIVO ESTRATÉGICO Aumentar a eficiência do time financeiro em 5%		
META (What?)	BENEFÍCIO (Why?)	RESPONSÁVEL (Who?)	ÁREA (Where?)	PRAZO (When?)		ATIVIDADES (How?)	RECURSOS NECESSÁRIOS (How much?)
				INÍCIO	FIM		
Aumentar a eficiência do contas a pagar	Executar mais pagamentos por semana	Analista de contas a pagar	Finanças	1/1/20x8	1/6/20x8	• Concentrar pagamentos • Diminuir o tempo de aprovação	20 horas a R$ 80/h ou seja, R$ 1.600,00
Desenvolver a equipe financeira	Aumentar a produtividade de toda a equipe	Gerente financeiro	Finanças	1/1/20x8	30/11/20x8	• Fazer levantamento das necessidades de treinamento • Executar treinamentos	Orçamento limitado a R$ 35.000,00 para o ano

Fonte: o autor.

Todo o esforço de uma organização para criar os planejamentos estratégico e tático será em vão se estes não se tornarem planos de ação efetivos. Uma estratégia não tem valor se não for transformada em ação. Logo, é o planejamento operacional que transforma estratégias em resultados.

---

34 Andrade, Arnaldo Rosa de. *Planejamento estratégico: formulação, implementação e controle*. 2. ed. São Paulo: Atlas, 2016. p. 100.

FEEDBACK E CONTROLE

Com uma olhadinha rápida na Figura 1.2, que ilustra o processo de planejamento estratégico, é possível perceber que uma seta sai da caixa Feedback e Controle e se divide em setas direcionadas a todas as etapas anteriores do processo. Esse movimento revela a necessidade de controlar e realimentar todo o processo com as informações produzidas por ele mesmo. O papel desempenhado pela função de controle e avaliação no processo de planejamento estratégico é acompanhar o desempenho do sistema, o que pode ser feito pela comparação entre as situações alcançadas e as previstas – principalmente quanto aos objetivos, desafios e metas –, bem como pela avaliação das estratégias e políticas adotadas pela empresa.[35]

O controle é importante para garantir que as ações previstas estão sendo desenvolvidas e os recursos necessários, utilizados. Mudanças podem ocorrer nos ambientes interno e externo da empresa ao longo da implementação do seu planejamento estratégico. Este torna o feedback fundamental para que a empresa se adapte a essas mudanças, analise o atingimento das metas e consiga revisar planos de ação, objetivos funcionais e estratégias. Para que o processo de planejamento estratégico se consolide, a empresa deve efetuar a gestão de seus negócios e respectivas estratégias com base em indicadores de desempenho organizacional que possibilitem a análise crítica de seu desempenho.[36]

Se controlar passa por definir padrões, medir desempenho, comparar com padrões preestabelecidos e adotar as medidas corretivas necessárias, é indispensável a aplicação de ferramentas que auxiliem nesse processo. Por sorte, existe uma infinidade de ferramentas e processos que as empresas utilizam para realizar controle e feedback. Esses instrumentos podem ser simples,

---

35 Oliveira, Djalma de Pinho R. de. *Planejamento estratégico: conceitos, metodologia e práticas*. 34. ed. São Paulo: Atlas, 2018. p. 259.

36 Kuazaqui, Edmir. *Planejamento estratégico*. São Paulo: Cengage Learning, 2016. p. 69.

como relatórios contábeis, seções de lições aprendidas, controle orçamentário ou o real × orçado de indicadores de performance. Podem também ser extremamente sofisticados, como um sistema robusto de ERP, uma estrutura sólida de governança corporativa ou um processo de auditoria. O importante é que a organização utilize essas ferramentas para melhorar a execução de planos de ação, evitar retrabalhos e ineficiência, buscar automatização de sistemas, processos e ferramentas e melhorar a tomada de decisão. Mais que isso, o processo de controle e feedback deve proporcionar a avaliação da implementação do planejamento estratégico da organização e sua adequação aos ambientes interno e externo da empresa.

CONCLUSÃO: O QUE O GESTOR MODERNO DEVE FAZER AGORA?

É imprescindível que o gestor moderno passe a enxergar o encaixe de seu trabalho na estratégia de sua empresa. No mínimo, é preciso identificar os objetivos estratégicos de sua área, entender como eles foram desdobrados do planejamento estratégico e cascatear para sua equipe os planos de ação para atingir as metas. Além disso, seria ideal que o gestor moderno reunisse sua equipe para fazer um planejamento estratégico da própria área. Assim, todos serão obrigados a pensar um pouco mais de forma estratégica, e o gestor moderno poderá colocar em uso as ferramentas mencionadas. Possivelmente, novos insights surgirão e a área terá grandes chances de agregar mais valor aos clientes internos e externos. Por fim, o gestor moderno terá insumos para incorporar novas ideias ao planejamento estratégico da organização. Se o gestor moderno entender os conceitos e reunir prática nas ferramentas apresentadas aqui, terá mais flexibilidade e velocidade para ajustar a atuação de sua área quando inovações, novas tecnologias ou o próprio mercado exigirem.

HABILIDADE 2

MONITORAR O MACROAMBIENTE DA EMPRESA

> A graça é dada por Deus, mas o conhecimento nasce no mercado.
>
> Arthur Hugh Clough

No mundo hipercompetitivo, uma empresa precisa monitorar continuamente o macroambiente no qual está inserida para reagir com velocidade às mudanças que se apresentam. Conforme apresentado no Capítulo 1, o planejamento estratégico denomina esse macroambiente de ambiente externo da empresa e apresenta as ferramentas Análise PEST e As cinco forças de Porter para auxiliarem na tarefa de identificar e interpretar mudanças. O monitoramento constante do macroambiente da empresa deve ser feito por seus gestores modernos.

Conhecimento dos princípios de economia é fundamental na atuação de qualquer gestor moderno que necessite interpretar o ambiente externo de sua empresa. A ferramenta Análise PEST inclui uma seção específica de fatores econômicos que afetam a empresa. Esses fatores incluem agregados macroeconômicos, como PIB e inflação, a atuação do governo com relação às políticas econômicas e as consequências da interação econômica entre países. Já a ferramenta As cinco forças de Porter questiona o nível de concorrência enfrentado pela empresa no mercado. Entender as características e diferenças econômicas de cada estrutura de mercado é primordial para a correta utilização dessa ferramenta pelo gestor moderno. Este capítulo apresentará conhecimentos e ferramentas de economia que facilitam a tarefa do gestor moderno de monitorar, identificar e interpretar mudanças no ambiente externo de sua empresa.

POR QUE ECONOMIA?

A economia é o estudo de como a sociedade gerencia seus escassos recursos.[1] Se uma empresa é um conjunto de processos que transforma insumos em produtos para obter lucro, seu negócio, independentemente de setor ou indústria, gira em torno da gestão de recursos. Logo, conhecer os fundamentos da economia é extremamente importante para gestores modernos. Como ciência social, ela utiliza princípios para analisar o comportamento humano e fornecer um quadro conceitual que ajuda a pensar sobre o mundo. Assim, o conhecimento da economia também agrega valor ao processo de análise dos fatores da sociedade que influenciam a indústria, as empresas e a concorrência entre elas. Os conceitos e ferramentas de economia serão úteis para os gestores modernos na prática de suas responsabilidades e na interpretação do mundo das empresas, no aperfeiçoamento de suas habilidades de leitura do cenário atual e predição de comportamentos ou eventos futuros.

CUSTO DE OPORTUNIDADE

Economistas estudam como pessoas tomam decisões, como interagem umas com as outras e como analisam forças e tendências que afetam a economia. É importante reconhecer que, ao tomar decisões, indivíduos fazem a troca de um objetivo por outro, ou seja, para conseguir algo é necessário desistir de alguma coisa. Esse é o motivo da famosa frase: "Não existe almoço grátis!" Como indivíduos encaram essas trocas, é crucial comparar os custos e benefícios das alternativas de determinada ação ou escolha. O custo de oportunidade de uma escolha é o valor da alternativa mais cara que o indivíduo está deixando de lado para realizar

---

[1] Mankiw, N. Gregory. *Principles of economics*. 2. ed. Orlando: Harcourt College Publishers, 2001. p. 4.

tal escolha.[2] Imagine que você tenha uma prova de economia no sábado. O seu custo de oportunidade de estudar para essa prova pode ser não comparecer a uma festa à qual você deseja muito ir. Ou pode ser deixar de ir ao cinema com seus filhos. Toda escolha implica uma renúncia, cujo custo é chamado pelos economistas de custo de oportunidade.

ANÁLISE MARGINAL DE CUSTO-BENEFÍCIO

Economistas trabalham com a premissa de que as pessoas são racionais, isto é, elas têm objetivos e tomam decisões que as ajudem a alcançá-los. Tomadores de decisões buscam atividades para as quais o benefício percebido exceda seu custo percebido. Esse comportamento é conhecido como análise de custo-benefício. Pode parecer simples, mas há um mecanismo importante por trás dessa análise. Em termos gerais, quanto mais se persegue uma atividade, mais custosa ela fica[3] e menos benéfica ela se torna.[4] Assim, o indivíduo racional realizará uma atividade enquanto seu benefício superar seu custo e, de forma inversa, evitará uma atividade sempre que seu custo for maior que o benefício que ela produz.

O mecanismo de custo-benefício serve de base para a forma como economistas acreditam que as pessoas tomam melhores decisões: a análise marginal. Economistas usam o termo mudanças marginais para descrever pequenos ajustes incrementais em um plano de ação.[5] Nesse caso, marginal significa borda ou limite do que está sendo feito, ou seja, a compra de mais uma unidade de determinado item ou a venda de mais uma unidade de seu

---

2   Taylor, John B. *Economia*. 2. ed. Boston: Houghton Mifflin Co., 1998. p. 36.
3   Esta é a lei dos custos crescentes segundo a qual quanto mais se realiza uma atividade, mais custosa ela se torna (inclui o custo de oportunidade de realizá-la).
4   Esta é a lei dos retornos decrescentes segundo a qual quanto mais se realiza uma atividade, menos benéfica ela se torna.
5   Mankiw, N. Gregory. *Principles of economics*. 2. ed. Orlando: Harcourt College Publishers, 2001. p. 6.

produto. Pessoas tomam decisões melhores quando comparam os benefícios marginais com os custos marginais daquela decisão. Em última análise, o indivíduo racional somente executa uma ação se o benefício marginal dessa ação for maior que seu custo marginal.

Imagine que sua empresa esteja tentando decidir se aumenta ou não a produção. Caso o objetivo de produzir seja para vender e obter lucro, a produção só deve ser aumentada se a receita da próxima unidade produzida (receita marginal) superar o custo de sua produção (custo marginal). Enquanto valer essa comparação, a produção deve ser aumentada. No momento em que o custo marginal ultrapassar a receita marginal, já não é mais racional aumentar a produção, pois a próxima unidade adicionará um prejuízo, e não mais um lucro, ao resultado da empresa.

Como pessoas tomam decisões com base na comparação de custos e benefícios, seus comportamentos podem mudar quando esses custos e benefícios mudarem. Isso implica a conclusão de que indivíduos racionais respondem a incentivos, isto é, incentivos motivam as pessoas a mudarem seus comportamentos.[6] Suponha que, no exemplo anterior, o governo decida dar às empresas um benefício fiscal na folha de pagamento. Com isso, o custo unitário de produção cai, fazendo com que o custo marginal diminua. Como a receita marginal se mantém, a queda no custo marginal faz com que a empresa decida aumentar ainda mais sua produção. O benefício fiscal do governo funciona como incentivo para a empresa produzir mais e a empresa, de fato, altera seu comportamento e responde ao incentivo com aumento de sua produção.

FUNDAMENTOS DA ANÁLISE ECONÔMICA: OFERTA E DEMANDA

Economistas desenvolvem suas análises pela interação entre compradores e vendedores no mercado de um determinado item. Quer dizer, a análise econômica se fundamenta no comportamento

---

6   Taylor, John B. *Economia*. 2. ed. Boston: Houghton Mifflin Co., 1998. p. 48.

das forças de oferta e demanda. De acordo com a lei da demanda, a quantidade demandada e o preço são inversamente proporcionais, o que significa dizer que a quantidade demandada declina quando o preço aumenta.[7] Já na lei da oferta, a quantidade ofertada e o preço são diretamente proporcionais, ou seja, a quantidade ofertada aumenta quando o preço aumenta.[8] Juntas e em equilíbrio, oferta e demanda determinam o preço e as quantidades consumidas e ofertadas no mercado, conforme o gráfico da Figura 2.1.

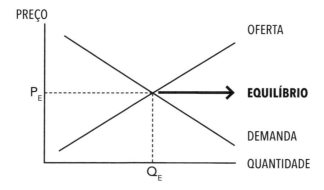

Figura 2.1 – Fonte: adaptado de Mankiw. *Principles of economics.*

As interações entre compradores e vendedores tendem a levar o mercado naturalmente para o equilíbrio. Suponhamos que o preço de mercado seja estabelecido acima do preço em equilíbrio, como mostrado no primeiro gráfico da Figura 2.2. Nesse caso, a quantidade ofertada (Q_O) tende a aumentar ao mesmo tempo que a quantidade demandada (Q_D) tende a diminuir. Tal situação se caracteriza por um excedente de produto no mercado, que fará pressão para o preço cair em direção ao preço de equilíbrio (P_E). De forma contrária, se o preço de mercado for estabelecido abaixo do preço em equilíbrio, como mostrado no segundo gráfico da Figura 2.2, a quantidade ofertada (Q_O) tende a cair ao mesmo tempo

---

7 Taylor, John B. *Economia.* 2. ed. Boston: Houghton Mifflin Co., 1998. p. 55.
8 Taylor, John B. *Economia.* 2. ed. Boston: Houghton Mifflin Co., 1998. p. 61.

que a quantidade demandada (Q_D) tende a subir. Essa situação se caracteriza por uma escassez de produto no mercado, que fará pressão para o preço subir em direção ao preço de equilíbrio (P_E).

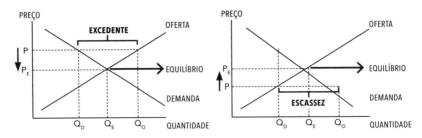

Figura 2.2 – Fonte: adaptado de Mankiw. *Principles of economics.*

Essas conclusões podem ser observadas no mundo real. Caso um açougueiro se encontre em situação de excedente – com sobra de carne a ponto de não caber mais em suas geladeiras –, é de esperar que ele baixe o preço cobrado até atingir o preço de equilíbrio, em que essa situação de excedente desaparecerá. Por outro lado, caso esse mesmo açougueiro se encontre em situação de escassez – com filas para comprar suas carnes a ponto de o produto faltar em suas geladeiras –, é de esperar que ele aproveite a oportunidade para aumentar o preço cobrado até atingir o preço de equilíbrio, em que essa situação de escassez desaparecerá. É no preço em equilíbrio que os compradores compram as quantidades desejadas e os vendedores vendem as quantidades desejadas. Por isso, as forças de mercado tendem a levar o mercado naturalmente ao equilíbrio.

Não são apenas alterações em preços que podem afetar um mercado. O conceito de equilíbrio nos auxilia a entender os efeitos de mudanças que podem ocorrer tanto na oferta quanto na demanda de um determinado produto. Do lado dos consumidores, muitas características podem mudar o patamar da demanda por um produto, como o nível de renda das pessoas, o gosto das pessoas por esse bem, os preços de bens relacionados e até expectativas sobre o futuro. Por exemplo, no primeiro gráfico da Figura 2.3, um aumento na renda das pessoas faz com que mais

HABILIDADE 2   69

pessoas deixem de andar de transporte público e comprem carros, aumentando a demanda por carros. Isso faz com que a curva da demanda (D_0) mude de patamar para a direita (D_1) e determine um novo equilíbrio, em que tanto o preço dos carros (P_{E1}) quanto a quantidade de carros transacionada no mercado sejam maiores (Q_{E1}). De forma oposta, no segundo gráfico da Figura 2.3, a criação do Uber fez com que muitas pessoas deixassem de demandar carro, passando a utilizar esse novo meio de transporte. Isso fez com que a curva da demanda (D_0) mudasse de patamar para a esquerda (D_1) e determinasse um novo equilíbrio, em que tanto o preço dos carros (P_{E1}) quanto a quantidade de carros transacionados no mercado sejam menores (Q_{E1}).

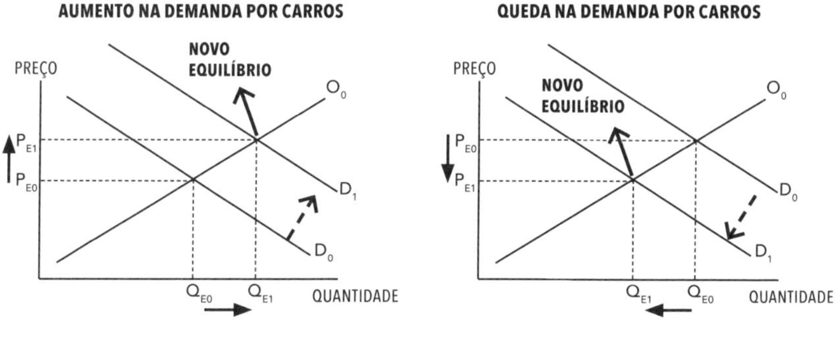

Figura 2.3 – Fonte: o autor.

Do lado dos fornecedores, também há características que podem mudar o patamar da oferta, como alterações nos preços de matérias-primas, avanços tecnológicos e expectativas sobre o futuro. Por exemplo, no primeiro gráfico da Figura 2.4, avanços tecnológicos no agronegócio aumentaram a produtividade do setor e fizeram com que a oferta aumentasse de patamar para a direita (O_1). Isso determinou um novo equilíbrio com menor preço do feijão (P_{E1}) e maior quantidade de feijão transacionada no mercado (Q_{E1}). De forma oposta, no segundo gráfico da Figura 2.4, quando a seca atinge as lavouras de feijão, a oferta diminui de patamar para a esquerda (O_1); isso determinou um novo equilíbrio em que o preço do feijão sobe (P_{E1}) e a quantidade de feijão no mercado diminui (Q_{E1}).

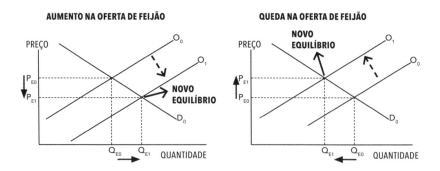

Figura 2.4 – Fonte: o autor.

O entendimento de todas as mudanças de mercado se baseia na análise do comportamento da oferta e da demanda. Quando a mudança original ocorre no preço, o mercado é levado a uma situação de excedente ou de escassez. Por outro lado, quando a mudança original ocorre em um fator determinante da oferta ou da demanda externo ao mercado em questão, o mercado é levado a um novo equilíbrio com a mudança de patamar da curva afetada pela mudança (oferta, demanda ou, às vezes, as duas).

ELASTICIDADE

A análise econômica descrita conclui sobre a direção das mudanças na oferta e na demanda. Contudo, não há informações sobre a dimensão dessas mudanças. Qual é o tamanho da queda na demanda por táxis quando o Uber foi criado? Por quanto caiu a oferta de feijão em razão da seca? Para conseguir essas informações, é preciso utilizar uma ferramenta conhecida como elasticidade. A elasticidade é uma medida de quanto uma variável é sensível a mudanças em outra variável.[9] Para o gestor moderno,

---

9   Taylor, John B. *Economia*. 2. ed. Boston: Houghton Mifflin Co., 1998. p. 89.

é importante medir a sensibilidade da quantidade demandada do bem ou serviço de sua empresa quando ocorrem mudanças em seu preço, na renda das pessoas e no preço de produtos relacionados ao seu. Assim, o gestor moderno poderá agir na hora certa, na direção certa e no tamanho proporcional à mudança, sem desperdiçar recursos valiosos nem reagir de forma acanhada.

A elasticidade-preço da demanda mede a reação da quantidade demandada de um bem a mudanças no preço desse bem, conforme a fórmula:

$$Epd = \frac{\Delta\% \text{ Quantidade demandada}}{\Delta\% \text{ preço}}$$

Se o resultado[10] da elasticidade-preço da demanda for maior que 1, a demanda é chamada de elástica, o que significa que compradores são muito sensíveis a mudanças no preço do bem. Por outro lado, se a elasticidade-preço da demanda for menor que 1, a demanda é chamada de inelástica, o que significa que compradores não são muito sensíveis a mudanças no preço do bem.

Conhecer a elasticidade-preço da demanda de seu produto pode ser muito útil ao gestor moderno, já que ela guarda uma relação interessante com a receita[11] da empresa. Quando a demanda de um bem é elástica, um aumento no preço gera uma queda relativamente grande na quantidade vendida e isso resulta na diminuição da receita da empresa. Dessa forma, para aumentar a receita de venda de um bem com demanda elástica, deve-se diminuir seu preço. Em contrapartida, quando a demanda de um bem é inelástica, um aumento no preço gera uma queda relativamente pequena na quantidade vendida e isso resulta no

---

10 Como a lei da demanda afirma que preço e quantidade demanda são inversamente proporcionais, o resultado da elasticidade-preço da demanda é sempre negativo. Por isso, para ser possível compará-lo com 1, é preciso ignorar o sinal e comparar apenas o valor absoluto.
11 A receita é representada pela multiplicação do preço com a quantidade vendida (R = P x Q) e significa a quantidade de renda que uma empresa gera com a venda de seu produto.

aumento da receita da empresa. Logo, a elasticidade-preço da demanda é uma ferramenta que auxilia as empresas a traçarem estratégias de precificação.

A elasticidade-renda da demanda mede a reação da quantidade demandada de um bem a mudanças na renda dos consumidores, conforme a fórmula:

$$Erd = \frac{\Delta\% \text{ Quantidade demandada}}{\Delta\% \text{ renda}}$$

Se o resultado da elasticidade-renda da demanda de um bem for maior que zero (positivo), esse bem é chamado de normal.[12] Por outro lado, se o resultado for menor que zero (negativo), o bem é chamado de inferior.[13] Bens normais tendem a ser mais consumidos por classes de renda mais alta, enquanto bens inferiores tendem a ser mais consumidos por classes de renda mais baixa. Assim, a elasticidade-renda da demanda pode ajudar o gestor moderno a melhor direcionar os recursos de propaganda da empresa às classes econômicas condizentes com a demanda por seu produto.

A elasticidade-cruzada da demanda mede a reação da quantidade demandada de um bem a mudanças no preço de outro bem que seja relacionado, conforme a fórmula:

$$Exy = \frac{\Delta\% \text{ Quantidade demandada de X}}{\Delta\% \text{ no preço de Y}}$$

Se o resultado da elasticidade-cruzada da demanda for maior que zero (positivo), os bens são chamados de substitutos.[14] Por outro lado, se o resultado for menor que zero (negativo), os bens são chamados de complementares.[15] A elasticidade-cruzada da

---

12 Bem normal é aquele que tem sua demanda aumentada com o aumento da renda das pessoas (ex.: carro).
13 Bem inferior é aquele que tem sua demanda reduzida com o aumento da renda das pessoas (ex.: transporte público).
14 Bens substitutos são aqueles em que o aumento no preço de um aumenta a quantidade demandada do outro (ex.: margarina e manteiga).
15 Bens complementares são aqueles em que o aumento no preço de um diminui a quantidade demandada do outro (ex.: comida japonesa e molho shoyu).

demanda é outra ferramenta que pode auxiliar o gestor moderno com estratégias de precificação. No caso de bens substitutos, o gestor pode fazer modificações no preço em resposta a mudanças no preço de um concorrente, bem como pode mudar seu preço para forçar o concorrente a tomar uma decisão. No caso de bens complementares, que são consumidos juntos, é possível diminuir o preço do próprio produto para acomodar o aumento no preço do outro bem e atenuar a esperada queda na quantidade demandada. Um exemplo disso é a diminuição do preço da pipoca quando aumenta o valor da entrada do cinema.

LUCRO CONTÁBIL × LUCRO ECONÔMICO

Uma empresa é uma organização na qual insumos são convertidos em bens e serviços. A aplicação desses insumos na produção gera uma série de custos com características e consequências diferentes. Alguns custos de produção são explícitos, como mão de obra e matéria-prima, pois requerem saída de dinheiro. Outros custos são considerados implícitos por não requererem saída de dinheiro. É o caso do custo do capital financeiro investido na empresa, que representa o custo de oportunidade do negócio.

Ninguém abre uma empresa com fins altruístas. Por isso, a economia trabalha com a premissa de que empresas tomam decisões para maximizar o lucro.[16] Lucro é aquilo que sobra da receita total depois de subtraídos os custos totais. Todavia, há uma importante diferença na forma como contadores e economistas determinam o lucro. Enquanto o lucro contábil é mensurado como a receita total menos os custos explícitos, o lucro econômico é calculado como a

---

16 As novas gerações estão levando nossa sociedade para a era do propósito e não mais do lucro. É fato que há cada vez mais empresas trabalhando por propósito e visando o lucro como resultado. Ainda assim, essas empresas visam lucro. Assim, a premissa de maximização de lucros pode ser questionada, mas não inviabiliza os conhecimentos e ferramentas que sucederão dela. De qualquer forma, para fins altruístas, uma pessoa abre uma ONG, uma fundação etc., e não uma empresa.

receita total menos todos os custos do negócio, incluindo os custos de oportunidade (custos implícitos). O lucro econômico é importante porque ele mede o incentivo que os donos da empresa têm para se manterem investindo nessa empresa, e não em outra alternativa de investimento.[17] Também é importante que o gestor moderno entenda a ideia de lucro econômico porque ela serve de base para um conceito mais moderno e sofisticado entre as métricas utilizadas na mensuração do desempenho das empresas, conhecida como valor econômico agregado, a qual veremos mais adiante no Capítulo 6.

AS DIFERENTES ESTRUTURAS DE MERCADO DA ECONOMIA

A análise de demanda e oferta apresentada tem como pressuposto um mercado competitivo em que o preço de equilíbrio é dado. Entretanto, o funcionamento dos diversos mercados em uma economia difere de acordo com o grau de concorrência de cada um. Há várias estruturas diferentes de mercado com características e modelos de formação de preço próprios; as quatro mais comuns são a competição perfeita, o monopólio, o oligopólio e a competição monopolística. A forma de atuação das empresas difere de acordo com a estrutura de mercado na qual ela se encontra. Por isso, torna-se crucial para o gestor moderno entender as características de cada mercado e tirar as conclusões de se estar em cada uma delas.

A primeira estrutura de mercado chama-se competição perfeita, que é um tipo de mercado com muitos compradores e vendedores que trocam produtos idênticos. Nessa modalidade, ninguém tem influência sobre o preço,[18] que é dado pelas forças de mercado. O fato de o bem ser padronizado faz com que não haja preferências por marcas. Além disso, todos os agentes desse

---

17 Taylor, John B. *Economia*. 2. ed. Boston: Houghton Mifflin Co., 1998. p. 248.
18 Mankiw, N. Gregory. *Principles of economics*. 2. ed. Orlando: Harcourt College Publishers, 2001. p. 292.

mercado apresentam o mesmo nível de informações e não há barreiras à entrada e saída de ofertantes do mercado.

Qualquer empresa, independentemente do mercado em que atua, maximiza seu lucro com a produção da quantidade (Q) na qual a receita marginal (RM) seja igual ao custo marginal[19](CM). Se o preço é fixo na competição perfeita, a receita incremental obtida ao vender mais uma unidade é igual ao próprio preço (P), o que resulta em uma receita marginal fixa e igual ao preço do produto. Se a empresa deve ofertar a quantidade que iguala seu custo marginal à receita marginal, sempre que o preço mudar a quantidade ofertada mudará para igualar o custo marginal ao novo preço; com isso, a curva do custo marginal representará a curva de oferta da empresa na competição perfeita.

Como pode ser visto no primeiro gráfico da Figura 2.5, as características da competição perfeita abrem espaço para que as empresas obtenham um lucro[20] do tamanho da área retângulo hachurado. E este é calculado pela diferença entre o preço (P) e o custo total unitário (CT_U), multiplicada pela quantidade produzida (Q). Contudo, esse lucro é uma circunstância de curto prazo. Como há ausência de barreiras de entrada e saída nesse mercado, no longo prazo, um aumento de ofertantes em busca desse lucro acarretará a queda do preço até que o novo preço se iguale ao custo total unitário e leve o lucro econômico das empresas a zero[21] (segundo gráfico da Figura 2.5).

---

19 Esta conclusão é a mesma apresentada na seção em que abordamos a análise marginal de custo-benefício, sendo que a receita marginal é o incremento de receita obtido pela venda de uma unidade adicional e o custo marginal é o incremento de custo ocorrido pela venda dessa mesma unidade adicional.
20 Outra forma de calcular o lucro seria pela fórmula: Lucro = (P x Q) − (CT_U x Q).
21 É importante lembrar que o lucro econômico leva em consideração os custos implícitos de uma empresa. Logo, quando o lucro econômico é zero, as empresas apenas recuperam seus custos de oportunidade.

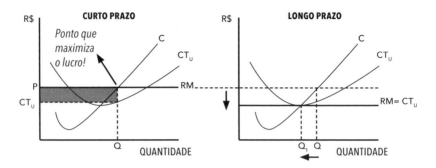

Figura 2.5 – Fonte: o autor.

Um exemplo próximo de competição perfeita na vida real é o mercado de corridas de táxi. Por muito tempo, somente os taxistas lucravam nesse mercado, com a oferta de serviços a preços altos e a uma quantidade reduzida da população. No longo prazo, empresas como Uber, Cabify e 99 entraram no mercado em busca desses lucros, com menor preço das corridas[22] e maior oferta de serviços a uma parcela bem maior da população. O mercado de corridas de táxi ilustra perfeitamente as conclusões da concorrência: no longo prazo, as empresas só se mantêm se forem eficientes, o preço é reduzido e o número de empresas se ajusta para satisfazer a quantidade demandada pela sociedade.

A segunda forma de mercado é o monopólio, que se caracteriza por uma empresa ser a única vendedora de um produto, sem substitutos próximos.[23] A razão de haver monopólio é a existência e manutenção de barreiras extremas de entrada no mercado, como a empresa ser a única dona de um insumo essencial (ex.: campo de petróleo), o governo conceder um direito exclusivo de exploração (ex.: concessão de rodovia), o alto custo de produção fazer com que uma única

---

22 Neste momento, você pode estar pensando que não é verdade que os preços dos táxis caíram, pois os valores nos taxímetros continuaram aumentando. De fato, os preços dos taxímetros não pararam de aumentar, mas hoje em dia os taxistas fazem todo tipo de promoção para se manter no mercado. Se você ainda paga o valor cheio do taxímetro, deveria barganhar.
23 Taylor, John B. *Economia*. 2. ed. Boston: Houghton Mifflin Co., 1998. p. 263.

empresa seja mais eficiente para o mercado (ex.: energia elétrica) ou a empresa ser detentora de uma patente (ex.: novo remédio).

Por ser o único produtor, a curva de demanda do monopolista é a curva de demanda do mercado. O monopolista tem o poder de alterar o preço, ajustando a quantidade ofertada. Mas quando o preço aumenta, a quantidade demandada cai ou, de forma análoga, para que a quantidade aumente, o preço precisa diminuir. O resultado é que a receita marginal (RM) do monopolista é sempre inferior ao preço (P), por isso sua curva da receita marginal se posiciona abaixo da curva de demanda (D).

Como mostrado na Figura 2.6, o monopolista também maximiza seu lucro com a produção da quantidade que iguala a receita marginal (RM) ao custo marginal (CM). Diferentemente de uma empresa em mercado competitivo, porém, o monopolista é capaz de cobrar um preço superior ao seu custo marginal, o que lhe garante um lucro muito superior.[24] Como há barreiras extremas de mercado, não há qualquer movimento de longo prazo. Isso quer dizer que monopólios produzem quantidades menores, cobram preços mais altos, obtêm lucros maiores e são mais ineficientes se comparados a mercados competitivos.

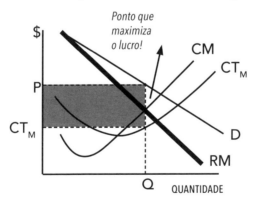

Figura 2.6 – Fonte: adaptado de Mankiw. *Principles of economics*.

---

24 Compare as áreas das regiões hachuradas para ver como o lucro do monopolista é superior ao de uma empresa do mercado competitivo.

A terceira forma de mercado é o oligopólio, uma indústria caracterizada por poucas empresas que vendem o mesmo produto e que impõem barreiras de entrada a novos vendedores.[25] Nesse mercado, as ações de um vendedor impactam a lucratividade dos demais, proporcionando que as empresas se organizem em cartel.[26] Se um cartel é estabelecido, o mercado passa a funcionar como monopólio e as empresas entram em acordo para restringir a quantidade produzida, cobrar preços acima de seus custos marginais e obter lucros altos, o que produz um resultado socialmente ineficiente. No entanto, será que é simples manter esse tipo de cooperação?

Oligopolistas se beneficiam mais quando atuam como monopolistas, mas a preocupação com o próprio lucro raramente deixa um oligopólio funcionar como monopólio. Após fechar o acordo para restringir a produção e aumentar o preço, cada empresa volta para casa e decide produzir mais para vender a um preço mais alto e garantir lucros maiores, o que leva a uma queda no preço e à ineficácia do acordo.[27] O oligopolista vive a tensão entre cooperação e interesse próprio, e acaba sucumbindo ao poderoso incentivo de lucrar mais, buscando o próprio interesse e dificultando que se chegue ao resultado de monopólio.[28]

---

25 Taylor, John B. *Economia*. 2. ed. Boston: Houghton Mifflin Co., 1998. p. 291.
26 Um cartel é um grupo de empresas que opera em conluio, ou seja, com base em um acordo sobre quantidade produzida ou preço cobrado.
27 Utiliza-se a Teoria dos Jogos para estudar o jogo que oligopolistas travam no mercado em situações estratégicas. O mercado termina em um ponto conhecido como Equilíbrio de Nash, oriundo do matemático John Nash, vencedor do Nobel de Economia, cuja história foi tema do filme *Uma mente brilhante*.
28 A forma mais comum de manter um cartel em funcionamento é por meio das armas. Isso explica por que todo filme que retrata a máfia italiana contém violência. Perceba que toda reunião de mafiosos italianos em filmes começa com os chefões colocando as armas na mesa. A arma simboliza a consequência para aqueles que não cumprirem o acordo que estão se propondo a fechar.

O oligopólio mais conhecido é a Organização dos Países Exportadores de Petróleo (Opep), grupo formado por alguns dos maiores produtores de petróleo no mundo que, juntos, representam mais de 70% das reservas mundiais de petróleo. O objetivo da Opep é, como cartel, coordenar a quantidade produzida de petróleo para manipular o preço e atingir seus objetivos. Outros mercados que servem de exemplo de oligopólio são o segmento de telecomunicações, as empresas aéreas e o sistema bancário brasileiro.

A quarta estrutura de mercado chama-se competição monopolística, um mercado em que muitas empresas vendem produtos diferenciados, com livre entrada e saída de empresas.[29] O fato de haver muitos vendedores significa que as empresas competem pelo mesmo grupo de consumidores. Contudo, por serem produtos diferenciados, cada empresa produz um bem um pouco diferente das ofertas dos seus concorrentes, propiciando às empresas funcionarem como monopolistas. Logo, a empresa na competição monopolística escolhe o preço e a quantidade que quer vender, garantindo um bom lucro.

Como uma das características da competição monopolística é a ausência de barreiras de entrada e saída de empresas, o lucro nesse mercado é uma condição de curto prazo. Quando empresas estão lucrando, novas empresas têm o incentivo de entrar no mercado em busca desses lucros. Quando isso ocorre, os consumidores passam a ter mais opções de produtos similares (porém não idênticos) e a quantidade demandada das empresas cai, diminuindo os preços. Assim, como ocorre na competição perfeita, no longo prazo, a existência de lucros atrai novos entrantes para o mercado de competição monopolística a ponto de o preço se igualar ao custo total unitário, o lucro econômico tender a zero e as empresas apenas recuperarem seus custos de oportunidade.

O mercado de roupa é um bom exemplo de competição monopolística. Há várias marcas de roupa diferentes, mas cada

---

29 Taylor, John B. *Economia*. 2. ed. Boston: Houghton Mifflin Co., 1998. p. 291.

uma com as características próprias. Logo, com base em modelos, utilização de diferentes insumos, ou marketing, as empresas diferenciam seus produtos. Além disso, não há barreiras de entrada, já que qualquer pessoa pode desenhar um modelo, comprar material e costurar sua ideia sem grandes custos ou outros impeditivos. Assim, cada empresa de roupa funciona, no curto prazo, como monopolista em consequência da diferenciação de seus produtos e, no longo prazo, como empresa em competição perfeita por causa da livre entrada de empresas no mercado, o que ilustra essa característica híbrida do mercado de competição monopolística.

O PIB E SEUS COMPONENTES

A macroeconomia[30] é composta de todos os tipos de mercados, como o de bens e serviços, o de trabalho, o monetário e o de fatores de produção. Há mercados, como o de bens e serviços, em que as empresas são as ofertantes e as famílias são as demandantes. Neste, o total de gastos das famílias ao comprarem bens e serviços representa o total de receitas das empresas ao venderem esses mesmos bens e serviços. Em contrapartida, há mercados, como o de fatores de produção, em que as empresas são as demandantes e as famílias são as ofertantes. Neste, o total de gastos das empresas com os fatores de produção representa o total de renda que as famílias obtêm ao vender ou alugar esses mesmos fatores de produção às empresas. Todos os mercados têm algo em comum: como toda transação tem duas partes, um comprador e um vendedor, o gasto de um representa a receita ou renda do outro. Como a economia é o coletivo de todos os mercados, o mesmo é válido para qualquer economia, ou seja, o gasto total é sempre igual à renda total da economia.

---

30 Macroeconomia é o estudo da economia e da determinação e comportamento dos agregados econômicos, como inflação, renda e crescimento econômico. Em contraste, a microeconomia é o estudo do comportamento de consumidores e produtos no mercado e de como suas interações determinam preços e quantidades.

O agregado econômico que mede a renda, o gasto ou a demanda total (demanda agregada) de uma economia é o Produto Interno Bruto ou PIB. O PIB mede o valor de mercado de todos os bens e serviços finais produzidos em um determinado período por um país.[31] Mais especificamente, essa é a definição de PIB nominal, que é o cálculo da soma das quantidades de bens e serviços produzidos, multiplicadas pelos seus preços correntes. Como os preços da maioria dos bens e serviços sobem com o tempo, o PIB nominal não é a melhor medida para produção. Para que se tenha a real dimensão do comportamento da produção, é necessário utilizar preços constantes para calcular o valor da produção, ou seja, é preciso calcular o PIB real.[32]

A ótica mais utilizada para se enxergar o PIB é pela soma das quatro categorias ou dos componentes em que os gastos de uma economia se dividem:

$$PIB = C + G + I + (X - M)$$

O primeiro componente do PIB é o consumo (C), representado por todos os bens e serviços adquiridos pelos indivíduos e suas famílias.[33] O nível de consumo de uma economia depende de vários fatores, como a renda corrente líquida dos tributos (renda disponível), as expectativas de renda futura dos indivíduos, o estoque de ativos ou patrimônio das famílias, a disponibilidade de crédito e a taxa de juros da economia. A taxa de juros tem especial importância graças à sua relação com o consumo. Quando os

---

31 Mankiw, N. Gregory. *Principles of economics*. 2. ed. Orlando: Harcourt College Publishers, 2001. p. 496.
32 O cálculo do PIB real é feito em uma série de anos, utilizando os preços de um ano-base de comparação. Essa técnica faz com que os preços fiquem constantes e torna possível capturar apenas a mudança da produção de um ano para o outro. Há também uma relação entre o PIB nominal e o PIB real pela medida de inflação conhecida como deflator implícito, ou seja, PIB real = (PIB nominal)/(deflator implícito).
33 Blanchard, Olivier. *Macroeconomia*. 5. ed. São Paulo: Pearson Prentice Hall, 2011. p. 38.

juros estão altos, as famílias que dispõem de renda preferem cortar o consumo e ganhar renda em aplicações financeiras, enquanto as famílias que não dispõem de renda decidem não se endividar para consumir em virtude dos altos juros que encarecem os empréstimos. Esse comportamento demonstra que há uma relação inversa entre consumo e taxas de juros, que, como veremos mais à frente, é amplamente explorada pelo governo na condução da política monetária.

O segundo componente do PIB, que é o consumo ou custeio do governo (G), está representado por todas as compras de novos bens e serviços pelos governos federal, estaduais e municipais.[34] Estão inclusos nesse componente do PIB gastos com militares, salários e benefícios dos políticos e funcionários públicos, gastos com a previdência etc. Os gastos do governo não se comportam com a mesma regularidade que os gastos das famílias. Afinal, não há qualquer regra que possa descrever esses gastos, além da ideologia dos governantes que estão no poder naquele momento. Ou seja, diferente do consumo (C) dos indivíduos de uma economia, o consumo do governo (G) não é previsível ao longo do tempo.

O terceiro componente do PIB é o investimento (I), e está representado por todo gasto que aumente a capacidade produtiva da economia.[35] Diretamente relacionado ao conceito de produtividade,[36] investir significa gastar com capital físico (equipamentos, ferramentas e estruturas utilizadas na produção), mão de obra (melhor ensino, treinamento e experiência), recursos naturais (terra, rios e depósitos minerais), conhecimento tecnológico (tecnologia e inovação) etc. O investimento é um componente do PIB duplamente importante, pois se apresenta ao mesmo tempo como fonte de demanda para os

---

34 Taylor, John B. *Economia*. 2. ed. Boston: Houghton Mifflin Co., 1998. p. 537.
35 Mankiw, N. Gregory. *Principles of economics*. 2. ed. Orlando: Harcourt College Publishers, 2001. p. 499.
36 Produtividade é uma medida de eficiência que relaciona a quantidade de produção por unidade de insumo, como a produtividade por hora trabalhada, a produtividade de um trabalhador ou a produtividade por hora-máquina utilizada, por exemplo.

ofertantes de bens de capital no presente e como fator que expande a capacidade produtiva no longo prazo.

Para haver expansão da capacidade produtiva, é preciso que se abra mão do consumo presente em favor do potencial aumento de consumo no futuro. Isso quer dizer que menos bens de consumo serão produzidos hoje para haver aumento na produção de bens de capital. A parcela excedente da produção em relação ao consumo, seja privado, seja público, que pode ser destinada à ampliação da capacidade produtiva é chamada de poupança.[37] Se os investimentos necessários à economia precisam que alguém reduza seu nível de consumo, conclui-se que todo investimento é financiado pela poupança de alguém!

O investimento depende de vários fatores, como as expectativas de lucro das empresas, a disposição de correr risco ou aversão ao risco dos empreendedores, a disponibilidade de crédito ou acesso das empresas ao capital de terceiros, a previsibilidade do cenário econômico e as taxas de juros no mercado. Mais uma vez, a taxa de juros tem especial importância como resultado de sua relação com o nível de investimento. Empresas habitualmente tomam recursos emprestados para investir. Quando os juros estão altos, entretanto, os empréstimos e financiamentos encarecem e as empresas decidem postergar seus planos de investimentos. Esse comportamento demonstra que há uma relação inversa entre investimentos e taxas de juros, que, como veremos mais à frente, é amplamente explorada pelo governo na condução da política monetária.

O quarto e último componente do PIB, chamado de exportações líquidas (X – IM) ou balança comercial, é representado pela diferença entre as exportações de bens domésticos para o exterior e as importações de bens estrangeiros para dentro do país.[38] Se as exportações forem maiores que as importações, o que é chamado

---

[37] Mankiw, N. Gregory. *Principles of economics*. 2. ed. Orlando: Harcourt College Publishers, 2001. p. 562.
[38] Blanchard, Olivier. *Macroeconomia*. 5. ed. São Paulo: Pearson Prentice Hall, 2011. p. 39.

de superávit comercial, o PIB aumenta. Em contrapartida, se as importações forem maiores que as exportações, o que é chamado de déficit comercial, o PIB diminui. O nível da balança comercial pode ser influenciado por diversos fatores, como o crescimento da demanda doméstica (aumenta as importações), o crescimento da demanda dos outros países (aumenta as exportações) e as barreiras comerciais entre o Brasil e outros países. A taxa de câmbio, que é a taxa pela qual se troca real pela moeda de outro país, tem especial importância na determinação das exportações líquidas em razão de sua influência tanto nas importações quanto nas exportações. Como veremos mais à frente, essa influência pode ser explorada pelo governo na condução da política cambial.

A INFLAÇÃO

A inflação é definida como o aumento contínuo e generalizado de preços. Isso quer dizer que quando alguns preços sobem e outros descem, há apenas acomodações nos preços ou mudanças nos preços relativos. A inflação é uma elevação sustentada do nível geral de preços da economia.[39]

Conceitualmente, há duas medidas de inflação. A primeira é o deflator implícito que, por ser derivada da relação entre o PIB nominal e o PIB real, representa a média ponderada da variação dos preços de todos os bens e serviços da economia. A segunda medida de inflação é o índice de preços, que representa a média ponderada da variação dos preços de uma determinada cesta de bens e serviços. Como aumentos de preço não são uniformes, nem por regiões geográficas nem por setores da economia, é possível calcular índices de preços diferentes. Há muitos índices de preços importantes na economia brasileira, como o IPA (índice de preços por atacado), o IPC (índice de preços ao consumidor), o INCC (índice nacional de custo da construção), o INPC (índice

---

39 Blanchard, Olivier. *Macroeconomia*. 5. ed. São Paulo: Pearson Prentice Hall, 2011. p. 25.

nacional de preços ao consumidor) e o IGP-DI (índice geral de preços – disponibilidade interna). Contudo, os índices de preços mais importantes no Brasil são o IGP-M (índice geral de preços de mercado), que é utilizado para reajustar contratos privados na economia, e o IPCA (índice de preços ao consumidor amplo), que é utilizado pelo Bacen como alvo no plano de metas de inflação.

Historicamente, a inflação brasileira sempre foi elevada quando comparada aos padrões internacionais. No período entre 1986 e 1994, que ficou conhecido como "A Década Perdida", o Brasil passou por vários planos heterodoxos de combate à hiperinflação. A partir de 1994, com o sucesso do Plano Real, o país passou a ter níveis controlados de inflação. Inflação alta é um problema, pois causa grandes distorções em uma economia. Além da óbvia queda no poder de compra das famílias, aumentos constantes dos preços por parte das empresas e a busca intensa por melhores preços por parte dos indivíduos minam a produtividade da economia. Para piorar, quando a inflação está alta, donos de capital tiram seus recursos da produção e os aplicam em busca de rendimentos financeiros, o que representa uma alocação ineficiente de recursos do setor produtivo para o setor financeiro. Por fim, no combate à inflação são exigidas taxas de juros mais altas, o que retarda o crescimento econômico.

CICLOS ECONÔMICOS × CRESCIMENTO ECONÔMICO

O PIB é a ferramenta utilizada para medir o desempenho das economias. Quando se analisa o comportamento do PIB de um país no decorrer do tempo, duas características simultâneas aparecem: a primeira é uma tendência de evolução de longo prazo; a segunda é uma sucessão de flutuações de curto prazo. Compreender o que há por trás dessas características é fundamental para desenvolver um sólido entendimento sobre o funcionamento de uma economia.

A tendência de crescimento sustentável do PIB real de uma economia no longo prazo é denominada crescimento econômico.[40] Esse nível de produção, conhecido como PIB potencial,[41] representa a condição natural de crescimento equilibrado que está relacionado à capacidade instalada da economia. Para que haja crescimento econômico, é necessária a realização de investimentos na produtividade do país, como melhorias da qualidade da mão de obra, aumento da quantidade de bens de capital e recursos minerais, disponibilidade de tecnologia atual e geração de inovações tecnológicas. O crescimento econômico ocorre porque, com o tempo, a sociedade é capaz de aprimorar suas habilidades de produzir bens e serviços.

As flutuações de curto prazo do PIB real (demanda agregada) em torno do PIB potencial são denominadas ciclos econômicos.[42] Essas flutuações existem porque a economia não trabalha exatamente em pleno uso de sua capacidade instalada. Em geral, empresas operam com determinada ociosidade, seja para atenderem a encomendas inesperadas, seja por ocasião de variações sazonais na demanda ou até por investimentos realizados e ainda não plenamente colocados em operação. Quando a demanda agregada aquece, as empresas operam acima de seu nível normal, utilizando horas extras de trabalho e colocando em operação maquinário mais antigo (e menos produtivo). Por outro lado, em momentos de desaquecimento da demanda agregada, as empresas operam abaixo do nível normal, cancelando horas extras, desligando o equipamento mais velho e observando seus estoques subirem e ficarem além do nível considerado ideal. Essas alternâncias de curto prazo do PIB real ou demanda agregada em torno do PIB potencial podem ser vistas na Figura 2.7.

---

40 Taylor, John B. *Economia*. 2. ed. Boston: Houghton Mifflin Co., 1998. p. 509.
41 Mankiw, N. Gregory. *Principles of economics*. 2. ed. Orlando: Harcourt College Publishers, 2001. p. 713.
42 Taylor, John B. *Economia*. 2. ed. Boston: Houghton Mifflin Co., 1998. p. 509.

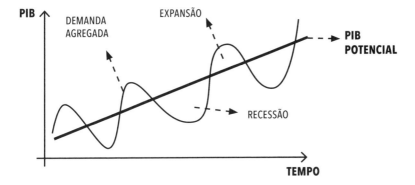

Figura 2.7 – Fonte: o autor.

Nas fases de crescimento ou expansão[43] do PIB real, quando a demanda agregada excede o PIB potencial, as empresas detectam que seus níveis de vendas estão aquecidos e percebem um ambiente favorável à ampliação de suas margens de lucro, o que dá origem a pressões inflacionárias. Ao contrário, nas fases de contração ou recessão[44] do PIB real, quando a demanda agregada fica aquém do PIB potencial, não é possível absorver a capacidade de produção das empresas, que passam a operar abaixo dos níveis normais de operação e decidem demitir parte de sua mão de obra, o que dá origem ao desemprego.

Ciclos virtuosos ou ciclos viciosos são comuns na economia de um país. Isso porque o PIB de curto prazo é muito influenciado por fatores imediatos, seja por variáveis internas como impostos, juros e expectativas, seja por variáveis externas, como crises internacionais ou choques nos fluxos de capitais externos. Seu comportamento é determinado pela demanda total por bens e serviços, isto é, a demanda agregada realmente observada. Por esse motivo, a atuação do governo na condução da economia via políticas econômicas é tão importante!

---

43 Blanchard, Olivier. *Macroeconomia*. 5. ed. São Paulo: Pearson Prentice Hall, 2011. p. 22.
44 Blanchard, Olivier. *Macroeconomia*. 5. ed. São Paulo: Pearson Prentice Hall, 2011. p. 22.

POLÍTICAS ECONÔMICAS

Políticas econômicas são políticas públicas adotadas com o propósito de influenciar o nível de demanda agregada e o crescimento econômico. Quer dizer, as políticas econômicas buscam influenciar o desempenho dos componentes da demanda agregada para proporcionar pleno emprego e estabilidade de preços no curto prazo, bem como promover o crescimento econômico no longo prazo. Sempre que um componente da demanda agregada estiver crescendo, contribuirá para a expansão do nível geral de atividade econômica. De maneira contrária, toda vez que um de seus componentes estiver diminuindo, isso contribuirá para a retração da atividade econômica.

Qualquer que seja a política econômica escolhida, é possível atuar de duas formas: contracionista ou expansionista. Uma política econômica contracionista busca desacelerar a produção para reduzir a demanda agregada, diminuir o nível de renda e os preços do mercado com o objetivo final de controlar a inflação. De forma oposta, uma política econômica contracionista busca aumentar a produção para expandir a demanda agregada e aumentar o nível de renda com o objetivo final de reduzir o desemprego. Vejamos a seguir como funciona cada uma das políticas econômicas disponíveis ao governo.

POLÍTICA FISCAL

A política fiscal representa os planos ou escolhas do governo para seus gastos, arrecadação de tributos e seu endividamento.[45] Assim, a política fiscal cumpre os objetivos de financiar os gastos públicos, distribuir renda e promover o crescimento, o desenvolvimento e a geração de emprego e renda.

Uma política fiscal contracionista busca diminuir gastos públicos ou aumentar impostos. Corte de gastos governamentais ou aumento dos impostos tendem a reduzir o consumo, a

---
45 Taylor, John B. Economia. 2. ed. Boston: Houghton Mifflin Co., 1998. p. 773.

poupança do setor privado e, eventualmente, o investimento do setor privado, arrefecendo uma economia superaquecida que esteja enfrentando problemas com a inflação. A política fiscal contracionista está ligada ao superávit primário,[46] que é a situação na qual a arrecadação de impostos excede os gastos do governo. Nesse sentido, o superávit primário diminui a atividade econômica e a oferta de trabalho, mas ajuda a conter a inflação e a gerar poupança pública oriunda das sobras de recursos orçamentários.

Uma política fiscal expansionista busca aumentar os gastos públicos ou diminuir os impostos na economia. O aumento de gastos públicos é uma interferência direta na atividade econômica, já que representa um dos componentes do PIB. Já o corte nos impostos aumenta a renda disponível das famílias, que respondem com aumento do consumo e da poupança, o que eventualmente aumenta também o investimento do setor privado. A política fiscal expansionista está ligada ao déficit primário,[47] situação na qual os gastos do governo excedem o total de arrecadação de impostos. Nesse sentido, o déficit primário aumenta o crescimento econômico e aumenta a oferta de trabalho, mas ajuda a acelerar a inflação.

Em situação de déficit, um governo não pode deixar de pagar seus compromissos. Nesse caso, o setor público procura financiar o déficit público pela emissão de títulos da dívida pública ou por empréstimos e financiamentos.[48] A acumulação dessas captações de recursos emprestados dá origem à dívida pública. Uma vez que os títulos públicos tenham sido emitidos, no período seguinte, além das despesas não financeiras, o governo deverá arcar com os

---

46 Mankiw, N. Gregory. *Principles of economics*. 2. ed. Orlando: Harcourt College Publishers, 2001. p. 248.
47 Mankiw, N. Gregory. Principles of economics. 2. ed. Orlando: Harcourt College Publishers, 2001. p. 248.
48 A emissão de moeda e a elevação da carga tributária são outras formas de financiamento do setor público. Contudo, a emissão de moeda gera inflação (veja na seção sobre política monetária) e a elevação dos impostos é muito combatida em nosso país por nossa carga tributária já ser muito alta.

juros devidos sobre a dívida adquirida. Há, então, um segundo e importante conceito de déficit do orçamento público: o déficit nominal, que é obtido pela soma do déficit primário com os juros e demais encargos incidentes sobre a dívida pública. O déficit nominal é o resultado global das contas públicas, incluindo todas as receitas e despesas do setor público.

O endividamento pode trazer problemas para a economia. Quando se endivida, o governo passa a disputar com o setor privado a poupança disponível no sistema financeiro. Ao absorver parte dessa poupança, o governo reduz a oferta de recursos para os projetos privados de investimento. Esse fenômeno, chamado de efeito deslocamento (crowding-out effect[49]), gera escassez de crédito, acarreta aumento da taxa de juros e reduz o investimento das empresas, impactando negativamente o crescimento econômico do país.[50] Outro problema do endividamento está relacionado à capacidade de um país honrar seus compromissos. Um mesmo valor de dívida pode não ser nada para uma grande economia ou representar um grande problema para uma economia pequena. Por isso, um importante indicador para medir a solvência do setor público é obtido ao calcular a relação entre a dívida pública e o PIB. Se dívida/PIB for estável com o tempo, o setor público se mantém solvente.[51] O crescimento dessa relação ao longo do tempo pode gerar dúvidas sobre a saúde de uma economia.

---

[49] Mankiw, N. Gregory. *Principles of economics*. 2. ed. Orlando: Harcourt College Publishers, 2001. p. 748.

[50] Por esse motivo, a Lei de Responsabilidade Fiscal (1999) exige dos governantes a manutenção de superávit primário em todas as esferas do governo.

[51] Por esse motivo, a relação dívida/PIB é usada pelas agências internacionais de rating (Moody's, Fitch, Standard & Poor's) em seus relatórios sobre o grau de investimento dos países.

POLÍTICA MONETÁRIA

A política monetária[52] é definida como o conjunto de ações que o governo realiza em relação à oferta de moeda na economia para controlar a inflação. Como a inflação retarda o crescimento econômico de longo prazo, é função primordial do Banco Central do Brasil (Bacen) tomar as devidas medidas para controlá-la. Isso significa controlar a quantidade de dinheiro em circulação na economia para determinar a taxa de juros e influenciar o consumo e os investimentos que são componentes da demanda agregada. Quando a demanda agregada aumenta e a atividade econômica acelera, a inflação aumenta. Em contrapartida, quando a demanda agregada diminui e a atividade econômica desacelera, a inflação cai.

Moeda[53] é o conjunto de ativos em uma economia que pessoas utilizam regularmente para comprar bens e serviços de outras pessoas. A oferta de moeda em uma sociedade moderna é composta de notas, moedas de metal, depósitos bancários sujeitos a saque imediato, cheques, transferências entre contas, ordens de pagamento, cartões de débito e crédito, entre outros.

Para controlar a oferta de moeda, é preciso entender como ela é criada na economia. Quando os bancos recebem depósitos de poupadores, eles emprestam moeda a outras pessoas para obter lucros. Como não se sabe quando os poupadores resgatarão seus depósitos, os bancos são obrigados a manter em poder do Bacen uma fração do total desses recursos, o que é conhecido como depósito compulsório. Suponha que o Banco A receba R$ 100 de depósitos de um poupador. Nesse momento a oferta de moeda é de R$ 100. Se a taxa de depósito compulsório for 10%, o Banco A mantém R$ 10 em reserva e empresta R$ 90 a um empresário. Com esse empréstimo, a oferta de moeda passa a ser de R$ 190. Imagine que o empresário utilize R$ 90 para pagar pela mão

---

52 Taylor, John B. *Economia*. 2. ed. Boston: Houghton Mifflin Co., 1998. p. 524.
53 Mankiw, N. Gregory. *Principles of economics*. 2. ed. Orlando: Harcourt College Publishers, 2001. p. 608.

de obra de um funcionário e esta pessoa deposite os R$ 90 no Banco B. O Banco B mantém R$ 9 em reserva e empresta R$ 81 a uma empresa. Com esse empréstimo, a oferta de moeda passa a ser de R$ 271. Esse processo continua indefinidamente, e a quantidade de moeda criada a partir de R$ 100, à taxa de depósito compulsório de 10%, é de R$ 1.000.[54] Logo, bancos criam moeda quando emprestam dinheiro.[55]

Como a moeda pode ser emprestada, ela funciona como um bem que se aluga. Ao preço do aluguel da moeda dá-se o nome de taxa de juros. Portanto, a taxa de juros é a remuneração que os tomadores de empréstimos pagam aos poupadores pela utilização de seus recursos para consumir ou investir. A demanda por moeda é negativamente relacionada à taxa de juros, quer dizer, quando os juros aumentam pessoas demandam menos moeda e vice-versa.[56] Já a oferta de moeda está sob controle direto do Bacen.[57] Quando o Bacen retira dinheiro de circulação, a moeda se torna um bem mais escasso e seu preço aumenta, ou seja, a taxa de juros sobe. Isso quer dizer que há uma relação inversa entre a taxa de juros e a quantidade de moedas em circulação.

Para cumprir sua função de controlar a oferta monetária, o Bacen conta com três ferramentas. A primeira é a regulação da taxa de depósito compulsório. Quanto menor essa taxa, maior é a quantidade de moeda criada pelos bancos e, consequentemente, maior é a quantidade de dinheiro em circulação. A segunda é a regulação da taxa de redesconto, que é a taxa de juros que o Bacen cobra nos empréstimos que faz aos bancos. Uma taxa de redesconto

---

54 O multiplicador de moeda é a quantidade de moeda que o sistema bancário cria com cada real de reserva. Esse multiplicador de moeda corresponde ao recíproco da taxa de depósito compulsório. Em nosso exemplo, como a taxa de 10%, ou 1/10, o multiplicador de moeda é 10.
55 Mankiw, N. Gregory. *Principles of economics*. 2. ed. Orlando: Harcourt College Publishers, 2001. p. 619.
56 Taylor, John B. *Economia*. 2. ed. Boston: Houghton Mifflin Co., 1998. p. 803.
57 Blanchard, Olivier. *Macroeconomia*. 5. ed. São Paulo: Pearson Prentice Hall, 2011. p. 66.

baixa encoraja os bancos a pegarem dinheiro emprestado com o Bacen e realizar empréstimos para as pessoas, o que aumenta a quantidade de moeda em circulação. A terceira, e mais importante ferramenta do Bacen para controlar a oferta monetária, é a transação de títulos da dívida pública no mercado. Quando vende títulos ao mercado, o Bacen retira moeda de circulação e eleva a taxa de juros. De forma oposta, quando compra títulos do mercado, o Bacen injeta moeda em circulação e diminui a taxa de juros.

A condução da política monetária pelo Bacen é justamente a utilização de suas ferramentas para controlar o montante de moeda em circulação, determinar a taxa de juros, influenciar a atividade econômica pelo consumo e pelos investimentos e influenciar a inflação. Assim, se o objetivo é implementar uma política monetária contracionista, o Bacen vende títulos públicos no mercado, aumenta a taxa mínima de reserva compulsória ou aumenta a taxa de redesconto. Essas medidas diminuem o volume de moeda em circulação, aumentam os juros, diminuem o consumo e os investimentos, desacelerando a atividade econômica e segurando a inflação. De forma oposta, se o objetivo é implementar uma política monetária expansionista, o Bacen compra títulos públicos do mercado, diminui a taxa mínima de reserva compulsória ou diminui a taxa de redesconto. Essas medidas aumentam o volume de moeda em circulação, diminuem os juros, aumentam o consumo e os investimentos, estimulando a atividade econômica e acelerando a inflação. O propósito do Bacen é fazer com que a demanda agregada evolua coincidentemente com o PIB potencial, o que garante crescimento livre de pressões inflacionárias.

O Bacen adotou em 1999 o regime de metas de inflação, no qual deve manter a taxa de inflação dentro de um determinado intervalo de tolerância. Para isso, usa a taxa básica de juros da economia, chamada de Selic,[58] como referência de curto prazo. A meta de curto prazo para a taxa Selic, que garante a manutenção

---

58 Sistema especial de liquidação e custódia, instituição que custodia os títulos públicos que servem de garantia aos empréstimos bancários.

da meta de inflação, é determinada a cada quarenta dias pelo Comitê de Política Monetária (Copom) do Bacen. As alterações de curto prazo da Selic ao longo do ano visam conduzir a inflação à meta de longo prazo desejada, que costuma ser estabelecida para períodos maiores, de dois ou três anos. A principal função do regime de metas é ancorar as expectativas de inflação de uma economia. Quando o Bacen se mostra conservador com relação à inflação durante longos períodos, cria uma reputação capaz de gerar expectativas favoráveis nos agentes econômicos. Assim, esses agentes passam a esperar a meta de inflação anunciada e a se comportar de acordo com tal expectativa, tornando a meta desejada, até certo ponto, autorrealizável.

POLÍTICA CAMBIAL

Em um mundo globalizado, os países executam diversas transações entre si, seja na compra e venda de bens e serviços, seja em decisões de investir em outros países ou emprestar recursos internacionalmente. As transações econômico-financeiras entre residentes e estrangeiros se refletem no mercado cambial. O mercado de câmbio é representado por indivíduos, empresas e governos que ofertam ou demandam moeda estrangeira para transacionar com outros países para importar, investir, viajar, remeter lucros etc. Nesse mercado, a quantidade é representada pelos fluxos de moeda estrangeira transacionados, enquanto o preço é a taxa de câmbio, isto é, o preço em moeda nacional de cada unidade de moeda estrangeira.[59]

A oferta e a demanda no mercado cambial podem ser alteradas por alguns motivos. Uma expansão da economia mundial, por exemplo, aumentaria a demanda por produtos brasileiros, com consequente aumento na oferta de moeda estrangeira no Brasil. Por outro lado, a expansão da economia brasileira aumentaria a renda local e a demanda por importações e, em consequência, aumentaria

---

59 Mankiw, N. Gregory. *Principles of economics*. 2. ed. Orlando: Harcourt College Publishers, 2001. p. 668.

a demanda por moeda estrangeira localmente. As taxas de juros também influenciam o mercado cambial. Um aumento na taxa de juros brasileiros atrai investidores internacionais, o que aumenta a oferta de dólares no Brasil; uma queda na taxa de juros local espanta investidores globais e, como resultado, diminui a oferta de dólares no Brasil. Por fim, a atuação do governo no mercado cambial também afeta a oferta e a demanda de moeda estrangeira.

A política cambial consiste nas intervenções do governo no mercado de câmbio, que compra ou vende moeda estrangeira para manter o funcionamento da economia de acordo com seus objetivos. Por ser o administrador das reservas internacionais do país, o Bacen é responsável pela execução da política cambial, e tem grande capacidade de atuar no mercado com compra ou venda de moeda estrangeira para alterar as condições da oferta e da demanda, interferir no nível da taxa de câmbio e influenciar o PIB.

A relação da taxa de câmbio com o PIB se encontra no componente exportações líquidas, que é a diferença entre exportações e importações. Quando o real valoriza, torna-se mais atraente importar e menos atraente exportar; assim, diminuem as exportações líquidas e, por consequência, o PIB.[60] De forma inversa, quando o real desvaloriza, fica mais caro importar e mais interessante exportar; com isso, aumentam as exportações líquidas e, por consequência, o PIB. Logo, para implementar uma política cambial contracionista, o Bacen vende moeda estrangeira no mercado cambial para diminuir a taxa de câmbio, servindo de estímulo para as importações e desestímulo para as exportações, o que diminui as exportações líquidas e o PIB. E, para implementar uma política cambial expansionista, o Bacen compra moeda estrangeira no mercado cambial para aumentar a taxa de câmbio, servindo de estímulo para as exportações e desestímulo para as importações, o que aumenta as exportações líquidas e o PIB.

---

60 Taylor, John B. *Economia*. 2. ed. Boston: Houghton Mifflin Co., 1998. p. 600.

Não são somente as transações comerciais que afetam a oferta e a demanda por moeda estrangeira. Os fluxos financeiros oriundos de movimentos de capitais e rendas externos também afetam o mercado cambial. Fatores como taxas de juros, oportunidades lucrativas de investimento nos países ou o nível de risco oferecido pelas aplicações financeiras em cada país também influenciam a oferta e a demanda de divisas, levando o mercado cambial a ser um fator preponderante na saúde de uma economia, principalmente com a consolidação da globalização.

CONCLUSÃO: O QUE O GESTOR MODERNO DEVE FAZER AGORA?

O gestor moderno precisa aprimorar a compreensão do ambiente externo que está em rápida e constante evolução. Não é possível ter certeza sobre o futuro. Mas é possível desenvolver hipóteses sobre o desdobramento do futuro que ajudem a direcionar a atuação. Com o conhecimento adquirido neste capítulo, é possível que o gestor moderno monitore e analise constantemente o ambiente externo, acompanhando o panorama econômico e as mudanças de mercado. Algumas das questões que devem ser acompanhadas incluem:[61]

- Quais mudanças estão se aproximando e para onde está indo o mercado?
- Onde a demanda está aumentando? E onde está diminuindo?
- O que vincula os clientes a uma empresa e sua oferta?
- Que tipo de influência os concorrentes exercem no mercado, nos clientes e nos lucros?

---

61 Osterwalder, Alexander; Pigneur, Yves. *Business model generation: inovação em modelos de negócios.* Rio de Janeiro: Alta Books, 2011. p. 202-209.

- Quais barreiras novos entrantes no mercado devem superar?
- Que produtos ou serviços podem substituir os nossos?
- Como é a distribuição de receita e renda no mercado?
- A economia está em época de expansão ou em recessão?
- Qual é a taxa de crescimento do PIB?
- Como está a taxa de desemprego?
- Há crédito disponível no mercado de capitais para obter recursos? É caro obter fundos?
- Como está o mercado para commodities e outros recursos essenciais para seu negócio?
- O quão boa é a infraestrutura pública que suporta seu mercado?
- Os impostos individuais e corporativos são altos?
- Como está se comportando a inflação?
- Que tendências regulatórias influenciam seu mercado?
- Você reconhece o efeito das políticas econômicas no mercado?

As respostas para essas questões podem ser aplicadas aos seguintes modelos, apresentados no Capítulo 1, que falam sobre análise do ambiente externo (Figura 1.4), Análise PEST (Figura 1.5), As cinco forças de Porter (Figura 1.6) e o quadro de questões sobre o ambiente externo (Tabela 1.3). Ao aplicar essas ferramentas à própria atuação, o gestor moderno poderá desenvolver uma sistemática de monitoramento contínuo do ambiente externo que ajudará na observação de ameaças, na descoberta de oportunidades e na criação de novos insights para o negócio.

HABILIDADE 3

CONSTRUIR PROCESSOS SIMPLES, DIRETOS E EFICIENTES

> Você não pode impor a produtividade, você deve fornecer as ferramentas para possibilitar que as pessoas se transformem no seu melhor.
>
> Steve Jobs

Um rio pode ser descrito como um curso d'água que se origina em uma nascente e flui constantemente em direção a um oceano, lago ou outro corpo d'água. Um processo é um conjunto de atividades cujo objetivo é transformar insumos (entradas) – adicionando-lhes valor por meio de procedimentos – em bens ou serviços (saídas) que serão entregues e devem atender aos clientes.[1] Como um rio, processos têm início, meio e fim; todavia, nem sempre estes fluem com regularidade. Para fluírem assim, processos precisam ser simples, diretos e eficientes.

A virtude de uma empresa de sucesso se encontra no bom funcionamento de seus processos. É possível, inclusive, obter vantagem competitiva com a gestão eficiente de processos. Para tanto, a organização precisa garantir que seus processos sejam leves e automatizados, precisa otimizar todas as interfaces com clientes, fornecedores e os próprios funcionários, além de promover um alinhamento coerente entre estratégia, tática e metas. Mas será que isso é suficiente para obter êxito no mercado moderno?

---

1 Cruz, Tadeu. Sistemas, métodos e processos: administrando organizações por meio de processos de negócios. 3. ed. São Paulo: Atlas, 2015a.

No mercado moderno, exige-se que as empresas demonstrem flexibilidade e velocidade para construir novos processos e aprimorar aqueles existentes. Esse ambiente de novos cenários, desafios e em constante mutação demanda o atendimento de novas necessidades de mercado, a incorporação de novas tecnologias e a adequação da organização à nova realidade. Nada disso será atingido por uma empresa em que a busca pela excelência nos processos fica a cargo apenas do gestor de operações. Pelo menos, não será possível na agilidade exigida pelo mercado hipercompetitivo! Consequentemente, para as empresas competirem nessa nova realidade, o gestor moderno precisará garantir que os processos simplifiquem as operações sob sua responsabilidade e maximizem a utilização dos recursos que gerencia.

ENTENDENDO A IMPORTÂNCIA DOS PROCESSOS

Como apresentado no Capítulo 1, a análise do ambiente interno é feita com base na cadeia de valor (Figura 3.1). Cadeia de valor é o conjunto de atividades desempenhadas por uma organização, ou seja, o conjunto de processos que transforma inputs em outputs. Em outras palavras, o trabalho cumulativo dos processos de uma empresa é uma cadeia de valor, que é a série de processos inter-relacionados capaz de produzir um serviço ou produto para a satisfação dos clientes.[2] Isso quer dizer que processos são atividades fundamentais das empresas, que podem ser considerados a unidade básica do trabalho de uma organização.

---

2 Krajewski, Lee; Ritzman, Larry; Malhotra, Manoj. *Administração de produção e operações*. 8. ed. São Paulo: Pearson, 2009. p. 6.

HABILIDADE 3   101

ATIVIDADES DE APOIO	INFRAESTRUTURA DA EMPRESA Administração geral, planejamento, finanças, contabilidade, assuntos legais, relações institucionais, gerência de qualidade.					
	ADMINISTRAÇÃO DOS RECURSOS HUMANOS Recrutamento, seleção, treinamento, avaliação, promoção, sistema de remuneração, relações industriais.					
	DESENVOLVIMENTO TECNOLÓGICO Design de processos, sistemas, geração de know-how (P&D), procedimentos e tecnologias para cada atividade da cadeia de valor.					M A R G E M
	AQUISIÇÕES (COMPRAS) Aquisição de matéria-prima, componentes, maquinário, suprimentos, serviços e outros itens de consumo.					
	LOGÍSTICA INTERNA (ENTRADA) • Recebimento • Armazenagem • Manuseio de materiais • Almoxarifado • Controle de estoque • Devoluções	OPERAÇÕES • Transformação de insumos em produto acabado	LOGÍSTICA EXTERNA (SAÍDA) • Armazenagem • Transporte • Distribuição do produto acabado	MARKETING E VENDAS • Publicidade • Esforço de vendas • Motivação e facilitação dos clientes para aquisição do produto	SERVIÇOS (PÓS-VENDA) • Suporte ao cliente • Resolução de reclamações • Assistência técnica • Manter e melhorar o valor do produto após a venda	
	ATIVIDADES PRINCIPAIS					

Figura 3.1 – Fonte: adaptado de Hitt, Ireland e Hoskisson. *Administração estratégica*.

Na análise do ambiente interno, vimos que a cadeia de valor é utilizada para a empresa conhecer suas forças e fraquezas. Ao aprofundar essa análise no nível dos processos,[3] é possível explorar e melhorar esses pontos fortes e fracos. Logo, manter processos eficazes e eficientes é fundamental para o sucesso empresarial. Não importa o quanto as pessoas sejam talentosas e motivadas, uma empresa não pode adquirir vantagem competitiva com

---

3   As atividades descritas na cadeia de valor são, em si, os processos da organização. Logo, os processos seguem a mesma classificação, ou ao menos parecida, dessas atividades, isto é, principais e de apoio. Outros nomes podem ser utilizados, como primários e secundários, essenciais e de suporte. Para o propósito deste livro, a classificação não faz diferença. Afinal, o gestor moderno deve buscar melhorias em qualquer processo sob sua responsabilidade, seja ela total, seja parcial, independentemente de sua classificação.

processos falhos.[4] Portanto, cabe ao gerente moderno criar uma visão sistemática de aperfeiçoamento dos processos.

MEDINDO PROCESSOS

De forma simples, o fundamento da melhoria de processos é, de posse daquilo que você já faz, medir, documentar e tentar fazer melhor. Isso quer dizer que é preciso representar o estado atual do processo, determinar o futuro desejado para esse processo e identificar as lacunas entre essas realidades. Não é coincidência que medir seja a primeira ação. Afinal, sem medir, como é possível determinar qual processo necessita de atenção? Ademais, mesmo que se tenha escolhido o processo correto para aperfeiçoar, como determinar o progresso no trabalho que será realizado sem medi-lo antes?

A melhor forma de medir um processo é determinar sua produtividade. Produtividade é uma razão simples entre a quantidade de produtos e outputs gerados pelo processo, dividida pela quantidade de insumos ou inputs utilizados pelo mesmo processo. Assim, é possível criar diversas medidas de custo, qualidade, velocidade, pontualidade etc. Por exemplo, uma medida de eficiência para o departamento comercial pode ser quanto é gasto para fechar cada proposta. Ou, uma medida de qualidade para o departamento de compras pode ser quanto é poupado por negociação. Ou ainda, uma medida de pontualidade para o departamento financeiro pode ser quantos relatórios ultrapassam o prazo no fechamento mensal.

O gerente moderno deve examinar a produtividade de todos os processos que estão sob sua responsabilidade, bem como incentivar que o mesmo seja feito pelos demais gestores da empresa. Seja pela amostragem do trabalho atual, seja por estudos temporais de dados dos sistemas de informação da empresa, os gestores modernos precisam monitorar a operação por medidas de produtividade em

---

4 Krajewski, Lee; Ritzman, Larry; Malhotra, Manoj. *Administração de produção e operações*. 8. ed. São Paulo: Pearson, 2009. p. 124.

busca de tendências e oportunidades de melhorias. Ao fazerem isso, devem constantemente se perguntar se é possível usar a mesma quantidade de insumos para aumentar os resultados ou se é possível usar uma quantidade menor de insumos para manter o atual nível de resultados. Em ambos os casos, a produtividade vai aumentar, o que representa um aumento de eficiência e uma melhoria na utilização dos recursos da empresa.

DOCUMENTANDO PROCESSOS

A segunda ação a ser realizada para a melhoria de processos é a documentação. Documentar um processo significa identificar os insumos utilizados, os produtos gerados, os stakeholders e suas responsabilidades e capturar as inter-relações entre as pessoas, as atividades e os sistemas envolvidos nesse processo. A melhor forma de documentar é por meio de uma visão macro do processo, para depois entrar nos detalhes das fronteiras departamentais deste processo e, finalmente, aprofundar até as minúcias das tarefas da área analisada. Como uma foto vale mil palavras, veremos a seguir figuras que auxiliam no desenho e entendimento de cada uma dessas etapas. Em todas as etapas é muito útil utilizar a proposta da ferramenta 5W2H (Figura 1.10, no Capítulo 1) para determinar quem (Who?) faz o quê (What?), quando (When), onde (Where), por quê (Why?), como (How?) e por quanto tempo/custo (How much?).

A visão de cima pode ser obtida de um "macrofluxo" do processo, conforme a Figura 3.2. Esse esquema representa a definição clássica de que um processo utiliza insumos oriundos de fornecedores e os transforma, com base em um conjunto de atividades, em produtos direcionados a clientes. É importante ressaltar que tanto os fornecedores quanto os clientes podem ser internos ou externos à organização, dependendo do tipo de interface exigido no processo. O objetivo deste modelo é saber quais são os ingredientes-chave do processo, bem como suas origens e destinos.

Figura 3.2 – Fonte: o autor.

Como processos são inter-relacionados e ligam as diversas funções e departamentos de uma empresa, é necessário descer ao segundo nível para aprofundar o mapeamento. Esse segundo nível busca capturar e ordenar os estágios que são realizados pelas áreas interessadas da empresa, delimitando o local em que uma etapa termina e outra se inicia. Conhecido como diagrama de processo de negócio ou diagrama cross-functional, esse modelo não só ajuda a entender quem precisa fazer o quê e em qual sequência como também contém o processo completo de ponta a ponta de uma única transação.

Como demonstra a Figura 3.3, a orientação do diagrama cross-funcional é horizontal e lembra uma piscina, na qual as tarefas de cada departamento permanecem em uma mesma raia. As notações[5] comumente utilizadas são: círculos para início e fim do processo; caixas retangulares com os nomes das atividades; losangos que representam gatilhos, em que a resposta da pergunta indica a direção a ser seguida; e setas sólidas que ligam as etapas e dão a direção correta a ser seguida pelo processo. Existem

---

5   Essa notação é oriunda do Business Process Management (BPM) ou gerenciamento de processos de negócio, área especializada em melhorar resultados por meio da otimização de processos. Uma explicação mais completa dessa metodologia pode ser encontrada em Brocke e Rosemann (2013).

muitas outras figuras e setas que podem ser utilizadas para agregar detalhes aos desenhos dos processos. Contudo, o objetivo do gestor moderno é construir processos simples, diretos e eficientes. Portanto, quanto menos figuras diferentes utilizar, melhor!

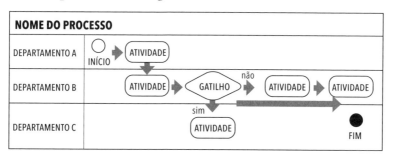

Figura 3.3 – Fonte: adaptado de Araújo, Garcia e Martines. *Gestão de processos: melhores resultados e excelência organizacional.*

A documentação é ainda mais detalhada no nível do subprocesso. Um subprocesso de negócio é o resultado da divisão de um processo. Quando é muito grande, esse processo contém muitas atividades, é muito complexo, perpassa grande quantidade de áreas organizacionais ou está disperso em uma grande área geográfica.[6] Qualquer processo pode ser dividido em subprocessos. Imagine, por exemplo, que a atividade do Departamento C na Figura 3.3 seja decomposta em várias etapas. Nesse caso, faz-se necessário desenhar um subprocesso para documentar o fluxo de atividades realizadas por esse único ator no nível mais baixo de detalhes.

Um fluxograma talvez seja a melhor ferramenta para desenhar um subprocesso. Com seu uso, é possível mapear o passo a passo de como o trabalho que não tem relação com outra área funcional é realmente feito por um departamento. Os fluxogramas possibilitam eliminar os limites departamentais contidos nos diagramas cross-funcionais, ajudando a captar as tarefas, o fluxo de informações, os equipamentos, materiais e sistemas utilizados

---

6   Cruz, Tadeu. *Manual para gerenciamento de processos de negócio: metodologia DOMP*™. São Paulo: Atlas, 2015b. p. 16.

por um departamento na execução do subprocesso em questão. O subprocesso da atividade do Departamento C pode ser desenhada conforme a Figura 3.4.

Figura 3.4 – Fonte: adaptado de Krajewski, Ritzman e Malhotra. *Administração de produção e operações*.

Os modelos anteriores não são os únicos utilizados para documentar processos. Existem várias outras ferramentas que podem ser aplicadas de acordo com a necessidade da ocasião, como: listas de verificação (checklists), histogramas, gráficos de barras, diagramas de Pareto, diagramas de dispersão, diagramas de causa-efeito e gráficos diversos. O importante é que o gestor moderno consiga aplicar uma ferramenta que lhe dê a visão completa do processo e facilite a tarefa de encontrar falhas e gerar ideias de melhorias.

MELHORANDO PROCESSOS

Executar mudanças nos processos é, sem dúvida, a tarefa mais difícil na jornada pela melhoria de processos. Esse é o caso porque melhorar processos envolve descobrir e ajustar falhas de desempenho, o que nem sempre é bem recebido pelas pessoas. O gestor moderno precisará de liderança, flexibilidade e resiliência para encarar os profissionais que rejeitam mudanças, valorizam o *status quo* e afirmam que as mudanças não darão certo ou que já foram tentadas no passado. Uma forma de combater a resistência desses pessimistas é incluí-los na busca por aperfeiçoamentos.

O gestor moderno deve ter em mente que qualquer atividade precisa agregar valor; caso contrário, representa um custo desnecessário que deve ser eliminado. No entanto, ele não pode perder de vista que existe uma troca entre custo, tempo e qualidade. O gestor moderno precisa aceitar que é possível melhorar em até dois desses aspectos, mas nunca nos três. Portanto, o gestor moderno deve escolher a melhor combinação para a organização entre fazer o processo de forma mais barata, rápida ou melhor.

Há uma série de perguntas que podem ser feitas para encontrar oportunidades de melhorias em processos, entre as quais:

- Foram encontradas incoerências durante a documentação do processo?
- Por que cada etapa é realizada?
- Faltam etapas ou existem etapas ilógicas?
- É possível apagar, combinar ou, de alguma forma, diminuir o número de etapas?
- Existem etapas que podem ocorrer em paralelo?
- Há novas tecnologias que simplifiquem ou automatizem alguma etapa?
- Existem gargalos que podem ser trabalhados?
- Foram encontradas dificuldades de interfaces entre os processos que reforcem a mentalidade de silo de departamentos?
- Há ideias novas na organização que ajudem a melhorar o desempenho das atividades em termos de custo, qualidade ou velocidade?
- O processo está gerando o maior valor possível para seus clientes?

Essas perguntas podem ser feitas em reuniões, workshops pré-agendados ou sessões de brainstorming, por exemplo. De certa forma, muitas dessas questões já são levantadas durante a etapa de documentação do processo. Depois de obter as respostas, o gestor moderno deve avaliar e negociar com os demais stakeholders quais aperfeiçoamentos deverão ser adotados. Em seguida, deve criar a nova documentação do processo para demonstrar como vai operar com as mudanças e como seu desempenho será medido. Por fim, é importante validar os novos diagramas com os stakeholders. Assim, todos ficarão felizes de ter participado e vão perceber que suas ideias foram levadas em consideração e suas funções foram corretamente capturadas. Essa estratégia é fundamental para silenciar aqueles contrários à iniciativa de alterar o *status quo*.

CONCLUSÃO: O QUE O GESTOR MODERNO DEVE FAZER AGORA?

O gestor moderno precisa buscar a simplicidade, a eficácia e a eficiência dos processos de sua área. Com o conhecimento adquirido neste capítulo, o gestor moderno dispõe das ferramentas para não só buscar melhorias nos processos de seu departamento como também influenciar o aperfeiçoamento da cadeia de valor. Qualquer processo interno que esteja desempenhando longe da meta desejada ou que esteja demonstrando uma variação em seus resultados merece atenção. Além disso, mudanças de realidade competitiva, mudanças substanciais de mercado, alterações na disponibilidade de insumos, surgimento de inovações ou novas tecnologias podem gerar a necessidade de aperfeiçoamento de processos.

A análise e o aperfeiçoamento contínuo do ambiente interno da empresa são responsabilidade do gestor moderno. Documentar, simplificar e otimizar os processos, tudo isso ajudará na consistência dos procedimentos internos e na padronização do trabalho. A nova documentação ajudará na interconexão de atividades dentro da empresa, como também no treinamento dos funcionários. Todo esse trabalho criará as condições para que a empresa desenvolva vantagens competitivas. Administrar um negócio é a arte de administrar processos; para que uma empresa obtenha êxito no mercado hipercompetitivo, seus processos precisam agir como um rio... apenas continuar correndo!

HABILIDADE 4

CRIAR KPIs DE ALTO VALOR

> Tenho mais confiança no desempenho de um homem que espera por uma grande recompensa do que naquele que já recebeu.
>
> Voltaire

No mundo dos negócios é comum escutar frases do tipo "o que não pode ser medido, não pode ser administrado" ou "quem não mede não gerencia" ou, ainda, "quem não mede não controla e quem não controla quebra". Essas máximas não só são verdadeiras como também atestam a importância de medir o desempenho nas organizações. Não é à toa que as empresas medem um número grande de aspectos de sua operação, como custo, qualidade, satisfação do cliente, tempo de entrega e desperdício.

A mensuração da performance nas organizações é realizada com base em indicadores de desempenho. Indicador de desempenho é o parâmetro e critério de avaliação previamente estabelecido que possibilita a verificação da realização e da evolução da atividade ou do processo na empresa ou negócio.[1] Essas ferramentas são tão importantes para as empresas que se fazem presentes não só nos planejamentos estratégico, tático e operacional, como apresentado no Capítulo 1, como também no

---

[1] Oliveira, Djalma de Pinho R. de. *Administração de processos: conceitos, metodologia, práticas.* 5. ed. São Paulo: Atlas, 2013. p. 152.

nível dos processos, como apresentado no Capítulo 3. Portanto, é de vital importância a medição dos processos e dos resultados tanto globais quanto pontuais, e sua comparação com os objetivos predeterminados.[2]

O mercado hipercompetitivo deste século está trazendo uma nova dimensão no que tange aos indicadores de desempenho. A aplicação pelas empresas de sensores, câmeras, gravadores e outras ferramentas de captura de dados derrubou o custo de coletar, analisar e comunicar dados, fazendo com que quase tudo possa ser mensurável atualmente. O desafio dessa nova realidade é que, enquanto computadores podem gerar centenas de milhares de medidas, o cérebro humano é limitado em termos de quanta informação é capaz de processar. Por isso, cabe ao gestor moderno desenvolver indicadores de desempenho em quantidade e qualidade que o ajudem a impulsionar sua empresa ao sucesso na realidade do mercado hipercompetitivo. Este capítulo ajudará o gestor moderno a criar e organizar bons indicadores de desempenho, como também a utilizá-los como sistema de incentivo e avaliação da organização.

CRIANDO BONS INDICADORES DE DESEMPENHO

Como o cérebro humano é limitado em sua capacidade de lidar com informações, as empresas não trabalham com uma infinidade de indicadores, mas, sim, com um conjunto deles, que são denominados indicadores-chave de performance ou KPIs (do inglês *key performance indicators*). KPIs são as métricas usadas para avaliar os fatores mais importantes para o sucesso e crescimento de uma organização.

Não há regra específica sobre quantos KPIs uma organização deveria ter. Segundo a Lei de Miller, o ser humano tem a capacidade

---

2   Müller, Cláudio José. *Planejamento estratégico, indicadores e processos: uma integração necessária.* São Paulo: Atlas, 2014. p. 81.

de focar em 7 ± 2, ou seja, algo entre cinco e nove indicadores.[3] Para a organização, o ideal é utilizar uma análise de Pareto para identificar quais são os principais fatores responsáveis pelos resultados da organização.[4] De qualquer forma, o segredo está na palavra "chave". Trabalhe com poucos e você perde informações; trabalhe com muitos e você não dá conta de tanta informação. Logo, deve-se focar nas medidas diretamente relacionadas ao desempenho do negócio, e não medir algo só porque há dados.

Os KPIs funcionam como alavancas de controle da empresa. Eles devem mensurar aquilo que é desejado atingir, seja por medidas quantitativas, seja por medidas qualitativas. Por isso, apenas depois de determinar objetivos, a organização poderá desenhar os KPIs que ajudarão a atingir esses objetivos. Pode-se pensar nos KPIs como a maneira de acompanhar o progresso da organização em direção aos objetivos estabelecidos. Como veremos mais à frente, problemas surgem quando os KPIs não estão alinhados com os objetivos da empresa.

Uma vez que só se pode decidir que medidas adotar depois de saber o que se pretende alcançar, é preciso olhar primeiro para os objetivos da empresa. Como apresentado no Capítulo 1, os objetivos estratégicos representam aquilo que cada área ou função deve executar para auxiliar na implementação da estratégia da empresa. Os objetivos não descrevem medidas a serem tomadas, mas, sim, os resultados que se deseja atingir. Um objetivo inteligente apresenta as características de ser específico, mensurável, atingível, relevante e com data para conclusão. Por isso, é comum nas empresas a utilização do acrônimo SMART

---

3   George A. Miller foi um psicólogo americano que escreveu o artigo "O mágico número sete, mais ou menos dois: alguns limites em nossa capacidade de processar informações". Disponível em: https://www.britannica.com/biography/George-A-Miller. Acesso em: 2022.

4   O Princípio de Pareto sugere que aproximadamente 20% dos fatores são responsáveis por 80% dos resultados. Disponível em: https://www.oxfordreference.com/view/10.1093/oi/authority.20110803095859655. Acesso em: 2022.

(Specific, Measurable, Achievable, Relevant, Time-bound) para determinar a qualidade de um objetivo. Um objetivo SMART que seja simples – para que todos na organização o entendam – e se origine de equipes – para haver responsabilidade conjunta em persegui-lo – certamente terá impacto significativo no atingimento das ambições da empresa. Uma dica importante a ser seguida na hora de construir objetivos é iniciar com um verbo de ação, pois eles têm a característica de imprimir um desejo de fazer algo acontecer. Seguem alguns exemplos de objetivos SMART:

- Área de produção: diminuir em 30% o nível de rejeição de matéria-prima do fornecedor XYZ até 30/6/20XX;

- Área financeira: reduzir em 15% o custo das estruturas corporativas da empresa até 1/8/20XX;

- Área de recursos humanos: definir, divulgar e implementar o novo plano de cargos e salários da empresa até 15/10/20XX.

Após definir os objetivos de sua área de modo inteligente, o gestor moderno pode começar a estabelecer indicadores. A criação de KPIs também deve seguir algumas características. Primeiramente, o gestor moderno deve perguntar-se qual é o propósito do indicador. Como o KPI vai medir uma atividade ou um processo dentro da empresa, o olhar do gestor moderno tem de se voltar para a cadeia de valor, independentemente de ser atividade/processo principal ou de apoio. As atividades e o movimento das etapas dentro da cadeia de valor ajudarão a determinar o que é relevante medir. Uma vez estabelecido o propósito do KPI, é preciso determinar a origem dos dados que serão utilizados para medição, como o KPI será calculado, qual a frequência de medição e como será reportado.

No processo de criação de KPIs, o gestor moderno precisa evitar o equívoco de estabelecer métricas de vaidade. Métrica de vaidade é uma medida que faz o gestor da empresa se sentir bem quando o desempenho é satisfatório, mas não dá qualquer direção de ação a ser realizada quando o desempenho é ruim. Exemplo de métrica de vaidade é o número de visitas no site da empresa. O gestor se sente bem quando o número está alto, mas não sabe o motivo ou o que fazer para reverter a situação quando o número cai. O gestor moderno deve substituir as métricas de vaidade por métricas de valor real.[5] Métricas de valor real são medidas que ajudam o gestor moderno a tomar decisões que, de fato, agregam valor ao negócio. Exemplo de métrica de valor real é o percentual de conversão de visitantes do site da empresa em clientes de fato, o que possibilita a identificação das ações que a empresa pode realizar para melhorar o resultado quando este não vai bem. Essas métricas de ação estão diretamente ligadas às atividades (atividades de apoio ou principais) que agregam valor ao cliente e facultam à empresa gerar receita, ou seja, estão diretamente ligadas à cadeia de valor. Portanto, o gestor moderno deve estabelecer KPIs para as atividades representadas na cadeia de valor.

CRIANDO UM SISTEMA DE AVALIAÇÃO COERENTE

Os indicadores de desempenho funcionam não só como ferramentas de verificação da realização e evolução das atividades e dos processos da empresa, como servem também de critério de avaliação a serem comparados a alvos previamente estabelecidos. Por isso, KPIs são utilizados pelas organizações para medir o desempenho de seus funcionários. A melhor forma de motivar as pessoas a fazerem algo desejado é mensurar e recompensar seu desempenho. Dessa maneira, os gestores modernos precisam criar um sistema de compensação que alinhe os interesses econômicos da organização com os interesses econômicos dos funcionários.

---

5   Ismail, Salim; Malone, Michael S.; Van Geest, Yuri. *Organizações exponenciais: por que elas são 10 vezes melhores, mais rápidas e mais baratas que a sua (e o que fazer a respeito)*. Tradução de Yamagami, Gerson. São Paulo: HSM Editora, 2015. p. 83.

Imagine que uma empresa escolha a diferenciação como estratégia genérica, determine o objetivo estratégico de melhorar a qualidade do serviço prestado ao cliente na central de atendimento e estabeleça o KPI de custo por cliente atendido pela central. É possível afirmar com 100% de certeza que a qualidade do atendimento será ignorada em prol de seu baixo custo.[6] Isso acontece porque o foco do ser humano imediatamente se volta para aquilo que está sendo medido. Quer dizer, KPIs incentivam as pessoas a trabalhar para aquele objetivo e os funcionários mudam seus comportamentos assim que atividades passam a ser mensuradas.[7] Nesse sentido, é fundamental que a empresa ajuste seu sistema de remuneração à estratégia do negócio.[8] Se os KPIs estiverem em conflito com a missão, as estratégias e os objetivos, funcionários ignorarão esses aspectos estratégicos do negócio, pois são os KPIs que medem suas performances.

A gestão de KPIs é tarefa fundamental no acompanhamento do desempenho das empresas de sucesso inseridas no mercado hipercompetitivo. As organizações exponenciais utilizam o método dos "objetivos e resultados-chave" para acompanhar as metas individuais, das equipes e da empresa, além de expor os

---

[6] Como visto no Capítulo 3, existe um cabo de guerra entre tempo, custo e qualidade.

[7] Por esse motivo, é preciso ter muito cuidado quando for estabelecer KPIs como metas de desempenho e remuneração nas empresas. Um KPI mal estabelecido pode criar incentivos inapropriados ou não esperados pelos gestores. Esse conceito segue a Lei de Goodhart, que afirma que "quando uma medida se torna uma meta, ela deixa de ser uma boa medida". Em outras palavras, quando você foca na medida que outros estão usando para avaliá-lo, começa a alterar seu comportamento para otimizar o resultado dessa medida, fazendo com que a medida em si perca seu significado. https://marketbusinessnews.com/financial-glossary/goodharts-law/. Acesso em 12/4/2020.

[8] Fernandes, B.; Berton, L. *Administração estratégica: da competência empreendedora à avaliação de desempenho*. 2. ed. São Paulo: Saraiva, 2012. p. 212.

resultados de forma aberta e transparente.[9] Já as empresas visionárias utilizam "metas audaciosas", que são metas estimulantes, ousadas e com clareza motivadora,[10] para estimular o progresso em todos os níveis da organização. Como consequência, os gestores modernos que não quiserem ver suas empresas se tornarem decadentes em face do mercado hipercompetitivo, deverão adotar fielmente em seus sistemas de avaliação indicadores de desempenho motivadores e alinhados com a estratégia da empresa.

ORGANIZANDO OS INDICADORES DE DESEMPENHO

Depois de estabelecer os indicadores-chave de desempenho, o gestor moderno precisa organizá-los de tal modo que facilite a tomada de decisão. Para isso, pode-se recorrer, novamente, ao BSC, que foi apresentado no Capítulo 1 (Figura 1.9). O BSC é uma ferramenta que as empresas utilizam para organizar seus objetivos estratégicos em quatro áreas: financeira, cliente, processos internos e aprendizagem e crescimento. As medidas de desempenho também podem ser organizadas pela lógica do BSC. Por exemplo, métricas financeiras poderiam incluir margem de lucro, tempo médio de cobrança, índice de liquidez imediata etc.; medidas de clientes abrangeriam o número de itens devolvidos, percentual de entregas no prazo, satisfação do cliente, market share, entre outros; indicadores de processos internos envolvem percentual de receita gasto com pesquisa e desenvolvimento, percentual de produtos com defeito etc.; e métricas de crescimento e aprendizagem podem incluir dinheiro gasto em treinamento de funcionários, produtividade da mão de obra, retenção e satisfação de funcionários. Qualquer departamento pode ter o próprio BSC.

---

9 Ismail, Salim; Malone, Michael S.; Van Geest, Yuri. *Organizações exponenciais: por que elas são 10 vezes melhores, mais rápidas e mais baratas que a sua (e o que fazer a respeito)*. Tradução de Yamagami, Gerson. São Paulo: HSM Editora, 2015. p. 84.

10 Collins, J.; Porras, J. *Feitas para durar: práticas bem-sucedidas de empresas visionárias*. 9. ed. Rio de Janeiro: Rocco, 2015. p. 138.

Afinal, até mesmo as áreas da empresa que não lidam diretamente com os clientes externos entregam algo para clientes internos.

O BSC é um painel de controle ou dashboard que, apesar de famoso e útil, não é a única forma de organizar KPIs. Inclusive, pode fazer sentido para o gestor moderno montar ou contratar o desenvolvimento de seu dashboard. Ao fazer isso, é possível customizar o painel de controle para incluir indicadores em forma de valor absoluto, relação percentual e análises de tendências ou variações. Um painel de controle customizável garante ao gestor moderno a flexibilidade para mudar as métricas sempre que o ambiente de negócios exigir.

Qualquer dashboard que o gestor moderno decidir utilizar deverá garantir uma importante qualidade aos seus KPIs e objetivos: velocidade. Para obter êxito no mercado hipercompetitivo, as empresas precisam aprender rápido. Isso é feito por um eficiente sistema de controle que utilize dashboards em tempo real ou com alta frequência (diariamente ou semanalmente, talvez) que possibilitem aos gestores modernos distinguir desempenhos, criar "insights" e implementar providências de melhoria ou correção. Logo, os gestores modernos precisam monitorar, analisar e alavancar métricas com rapidez para agregar valor ao negócio em curtíssimo espaço de tempo. KPIs de valor real em um dashboard flexível e em tempo real são fundamentais para garantir que as empresas acompanhem o ritmo acelerado do mercado hipercompetitivo do século XXI.

CONCLUSÃO: O QUE O GESTOR MODERNO DEVE FAZER AGORA?

O gestor moderno precisa adequar indicadores de desempenho, dashboards e sistema de avaliação para impulsionar sua empresa a triunfar no mercado hipercompetitivo. À medida que os indicadores se transformarem em KPIs de valor real, eles ajudarão o gestor moderno a enxergar tendências, evitar riscos e capturar oportunidades não vistos anteriormente. Além disso, ao construir um dashboard em tempo real, o gestor moderno será capaz de extrair todas essas informações dos novos KPIs com maior rapidez. Daqui em diante, será mais rápido e fácil entender as variações de desempenho da organização quando comparadas à performance esperada.

Essas ações ajudarão o gestor moderno a instituir um sistema de avaliação que recompense o correto desempenho de seus funcionários. Para tanto, é preciso desenvolver um calendário para medição, análise, discussão e tomada de ação em cima dos resultados. Afinal, quanto maior a frequência da meta, maior o impacto no comportamento. Uma vez que esses resultados são reportados e discutidos em reuniões de equipe, os funcionários se motivam mais.

Ao colocar em prática as ferramentas apresentadas neste capítulo, o gestor moderno reconhece a integração que existe entre KPIs, os aspectos estratégicos apresentados no Capítulo 1 e os processos que compõem o ambiente interno da organização, apresentados no Capítulo 3. Essa integração demonstra que o desdobramento das estratégias até o nível das operações tem como elemento fundamental os indicadores de desempenho.[11] O ditado do mundo dos negócios de que "não se pode gerenciar aquilo que não se consegue medir" ainda é válido. Mas, para ter sucesso atuando no mercado hipercompetitivo, o gestor moderno precisa adotar a máxima de que "os KPIs de valor real trazem à vida a missão da organização"!

---

11 Müller, Cláudio José. *Planejamento estratégico, indicadores e processos: uma integração necessária.* São Paulo: Atlas, 2014. p. 80.

HABILIDADE 5

ENTENDER A LINGUAGEM DOS NEGÓCIOS

> Se falares a um homem em uma linguagem que ele compreenda, a tua mensagem entra na sua cabeça. Se lhe falares na própria linguagem, a tua mensagem entra-lhe diretamente no coração.
>
> Nelson Mandela

Se você é gestor de produção, como toma a decisão entre comprar ou alugar uma máquina? Como decide entre produzir um componente ou comprá-lo de outra empresa? Gestores passam o dia tomando decisões que afetam o destino do negócio. A qualidade dessas decisões depende da disponibilidade de dados e informações que auxiliem os gestores em suas tarefas. A ferramenta que oferece informação econômico-financeira para ajudar na tomada de decisão é a contabilidade.

Em contabilidade estuda-se a formação e a variação do patrimônio. Por intermédio da escrituração de atos e fatos administrativos, da mensuração qualitativa e quantitativa do que é registrado e da evidenciação dessas informações em relatórios, a contabilidade fornece informações econômicas e financeiras da entidade para auxiliar no planejamento, controle e processo decisório da organização. Obviamente, escrituração, mensuração e evidenciação são tarefas do contador. Aos demais gestores cabe interpretar a contabilidade e, mais especificamente, seus principais relatórios.

Relatórios contábeis são formas intuitivas de expor as informações geradas pela contabilidade. Os relatórios exigidos por lei[1] são conhecidos como demonstrativos financeiros.[2] As exigências sobre quais relatórios devem constar nos demonstrativos financeiros de uma empresa dependem do seu porte, se é uma sociedade limitada ou anônima (por ações) e se seu capital é fechado ou aberto (capta recursos na Bolsa de Valores). Mas saber qual relatório é obrigatório para cada tipo de empresa é outra preocupação do contador. Aos gestores modernos, cabe entender três relatórios que são fundamentais à gestão de qualquer negócio, que são:

1. O balanço patrimonial (BP)

2. A demonstração de resultados do exercício (DRE)

3. A demonstração de fluxo de caixa (DFC)

Como as empresas se comunicam por seus demonstrativos financeiros, a contabilidade funciona como a linguagem universal dos negócios. Tais demonstrativos são importantes em muitas decisões, pois podem ser utilizados como instrumento de predição sobre eventos ou tendências futuras. Quer dizer, caso ocorram no futuro os mesmos eventos do passado, pode-se ter algum tipo de segurança de que os parâmetros financeiros se repetirão. Por isso, é crucial que gestores modernos aprendam a interpretar essa linguagem. Este capítulo apresentará o BP, a DRE e a DFC

---

1 A base legal para o estudo da contabilidade no Brasil é a Lei 6.404/76 e as alterações promovidas pelas Leis 11.638/07 e 11.941/09.
2 Iudícibus, Sérgio de; Marion, José Carlos. *Curso de contabilidade para não contadores*. 7. ed. São Paulo: Atlas, 2011. p. 3.

para que o gestor moderno entenda que tipo de informações eles buscam revelar.

O BALANÇO PATRIMONIAL (BP)

O balanço patrimonial (BP) é o relatório contábil que evidencia o patrimônio da entidade em um dado momento. Ou seja, como uma fotografia, o BP reflete a posição financeira de uma empresa em determinado instante. Esse relatório é constituído de duas colunas: o lado esquerdo é denominado ativo e o lado direito, passivo mais patrimônio líquido (Tabela 5.1).

Tabela 5.1

	BALANÇO PATRIMONIAL
ATIVO	PASSIVO
	PATRIMÔNIO LÍQUIDO

Fonte: adaptado de Martins et al. *Manual de contabilidade societária*.

O ATIVO

Um ativo é um recurso controlado pela entidade como resultado de eventos passados e do qual se espera que fluam futuros benefícios econômicos para a entidade.[3] Logo, o ativo de uma empresa é o conjunto de recursos, bens ou direitos, capaz de gerar benefícios econômicos para a empresa tanto no presente quanto no futuro. Os direitos podem ser considerados bens em posse de terceiros, como contas a receber, duplicatas a receber, títulos a receber, ações, depósitos em contas bancárias e títulos de crédito.[4] Bens

---

3 Comitê de Pronunciamentos Contábeis (CPC). Disponível em: http://www.cpc.org.br/CPC. Acesso em: 2018.
4 Iudícibus, Sérgio de; Marion, José Carlos. *Curso de contabilidade para não contadores*. 7. ed. São Paulo: Atlas, 2011. p. 16.

são propriedades[5] da própria empresa, como dinheiro, estoques, máquinas, ferramentas e instalações, terrenos e veículos, e são divididos entre:

- Tangíveis – quando têm corpo, matéria (ex.: terrenos, veículos etc.); ou

- Intangíveis – quando são incorpóreos (ex.: patente, ponto comercial etc.).

Os bens e direitos de uma empresa são dispostos no ativo em contas que são listadas de acordo com duas regras:

1. **Prazo** – para a contabilidade, o curto prazo é o período que vai até o fim do próximo exercício social.[6] Dessa forma, as contas do ativo são agrupadas de acordo com o prazo que levarão para se realizar (se transformar em dinheiro); veja:

    - **Ativo circulante** – agrupa os itens que a empresa receberá no curto prazo, como dinheiro, estoques e contas a receber;

    - **Ativo não circulante** – agrupa os itens que a empresa espera muito para receber, ou seja, os recursos que serão realizados após o final do exercício social seguinte (longo prazo).

---

5   O conceito de bem foi expandido para enquadrar recursos que não são de propriedade da empresa, mas cujo controle a empresa detém, além de seus consequentes riscos e benefícios, mesmo por um prazo definido, como no caso de um arrendamento (CPC 06 (R2)).

6   Exercício social é o período fixado em lei, findo o qual a empresa deve apurar seus resultados e elaborar demonstrativos financeiros. Normalmente, compreende os 12 meses do ano-calendário, ou seja, o período que vai de 1 de janeiro a 31 de dezembro do mesmo ano.

2. **Ordem decrescente de grau de liquidez**[7]– nos grupos de curto e longo prazo, os ativos que demonstram maior liquidez são listados primeiro.

Segundo essas regras, o ativo circulante é formado pelos seguintes grupos de contas:

a) **Disponibilidade** – caixa, depósitos bancários à vista e outras aplicações de liquidez imediata;

b) **Contas a receber** – valores ainda não recebidos oriundos das vendas a prazo;

c) **Estoques** – mercadorias a serem revendidas, matéria-prima ou bens intermediários que integrarão o produto em fabricação;

d) **Impostos a recuperar** – acúmulo de impostos (IPI e ICMS) denominados recuperáveis, ou seja, que tenham sido pagos na aquisição de matéria-prima ou mercadorias e que não integram seus custos;

e) **Despesas antecipadas** – pagamento antecipado de despesas referentes a períodos futuros, como prêmios de seguros;

f) **Outros** – outras aplicações de recursos em curto prazo.

De forma semelhante, o ativo não circulante é formado pelos seguintes grupos de contas:

a) **Realizável a longo prazo** – ativos da mesma natureza do ativo circulante, mas cuja realização provável ocorrerá após o término do exercício social seguinte, como títulos a receber no longo prazo, crédito de acionistas e diretores e empréstimos a coligadas ou controladas;

---

[7] Liquidez significa o grau de facilidade de transformar um item em dinheiro.

b) **Investimentos** – participações em outras sociedades, imóveis ou terrenos alugados a terceiros, obras de arte etc.;

c) **Imobilizado** – prédios, instalações, equipamentos, móveis e outros bens corpóreos destinados às atividades da empresa;

d) **Intangível** – direitos que tenham por objeto bens incorpóreos também destinados às atividades da empresa, como fundo de comércio, marcas e patentes, além de software.

O passivo

Um passivo é uma obrigação presente da entidade, derivada de eventos passados, cuja liquidação se espera resultar na saída da entidade de recursos capazes de gerar benefícios econômicos.[8] Logo, o passivo reúne todas as obrigações (dívidas) que a empresa tem com terceiros, como contas a pagar, fornecedores a prazo, impostos a pagar, financiamentos e empréstimos.[9] Por serem recursos de terceiros que figuram no patrimônio da empresa, o passivo também é conhecido como capital de terceiros.

O passivo divide-se segundo a mesma orientação de prazo do ativo:

- **Passivo circulante** – obrigações que a empresa deverá pagar dentro do período que vai até o fim do exercício social seguinte, como contas a pagar ou impostos e empréstimos que serão pagos rapidamente;

- **Passivo não circulante** – obrigações que a empresa levará mais tempo para pagar, ou seja, aquelas que vencerão após o final do exercício social seguinte (longo prazo).

---

8   Comitê de Pronunciamentos Contábeis (CPC). Disponível em: http://www.cpc.org.br/CPC. Acesso em: 2018.
9   Por ser formado por obrigações com terceiros que podem ser exigidas ou reclamadas no momento de seus vencimentos, o passivo também é chamado de passivo exigível.

Nos grupos do passivo, as contas que vencerão mais rapidamente serão listadas primeiro. Assim, o passivo circulante será formado pelas seguintes contas:

a) **Contas a pagar** – contas, despesas e obrigações que a empresa terá de pagar no curto prazo;

b) **Fornecedores** – pagamentos a serem feitos referentes à aquisição de mercadorias ou matéria-prima;

c) **Impostos a recolher** – impostos que deverão ser pagos pela empresa ao governo, oriundos da venda de seus bens e serviços;

d) **Empréstimos bancários de curto prazo** – valores dos empréstimos que a empresa deverá pagar de volta ao banco no curto prazo;

e) **Outros** – outros passivos de curto prazo.

O passivo não circulante é formado pelo exigível a longo prazo, correspondentes às dívidas da empresa que serão liquidadas com prazo superior ao exercício social seguinte, como empréstimos de longo prazo, financiamentos, títulos a pagar, debêntures e outros passivos de longo prazo.

O patrimônio líquido

O patrimônio líquido representa os recursos dos sócios e/ou acionistas aplicados na empresa, ou seja, são as obrigações da empresa com seus proprietários. Por isso, esses recursos são conhecidos como capital próprio da empresa. Como sócios e acionistas não podem, por lei, exigir a devolução de seu capital investido, o patrimônio líquido também é conhecido como não exigível.

Toda empresa nasce de um investimento inicial dos proprietários denominado capital social. Quando a empresa obtém lucro, parte dele geralmente é retida na empresa para ser reinvestida. O restante desse lucro é distribuído aos sócios e acionistas (os verdadeiros donos do capital) em forma de dividendos.[10] Toda essa movimentação ocorre no patrimônio líquido, que é formado pelos seguintes grupos de contas:[11]

a) **Capital social** – investimento inicial dos proprietários;

b) **Reservas de capital** – receitas que não devem integrar o resultado do exercício, como reservas de ágio na emissão de ações, reserva de alienação de partes beneficiárias e reserva de alienação de bônus de subscrição, por não serem originadas da operação da empresa;

c) **Reservas de lucros** – contas de reservas constituídas pela apropriação de parte dos lucros da empresa para atender a várias finalidades, como reserva legal, reserva estatutária, reserva para contingências, reserva de incentivos fiscais, reserva de retenção de lucros e reserva de lucros a realizar;

d) **Prejuízos acumulados**[12] – resultados negativos acumulados no passado à espera de ser absorvidos por lucros no futuro.

Entendendo o balanço patrimonial

Como visto, no lado direito do BP encontramos o passivo e o patrimônio líquido. Se estes representam, respectivamente, o capital de terceiros e o capital próprio, entende-se que é no lado direito do BP que se encontra toda a fonte de recursos ou origem de capital de

---

10 Dividendo é uma parcela do lucro apurado de uma empresa que é distribuída aos sócios por ocasião do encerramento do exercício social.

11 Os grupos de contas "Ajustes de Avaliação Patrimonial" e "Ações em Tesouraria" foram omitidos para facilitar o entendimento do patrimônio líquido pelos gestores não financeiros, já que são assuntos muito específicos que devem ficar a cargo do contador.

12 Sociedades por ações devem distribuir todo o lucro em forma de dividendos. Sociedades que não sejam por ações podem ter lucros acumulados que estejam à espera de destinação futura.

uma empresa. Isso significa que todo recurso que entra na empresa passa, necessariamente, pelo passivo ou pelo patrimônio líquido. Já o lado esquerdo do BP, o ativo, representa toda a aplicação de recursos da empresa. Se uma empresa só pode aplicar os recursos que estão em seu poder e todos os recursos são originados no passivo e patrimônio líquido, fica claro que o lado do ativo será sempre igual ao lado do passivo, somado ao patrimônio líquido, isto é:

ATIVO = PASSIVO + PATRIMÔNIO LÍQUIDO

Essa conclusão é intuitiva, mas seu entendimento pode ser facilitado se analisarmos algumas situações simples. Quando uma empresa é criada, recursos são originados no patrimônio líquido (capital social) e aplicados no ativo (caixa). Quando a empresa compra mercadorias a prazo para revender, há a aplicação de recursos no estoque (ativo) e a contração de um contas a pagar (passivo). A empresa pode também tomar um empréstimo (passivo) para aplicar em máquinas e equipamentos (ativo). Em algumas situações podem ocorrer mutações entre contas do mesmo lado do BP, como a compra de estoques (ativo) à vista com recursos do caixa (ativo). Essa conclusão é tão importante que ficou conhecida como equação fundamental da contabilidade. O ativo também é chamado de patrimônio bruto. Assim, se reorganizarmos a expressão apresentada, temos:

ATIVO – PASSIVO = PATRIMÔNIO LÍQUIDO

Essa nova expressão possibilita a determinação da situação líquida da entidade, quer dizer, a diferença entre o ativo e o passivo ou, também, a situação do patrimônio bruto, líquido de seus passivos. Assim, se:
- Ativo = Passivo → situação líquida nula ou equilibrada (patrimônio líquido igual a zero);

- Ativo > Passivo → situação líquida positiva ou superavitária (patrimônio líquido positivo);

- Ativo < Passivo → situação líquida negativa ou deficitária (patrimônio líquido negativo).

O conceito de BP como equilíbrio entre as origens e as aplicações dos recursos próprios e de terceiros de uma empresa pode ser ilustrado na Figura 5.1.

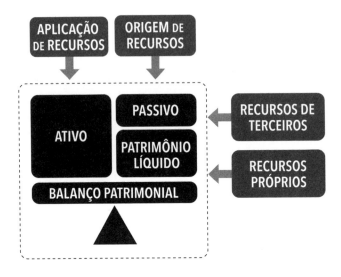

Figura 5.1 – Fonte: adaptado de *Direito empresarial*. Disponível em: http://www.blogdireitoempresarial.com.br. Acesso em: 2019.

É importante observarmos uma visão completa do BP. Afinal, é necessário que o gestor moderno esteja à vontade com sua estrutura a ponto de poder analisá-lo em detalhes mais à frente (Tabela 5.2).

Tabela 5.2

ATIVO	PASSIVO E PATRIMÔNIO LÍQUIDO
Ativo circulante a) Caixa/disponibilidades b) Valores a receber c) Estoques d) Impostos a recuperar e) Despesas antecipadas f) Outros **Ativo não circulante** a) Realizável a longo prazo b) Investimentos c) Imobilizado d) Intangível	**Passivo circulante** a) Contas a pagar b) Dívidas com fornecedores c) Impostos a recolher d) Empréstimos de curto prazo e) Outros **Passivo não circulante** a) Exigível a longo prazo **Patrimônio líquido** a) Capital social b) Reservas de capital c) Reservas de lucros d) Prejuízos acumulados
TOTAL DO ATIVO	**TOTAL DO PASSIVO E DO PATRIMÔNIO LÍQUIDO**

Fonte: o autor.

Entendendo de verdade um balanço patrimonial

Para que o gestor moderno se sinta à vontade para interpretar o BP, nada melhor do que trabalhar com um relatório real. A Figura 5.2 demonstra o BP de uma empresa brasileira:

	2016	2015		2016	2015
ATIVOS			**PASSIVO E PATRIMÔNIO LÍQUIDO**		
CIRCULANTES			**CIRCULANTES**		
Caixa e equivalentes de caixa	1.091.470	1.591.843	Empréstimos e financiamentos	1.764.488	2.161.383
Contas a receber de clientes	1.051.901	909.013	Fornecedores e outras contas a pagar	814.939	802.887
Estoques	835.922	963.675	Salários e participações nos resultados	208.114	201.200
Impostos a recuperar	329.409	320.392	Obrigações tributárias	1.075.431	1.047.961
Outros ativos circulantes	1.494.198	2.233.783	Outras obrigações	314.927	359.489
Total dos ativos circulantes	4.802.900	6.018.706	Total dos passivos circulantes	4.177.899	4.572.920
NÃO CIRCULANTES			**NÃO CIRCULANTES**		
Realizável a longo prazo	1.099.737	807.444	Empréstimos e financiamentos	2.625.683	3.374.497
Investimentos	0	0	Outros passivos não circulantes	621.612	369.797
Imobilizado	1.734.688	1.752.350	Total dos passivos não circulantes	3.247.295	3.744.294
Intangível	784.254	816.481			
Total dos ativos não circulantes	3.618.679	3.376.275	**PATRIMÔNIO LÍQUIDO**		
			Capital social	427.073	427.073
			Ações em tesouraria	-37.149	-37.851
			Reservas de capital	142.786	134.706
			Reservas de lucros	432.851	430.706
			Dividendo adicional proposto	30.824	123.133
			Total do patrimônio líquido	996.385	1.077.767
TOTAL DOS ATIVOS	8.421.579	9.394.981	**TOTAL DOS PASSIVOS E PATRIMÔNIO LÍQUIDO**	8.421.579	9.394.981

Figura 5.2 – Fonte: o autor.

Ao olhar para esse BP, o gestor moderno deve reconhecer de imediato muitas das características discutidas sobre o relatório até aqui. Primeiro, seu lado esquerdo representa todos os ativos da empresa, enquanto seu lado direito retrata os passivos e o patrimônio líquido. Segundo, conforme exige a lei, o relatório traz as informações do período atual e do período imediatamente anterior. Terceiro, o total do ativo é igual à soma dos passivos com o patrimônio líquido para ambos os anos, ou seja, R$ 9.394.981,00 para 2015 e R$ 8.421.579,00 para 2016. Também é possível ver a divisão dos ativos e passivos entre circulantes e não circulantes de acordo com os prazos que cada um vai cumprir. Por fim, é possível reconhecer algumas das contas que compõem o ativo, o passivo e o patrimônio líquido, ainda que no mundo real dos negócios muitas outras contas sejam necessárias para comunicar econômica e financeiramente todas as transações realizadas por um negócio. Reconhecer as características do BP e entender as informações que esse relatório busca transmitir é crucial para que o gestor moderno consiga entender a linguagem dos negócios.

A DEMONSTRAÇÃO DE RESULTADOS DO EXERCÍCIO (DRE)

A DRE é o relatório que evidencia o resultado da entidade para um determinado período. Isso quer dizer que, diferentemente do BP que traz a fotografia (posição estática) do patrimônio da empresa em um determinado instante, a DRE apresenta a performance acumulada da organização em um determinado período (posição dinâmica). Como acompanham seus desempenhos de perto, as empresas geram a DRE mensalmente, trimestralmente e anualmente para realizar análises de suas performances nesses períodos, em comparação àquelas de anos anteriores. Antes de explorar a DRE, é preciso aprender a diferenciar entre as formas de apurar resultado, bem como entender os diferentes tipos de gastos em uma empresa.

Regime de caixa × regime de competência

A contabilidade utiliza duas maneiras, ou regimes, para apurar o resultado. A primeira é conhecida como regime de caixa. Esse regime determina que a receita será contabilizada no momento de seu recebimento, ou seja, quando o dinheiro entrar no caixa da empresa. De maneira análoga, a despesa será contabilizada no momento de seu pagamento, ou seja, quando o dinheiro sair do caixa da empresa. Assim, o lucro será apurado após a subtração de toda a despesa paga da receita recebida. O regime de caixa é uma forma simplificada de contabilidade que é aplicada a organizações pequenas e simples, como microempresas, ou entidades sem fins lucrativos, como igrejas, condomínios e clubes. Isso quer dizer que o regime de caixa não é apropriado (nem aceito pela Receita Federal) para a apuração do resultado das empresas.

A forma universalmente adotada pelas empresas para apuração de resultado é o regime de competência.[13] Esse regime determina que a receita será contabilizada no período em que for gerada, independentemente de seu recebimento. De forma análoga, a despesa será contabilizada no período em que for consumida, incorrida ou utilizada, independentemente de seu pagamento. As receitas e despesas serão apropriadas ao período em função de sua incorrência e da vinculação da despesa à receita, independentemente de seus reflexos no caixa.[14] Assim, o lucro será apurado após a subtração de toda a despesa incorrida do total da receita gerada no mesmo período.

Infelizmente, muitos gestores falham em entender o momento dessa confrontação de receitas com despesas. Para sanar essa dúvida, basta considerar que o ponto habitual de reconhecimento da receita é o momento em que o produto ou serviço em questão é transferido ao cliente. Coincidentemente, na maioria das vezes, esse momento corresponde à ocasião da venda. Há três motivos para a receita ser reconhecida no momento da transferência do bem ou serviço para o cliente:

1. Nesse ponto, a maioria do esforço para obter a receita já foi concluída;

2. Esse é o ponto ideal para determinar um valor de mercado objetivo para a transação;

3. Desse ponto em diante, a empresa já conhece todos os custos de produção e entrega do bem ou serviço.

A receita deve ser reconhecida no momento da transferência do bem ou serviço ao cliente, com os custos e despesas associadas,

---

13 O regime de competência reflete um importante conceito na contabilidade, que é o Princípio da Competência, o qual determina que os efeitos das transações sejam reconhecidos nos períodos a que se referem, independentemente dos respectivos recebimentos ou pagamentos.

14 Martins, Eliseu; Gelbcke, Ernesto R.; Santos, Ariovaldo; Iudícibus, Sérgio de. *Manual de contabilidade societária*. 2. ed. São Paulo: Atlas, 2013. p. 4.

respeitando essa simultaneidade na confrontação entre ambas. Sempre que falarmos de resultado neste livro, estaremos nos referindo ao regime de competência. Quando falarmos de caixa, estaremos nos referindo às entradas e saídas de caixa que determinarão o nível de disponibilidades da empresa. Tais entradas e saídas de caixa são ilustradas na DFC, relatório que veremos mais à frente.

Tipos de gasto

A contabilidade define o gasto como um sacrifício com o qual a organização deve arcar para atingir seus objetivos. É importante frisar que nem sempre esse sacrifício é financeiro. Por exemplo, a depreciação – o consumo parcial e sistemático dos bens da empresa – é um sacrifício que não requer saída de dinheiro da empresa. Os gastos podem ser classificados como: custos, despesas, investimentos ou perdas. Distinguir entre essas definições é importante, pois a lei brasileira exige a classificação dos diferentes gastos na DRE pela sua função na entidade.[15]

Despesas são todos os gastos que se dão no processo de gerar receitas, ou seja, são gastos para manter a atividade operacional da empresa e vender seus produtos ou serviços. Investimentos são gastos ativados, isto é, gastos em itens que vão compor o ativo da empresa e ajudá-la a aumentar sua capacidade de gerar lucro; entre esses itens estão máquinas, equipamentos, estoques e ferramentas. Custos são os gastos diretamente relacionados com a produção de bens ou execução dos serviços, como mão de obra, custos de fabricação e matéria-prima. Por fim, perdas são gastos involuntários ou imprevistos que não trazem qualquer retorno para a empresa, como um acidente de trabalho, um incêndio que assola o armazém ou uma enchente que destrói o estoque.

---

15 Comitê de Pronunciamentos Contábeis (CPC). Disponível em: http://www.cpc.org.br/CPC. Acesso em: 2018.

A demonstração de resultados do exercício

Depois de entender os diferentes tipos de gastos e aprender sobre o regime de competência, é possível estudar a DRE. A DRE é um relatório vertical, ou seja, deve ser lido de cima para baixo. É também um relatório dedutivo, quer dizer, começa com a receita bruta na primeira linha e chega ao lucro líquido na última linha por uma série de deduções de impostos, custos e despesas.[16] A DRE é um resumo ordenado das receitas e despesas da empresa em determinado período (12 meses).[17] Segue uma ilustração da DRE na Tabela 5.3.

Tabela 5.3

DEMONSTRAÇÃO DE RESULTADOS DO EXERCÍCIO EMPRESA ABC LTDA.	20X8	20X7
RECEITA BRUTA DAS VENDAS	$.$$$.$$$,$$	$.$$$.$$$,$$
(-) DEDUÇÕES:		
Devoluções	($$$.$$$,$$)	($$$.$$$,$$)
Abatimentos	($$$.$$$,$$)	($$$.$$$,$$)
Impostos sobre vendas	($$$.$$$,$$)	($$$.$$$,$$)
RECEITA LÍQUIDA	$.$$$.$$$,$$	$.$$$.$$$,$$
(-) CUSTO DOS PRODUTOS VENDIDOS	($$$.$$$,$$)	($$$.$$$,$$)
LUCRO BRUTO	$.$$$.$$$,$$	$.$$$.$$$,$$
(-) DESPESAS OPERACIONAIS		
Despesas de vendas	($$$.$$$,$$)	($$$.$$$,$$)
Despesas administrativas	($$$.$$$,$$)	($$$.$$$,$$)
Despesas financeiras líquidas	($$$.$$$,$$)	($$$.$$$,$$)
Outras despesas e receitas operacionais	($$$.$$$,$$)	($$$.$$$,$$)
LUCRO ANTES DO IMPOSTO DE RENDA E CSLL (LAIR)	$.$$$.$$$,$$	$.$$$.$$$,$$
(-) PROVISÃO PARA IR E CSLL	($$$.$$$,$$)	($$$.$$$,$$)
LUCRO LÍQUIDO ANTES DAS PARTICIPAÇÕES	$.$$$.$$$,$$	$.$$$.$$$,$$
(-) PARTICIPAÇÕES NO LUCRO	($$$.$$$,$$)	($$$.$$$,$$)
LUCRO LÍQUIDO	$.$$$.$$$,$$	$.$$$.$$$,$$

Fonte: o autor, com base nas Leis 6.404/76 e 11.941/09.

---

16 É muito comum ouvir executivos em multinacionais se referirem à receita como "top line" (linha superior) e ao lucro como "bottom line" (linha inferior), justamente por essa característica vertical e dedutiva da DRE.

17 Iudícibus, Sérgio de; Marion, José Carlos. *Curso de contabilidade para não contadores.* 7. ed. São Paulo: Atlas, 2011. p. 52.

É importante que o gestor moderno aprofunde seu conhecimento sobre cada linha que compõe a DRE:

- **Receita bruta das vendas** – valor bruto dos bens vendidos e serviços prestados pela empresa no período, ou seja, é o total do faturamento da empresa no período;

- **Devoluções** – total de mercadorias ou produtos devolvidos pelo cliente;

- **Abatimentos** – descontos concedidos pela empresa ao cliente após a entrega dos produtos, normalmente quando estes apresentam defeitos ou avarias, com a finalidade de evitar que o cliente os devolva;

- **Impostos sobre vendas** – todos os impostos e taxas concebidos no momento da venda:

    - **ICMS** – imposto sobre a circulação de mercadorias e serviços;
    - **IPI** – imposto sobre produtos industrializados;
    - **ISS** – imposto sobre serviços;
    - **PIS** – programa de integração social;
    - **Cofins** – contribuição para financiamento da seguridade social.

- **Receita líquida** – total de receita resultante após todas as deduções sofridas pela receita bruta das vendas;

- **Custo dos produtos vendidos** – custos são os gastos diretamente relacionados com a produção de bens ou execução dos serviços. O custo dos produtos vendidos (CPV) é relacionado às empresas industriais. Para empresas comerciais, chama-se custo das mercadorias vendidas (CMV). Para empresas de serviços, denomina-se custo dos serviços prestados (CSP). Como vimos, o regime de competência determina que haja simultaneidade no reconhecimento das receitas e dos custos. Dessa forma, o CPV, CMV ou CSP somente incidirá no momento da venda/entrega dos produtos, mercadorias ou serviços. Até que isso ocorra, esses custos permanecem no estoque (conta do BP), sem aparecer na DRE;

- **Lucro bruto** ou **lucro operacional bruto** – diferença entre a receita líquida e o CPV, CMV ou CSP;
- **Despesas operacionais** – como vimos, são todos os gastos que se dão no processo de gerar receitas. São divididas nos seguintes grupos:
  - **Despesas de vendas** – salários e encargos de vendedores, incluindo comissões, propagandas, publicidades e outros gastos comerciais e de marketing;
  - **Despesas administrativas** – gastos com a direção da empresa, despesas com pessoal administrativo, serviços e outras despesas gerais;
  - **Despesas financeiras líquidas** – diferença entre receitas financeiras recebidas e despesas financeiras pagas. Receitas financeiras incluem rendimentos de aplicações financeiras, descontos financeiros obtidos etc. Despesas financeiras incluem descontos financeiros concedidos, comissões e despesas bancárias, juros pagos sobre empréstimos, financiamentos e outras dívidas etc.;

- **Outras despesas e receitas operacionais** – demais despesas e receitas que não se enquadram nos grupos anteriores como certas despesas esporádicas ou eventuais, bem como receitas com aluguéis ou dividendos, por exemplo.

- **Lucro antes do imposto de renda e CSLL (LAIR)** – resultado operacional da entidade, ou seja, o que sobra depois que tiverem sido deduzidos da receita todos os custos e despesas;

- **Provisão para IR e CSLL** – sobre o lucro da empresa incidem imposto de renda e contribuição social;

- **Lucro líquido antes das participações** – lucro que resulta após a subtração de IR e CSLL e serve de base de cálculo para participações;

- **Participações no lucro** – o pagamento de participações deve seguir, rigorosamente, a seguinte ordem: debêntures (instrumentos de dívida), empregados (PLR), administradores (bônus), partes beneficiárias e contribuições para instituições ou fundos de assistência ou previdência de funcionários;

- **Lucro líquido** – lucro final da empresa após todas as participações. Esse lucro será utilizado para constituição das reservas no patrimônio líquido e o restante, distribuído aos acionistas em forma de dividendos.

Entendendo de verdade uma demonstração de resultados do exercício

A DRE é outro relatório que o gestor moderno deve se sentir à vontade em interpretar. Para isso, vale a pena trabalhar com o relatório real de uma empresa brasileira, como o da Figura 5.3:

	2016	2015
RECEITA LÍQUIDA	7.912.664	7.899.002
Custo dos produtos vendidos	(2.446.959)	(2.415.990)
LUCRO BRUTO	5.465.705	5.483.012
(DESPESAS) RECEITAS OPERACIONAIS		
Despesas com vendas, marketing e logística	(3.110.169)	(3.020.500)
Despesas administrativas, P&D, TI e projetos	(1.327.093)	(1.271.533)
Resultado de equivalência patrimonial	-	-
Outras receitas (despesas) operacionais, líquidas	54.425	65.790
LUCRO OPERACIONAL ANTES DO RESULTADO FINANCEIRO	1.082.868	1.256.769
Receitas financeiras	1.073.288	1.927.228
Despesas financeiras	(1.729.297)	(2.308.627)
LUCRO ANTES DO IMPOSTO DE RENDA E DA CONTRIBUIÇÃO SOCIAL	426.859	875.370
Imposto de renda e contribuição social	(118.621)	(352.638)
LUCRO LÍQUIDO DO EXERCÍCIO	308.238	522.732
ATRIBUÍVEL A		
Acionistas controladores da Sociedade	296.699	513.513
Não controladores	11.539	9.219
	308.238	522.732
LUCRO LÍQUIDO DO EXERCÍCIO POR AÇÃO - R$		
Básico	0,6895	1,1934
Diluído	0,6875	1,1928

Figura 5.3 – Fonte: o autor.

Ao olhar para a DRE anterior, o gestor moderno pode perceber as características descritas sobre este relatório até aqui, assim como uma diferença. Se começar pela diferença, essa DRE não inicia com a receita bruta das vendas, mas, sim, com a receita líquida. Isso quer dizer que essa empresa demonstrou em outro relatório (uma nota explicativa, na verdade) as deduções de abatimentos, devoluções e impostos sobre as vendas que a receita bruta sofreu para se tornar receita líquida. Fora isso, as características da DRE são bastante evidentes. Seu caráter vertical e dedutivo é nítido, e demonstra todas as deduções que a receita líquida sofreu até chegar ao lucro líquido do exercício. Em 2016, por exemplo, a receita líquida de R$ 7.912.664,00 sofreu deduções de custo dos produtos vendidos (logo, trata-se de uma empresa industrial), despesas em geral e IR e CSLL para produzir um LLE de R$ 308.238,00. Por fim, o relatório ainda indica a quem esse lucro é atribuível, bem como qual foi o resultado do lucro por ação (LLE / No de ações emitidas). A DRE é outro relatório que o gestor moderno precisa saber interpretar para acompanhar o desempenho econômico do negócio.

A DEMONSTRAÇÃO DE FLUXO DE CAIXA

O fluxo de caixa é a ferramenta utilizada para acompanhar todos os pagamentos e recebimentos de uma empresa em determinado período. Ao elaborar o fluxo de caixa, uma empresa consegue prever possíveis ocorrências de excedente ou escassez de caixa. Isso é importante porque ambas as ocorrências podem trazer prejuízos para a empresa.[18] A insuficiência de caixa pode determinar cortes nos créditos, suspensão de entregas de materiais e mercadorias, além de ser causa de descontinuidade nas operações.[19] O custo da escassez é igual aos juros pagos sobre as operações de empréstimos necessários para cobrir a falta de caixa, enquanto o custo do excedente é igual

---

18 Não é à toa que Jack Welch, famoso executivo da GE, cunhou a frase: "As três coisas mais importantes a medir em um negócio são: a satisfação dos clientes, a satisfação dos empregados e o fluxo de caixa."
19 Neto, Alexandre Assaf; Silva, César Augusto T. *Administração do capital de giro*. 4. ed. São Paulo: Atlas, 2012. p. 34.

à rentabilidade que a empresa deixou de obter por não investir esses recursos em opções mais rentáveis de projetos e investimentos.[20]

O fluxo de caixa está intimamente ligado às necessidades de recebimentos e pagamentos associadas ao ciclo operacional, que é a sucessão das etapas compra-produção-venda-recebimento de uma empresa. Esse processo é importante, pois representa o intervalo de tempo em que não entram recursos na empresa.[21] Isso quer dizer que o fluxo de caixa não pode ser uma preocupação apenas da área financeira. As principais áreas que podem contribuir para melhorar o fluxo de caixa estão inseridas nas fases do ciclo operacional. Consequentemente, é crucial para a empresa que todos deem ao fluxo de caixa a merecida importância.

A DFC exibe a origem de todo o dinheiro que entrou no caixa e a aplicação de todo o dinheiro que saiu do caixa em determinado período, bem como o resultado do fluxo financeiro desse mesmo período. Logo, a DFC demonstra as causas da variação da conta Disponível,[22] encontrada no ativo circulante. Como exigido por lei,[23] esse relatório deve ser segregado, no mínimo, nos fluxos das operações, fluxos dos financiamentos e fluxos dos investimentos, como se vê:

a) **Fluxo das operações** – corresponde às atividades normais da empresa, ou seja, à sua DRE;

b) **Fluxo dos investimentos** – corresponde às atividades de aquisição e venda de ativos de longo prazo, como os ativos permanentes (investimentos, imobilizado, intangível), além da compra e venda de títulos e valores de outras sociedades; e

---

20 Sá, Carlos Alexandre. *Fluxo de caixa: a visão da tesouraria e da controladoria*. 3. ed. São Paulo: Atlas, 2009. p. 63.
21 Neto, Alexandre Assaf; Silva, César Augusto T. *Administração do capital de giro*. 4. ed. São Paulo: Atlas, 2012. p. 9.
22 A lei define o saldo de caixa e equivalentes de caixa como todos os recursos aplicados em caixa, bancos e aplicações financeiras de curtíssimo prazo.
23 A DFC é introduzida pela Lei 6.404/76 e posteriormente modificada pela Lei 11.638/07.

c) **Fluxo dos financiamentos** – corresponde às atividades que geram mudanças no tamanho e na composição da estrutura de capitais da empresa, tais quais financiamentos, empréstimos obtidos e aumento de capital em dinheiro, bem como os pagamentos dos financiamentos (amortizações) e pagamentos de dividendos.

Na Tabela 5.4 é possível entender as principais transações que afetam o fluxo de caixa de cada grupo:

Tabela 5.4

Fluxos	Transações que aumentam o caixa	Transações que diminuem o caixa
Operações	• Recebimentos de vendas à vista; • Recebimentos de duplicatas a receber; • Recebimentos de indenizações ou ações judiciais; • Juros recebidos[24] de empréstimos concedidos a terceiros; • Dividendos recebidos[25] pela participação em outras sociedades.	• Pagamentos de compras à vista; • Pagamentos de contas a pagar; • Pagamentos de despesas operacionais; • Pagamentos de indenizações ou ações judiciais; • Juros pagos[26] por empréstimos obtidos.
Investimentos	• Venda de imobilizado, investimentos e intangíveis à vista; • Recebimento do principal de empréstimos concedidos; • Venda de títulos de outras sociedades.	• Compra de imobilizado, investimentos e intangíveis à vista; • Pagamento por empréstimos concedidos; • Compra de títulos de outras sociedades.

---

24 Admite-se o tratamento como fluxo de investimento, mas, por serem considerados receitas operacionais na DRE, devem ser classificados no fluxo operacional.

25 Admite-se o tratamento como fluxo de investimento, mas, por serem considerados receitas operacionais na DRE, devem ser classificados no fluxo operacional.

26 Admite-se o tratamento como fluxo de financiamento, mas, por serem considerados despesas operacionais na DRE, devem ser classificados no fluxo operacional.

Fluxos	Transações que aumentam o caixa	Transações que diminuem o caixa
Financiamentos	• Integralização de capital pelos sócios/acionistas com dinheiro; • Recebimento da venda de ações emitidas; • Recebimento de empréstimos e financiamentos obtidos; • Recebimento pela emissão de debêntures e outros títulos e valores.	• Dividendos pagos pela entidade; • Pagamento do principal de empréstimos obtidos; • Pagamento para o resgate de títulos emitidos.

Fonte: adaptado de Iudícibus e Marion. *Curso de contabilidade para não contadores*.

É importante ressaltar que algumas transações contábeis não atingem o caixa por não representarem entradas ou desembolsos de recursos. A mais comum delas é a depreciação, que representa a diminuição de um ativo imobilizado pelo seu uso, ocorrendo sua contabilização como custo/despesa, sem que haja qualquer tipo de pagamento. Outros exemplos incluem amortização,[27] exaustão,[28] provisões[29] e resultados de equivalência patrimonial.[30]

Existem dois métodos para se chegar à DFC, os quais são conhecidos como modelo direto e modelo indireto. A única diferença entre os modelos está na forma como o fluxo das atividades operacionais é derivado. Os demais fluxos são obtidos de forma idêntica, assim como ambos os métodos chegarão, obviamente, ao mesmo resultado. O modelo direto evidencia, de fato, as transações que modificam o caixa, como vendas recebidas

---

27 Amortização é a perda sistemática de valor dos ativos intangíveis.
28 Exaustão é a perda sistemática do valor de exploração de recursos minerais ou florestais.
29 Uma provisão é um passivo cujo valor ou prazo de liquidação são incertos. Por exemplo, uma empresa pode constituir uma provisão para perda estimada com créditos de liquidação duvidosa (a antiga provisão para devedores duvidosos, ou, PDD).
30 Método de equivalência patrimonial, ou MEP, é a forma de avaliação dos aumentos e diminuições dos investimentos de uma empresa em sociedades coligadas ou controladas.

e custos e despesas pagas. O método direto fornece importantes informações sobre o processo de formação de caixa da empresa, pode ser obtido diariamente, possibilita a projeção dia a dia das entradas e saídas de caixa e constitui-se em instrumento insubstituível no planejamento financeiro de uma empresa.[31] Como a legislação societária[32] não define qual dos modelos deve ser divulgado, é mais comum encontrar o modelo indireto entre as divulgações das empresas. Por isso, também olharemos a DFC pelo método indireto.

Como o próprio nome já diz, o modelo indireto não explicita diretamente as entradas e saídas de dinheiro. Esse método origina-se dos demonstrativos financeiros para exibir quais alterações provocaram aumentos e diminuições no Caixa. Assim, partindo do lucro líquido deve-se, primeiramente, adicionar aqueles gastos que não afetam o caixa, como depreciação, amortização, exaustão, provisões e perdas com equivalência patrimonial, bem como subtrair as receitas que não afetam o caixa, como ganhos com equivalência patrimonial e ganhos com variação cambial, chegando-se ao resultado que, de fato, afeta o caixa.

Com esse resultado, a apuração dos fluxos de caixa será feita pela análise das variações dos saldos das contas entre dois BPs consecutivos. Quer dizer, deve-se calcular a diferença entre o saldo das contas do BP de fechamento do período em questão e o saldo das contas do BP de abertura do mesmo período. Em seguida, deve-se interpretar se essa diferença representa um aumento ou uma diminuição de caixa e em qual grupo essa transação deve ser classificada. Por exemplo, se houve uma diminuição no saldo da conta Duplicatas a receber é porque essa diferença foi recebida e entrou no caixa. Assim, esse saldo deve ser adicionado ao fluxo de caixa operacional. Uma diminuição

---

31 Sá, Carlos Alexandre. *Fluxo de caixa: a visão da tesouraria e da controladoria*. 3. ed. São Paulo: Atlas, 2009. p. 131.
32 Comitê de Pronunciamentos Contábeis (CPC). Disponível em: http://www.cpc.org.br/CPC. Acesso em: 2018.

no saldo da conta Fornecedores ou Contas a pagar denota que essa diferença foi paga e saiu do caixa. Assim, esse saldo deve ser subtraído do fluxo de caixa operacional. Esse procedimento deve ser feito para todas as contas do BP para se chegar à DFC. Logicamente, a única conta que não será analisada dessa forma é o caixa ou disponibilidades, que é a conta cujo resultado estamos querendo comprovar! Segue, na Tabela 5.5, uma ilustração da DFC.

Tabela 5.5

DEMONSTRAÇÃO DO FLUXO DE CAIXA – COMPANHIA ABC LTDA.	20X8
ATIVIDADES OPERACIONAIS	
LUCRO LÍQUIDO	($$$.$$$,$$)
(+) Gastos que não afetam caixa (depreciação, amortização, exaustão, perda com MEP etc.)	($$$.$$$,$$)
(-) Receitas que não afetam caixa (ganho com MEP, ganho com variação cambial etc.)	($$$.$$$,$$)
(=)	$.$$$.$$$,$$
(+) Redução de duplicatas a receber	$$$.$$$,$$
(-) Redução da conta Fornecedores ou Contas a pagar	($$$.$$$,$$)
(-) Aumento nos estoques	($$$.$$$,$$)
(+/-) Variação nas demais contas operacionais	$$$.$$$,$$
RESULTADO DO FLUXO DAS OPERAÇÕES	$.$$$.$$$,$$
ATIVIDADES DE INVESTIMENTO	
(-) Aquisição de participação em sociedade controlada	($$$.$$$,$$)
(+) Recebimento pela venda de equipamento	$$$.$$$,$$
(+/-) Variação nas demais contas de investimento	($$$.$$$,$$)
RESULTADO DO FLUXO DE INVESTIMENTOS	$.$$$.$$$,$$
ATIVIDADES DE FINANCIAMENTO	
(-) Dividendos pagos	($$$.$$$,$$)
(+) Recebimento pela emissão de ações	$$$.$$$,$$
(+/-) Variação nas demais contas de investimento	($$$.$$$,$$)
RESULTADO DO FLUXO DE FINANCIAMENTO	$.$$$.$$$,$$
RESULTADO DO CAIXA NO PERÍODO (OPER. + INVEST. + FINANC.)	$.$$$.$$$,$$

Fonte: o autor, com base no CPC 03 (R2).

Entendendo de verdade a demonstração de fluxo de caixa

A DFC é o último relatório e o gestor moderno deve se sentir à vontade para interpretar. Para isso, é importante trabalhar com o relatório real de uma empresa brasileira, como o da Figura 5.4.

	2016	2015
FLUXO DE CAIXA DAS ATIVIDADES OPERACIONAIS		
Lucro líquido do exercício	308.238	522.732
Ajustes para reconciliar o lucro líquido com o caixa operacional	1.049.468	1.147.685
Subtotal	1.357.706	1.670.417
(AUMENTO) REDUÇÃO DOS ATIVOS		
Contas a receber dos clientes	- 180.846	- 67.942
Estoques	96.375	- 87.967
Impostos a recuperar	214	- 186.794
Outros ativos	- 15.285	- 13.082
Subtotal	- 69.400	- 355.785
AUMENTO (REDUÇÃO) DOS PASSIVOS		
Fornecedores nacionais e estrangeiros	12.052	207.918
Salários, PLR e encargos sociais, líquidos	6.914	- 9.315
Obrigações tributárias	- 100.896	- 5.064
Participação de acionistas não controladores	-	89.332
Outros passivos	5.556	- 12.925
Subtotal	- 76.374	269.946
CAIXA GERADO PELAS ATIVIDADES OPERACIONAIS	1.211.932	1.584.578
OUTROS FLUXOS DE CAIXA DAS ATIVIDADES OPERACIONAIS		
Pagamentos de IR e CSLL	- 131.173	- 70.251
Levantamentos (pagamentos) de depósitos judiciais	7.702	- 3.277
Pagamentos relacionados a processos tributários, cíveis e trabalhistas	11.306	-
Recebimentos/pagamentos de recursos por liquidação de oper. com derivativos	- 207.686	323.872
Pagamento de juros sobre empréstimos, financiamentos e debêntures	- 309.466	- 256.897
CAIXA LÍQUIDO GERADO PELAS ATIVIDADES OPERACIONAIS	560.003	1.578.025
FLUXO DE CAIXA DAS ATIVIDADES DE INVESTIMENTO		
Aquisição de negócios, líquido do caixa obtido	-	-
Adições de imobilizado e intangível	- 305.815	- 382.894
Recebimento pela venda de ativo imobilizado e intangível	43.362	77.940
Aplicação em títulos e valores mobiliários	- 6.030.398	- 5.868.563
Resgate de títulos e valores mobiliários	6.014.775	5.208.540
Investimentos em controladas	-	-
Recebimento de dividendos de controladas	-	-
CAIXA LÍQUIDO GERADO PELAS ATIVIDADES DE INVESTIMENTO	- 278.076	- 964.977
FLUXO DE CAIXA DAS ATIVIDADES DE FINANCIAMENTO		
Amortização de empréstimos, financiamentos e debêntures-principal	- 1.869.562	- 1.709.474
Captações de empréstimos, financiamentos e debêntures	1.265.114	2.258.925
Utilização de ações em tesouraria pelo exercício de opções de compra de ações	- 248.728	66.141
Pagamento de dividendos e juros sobre capital próprio ref. ao exercício anterior	- 123.133	- 685.599
Recebimentos/pagamentos de recursos por liquid. de operações com derivativos	218.631	-
CAIXA LÍQUIDO GERADO PELAS ATIVIDADES DE FINANCIAMENTO	- 757.678	- 202.289
Efeito de variação cambial sobre o caixa e equivalentes de caixa	- 24.622	16.910
AUMENTO (REDUÇÃO) NO CAIXA E EQUIVALENTES DE CAIXA	- 500.373	427.669
Saldo inicial do caixa e equivalentes de caixa	1.591.843	1.164.174
Saldo final do caixa e equivalentes de caixa	1.091.470	1.591.843
AUMENTO (REDUÇÃO) NO CAIXA E EQUIVALENTES DE CAIXA	- 500.373	427.669

Figura 5.4 – Fonte: o autor.

Ao olhar para a DFC anterior, o gestor moderno pode perceber as características descritas sobre este relatório até aqui. Logo no início, é possível perceber a realização dos ajustes de itens que não representam movimentações de caixa (depreciação, provisões etc.) para reconciliar o lucro líquido do exercício ao caixa operacional. Em seguida, percebe-se a divisão do relatório em atividades operacionais, atividades de investimento e atividades de financiamento. Também é possível concluir que esse é um fluxo de caixa indireto porque não lista as transações que movimentaram caixa, mas, sim, as mutações das contas do BP que representaram entradas e saídas de caixa. Ao final do relatório, para o ano de 2016, é possível perceber uma redução de caixa no período de R$ 500.373,00, que é o mesmo resultado encontrado ao calcular a diferença dos saldos inicial e final da conta Caixa e equivalentes de caixa encontrada no BP do mesmo período (Figura 5.3). Entender as informações que a DFC passa é muito importante para o gestor moderno. Com o BP e a DRE, a DFC completa o conjunto de relatórios com o qual o gestor moderno precisa se familiarizar para conseguir entender a linguagem dos negócios.

CONCLUSÃO: O QUE O GESTOR MODERNO DEVE FAZER AGORA?

No mundo da hipercompetitividade não há espaço para gestores que não entendem a linguagem financeira dos negócios. Como gerir sem se comunicar? A comunicação nos negócios acontece via Contabilidade, que, em seus relatórios, fornece informação financeira do passado para auxiliar a tomar decisões no presente que terão impacto no futuro. O gestor moderno precisa entender esses relatórios e usar seus dados financeiros para tomar boas decisões.

A forma mais fácil de você, gestor moderno, aprender a ler e interpretar esses relatórios é trabalhar com os demonstrativos financeiros dos últimos anos de sua empresa. Solicite ao departamento financeiro cópias do BP, da DRE e da DFC.

Estude esses relatórios e tente identificar as características que foram descritas neste capítulo. Invista tempo para reconhecer as informações econômico-financeiras de sua empresa e reflita como a sua atuação pode influenciar cada uma delas. Rapidamente, você perceberá que o seu processo de tomada de decisão será cada vez mais baseado nos dados que refletem o andamento do negócio. E isso representará uma grande ajuda para sua empresa, que busca competir no mercado moderno do século XXI.

HABILIDADE 6

AVALIAR O DESEMPENHO DO NEGÓCIO

No mundo dos negócios, o espelho retrovisor é sempre mais claro que o para-brisa.

Warren Buffett

As empresas que obtêm sucesso no mercado hipercompetitivo apresentam uma característica em comum: elas buscam hoje um desempenho melhor que o de ontem. Para os gestores modernos, isso implica entender como é feita a avaliação do desempenho econômico-financeiro das organizações. Vimos no Capítulo 5 que a contabilidade é a linguagem dos negócios e ela se faz entender pelos demonstrativos financeiros. Destacamos três demonstrativos financeiros de extrema importância para a atuação do gestor moderno: o BP, a DRE e a DFC. Como trabalharemos com esses três de perto, traremos para cá os mesmos relatórios utilizados como exemplo no capítulo anterior. Veja as Figuras 6.1, 6.2 e 6.3.

Balanço patrimonial

ATIVOS	2016	2015	PASSIVO E PATRIMÔNIO LÍQUIDO	2016	2015
CIRCULANTES			**CIRCULANTES**		
Caixa e equivalentes de caixa	1.091.470	1.591.843	Empréstimos e financiamentos	1.764.488	2.161.383
Contas a receber de clientes	1.051.901	909.013	Fornecedores e outras contas a pagar	814.939	802.887
Estoques	835.922	963.675	Salários e participações nos resultados	208.114	201.200
Impostos a recuperar	329.409	320.392	Obrigações tributárias	1.075.431	1.047.961
Outros ativos circulantes	1.494.198	2.233.783	Outras obrigações	314.927	359.489
Total dos ativos circulantes	4.802.900	6.018.706	Total dos passivos circulantes	4.177.899	4.572.920
NÃO CIRCULANTES			**NÃO CIRCULANTES**		
Realizável a Longo Prazo	1.099.737	807.444	Empréstimos e financiamentos	2.625.683	3.374.497
Investimentos	0	0	Outros passivos não circulantes	621.612	369.797
Imobilizado	1.734.688	1.752.350	Total dos passivos não circulantes	3.247.295	3.744.294
Intangível	784.254	816.481			
Total dos ativos não circulantes	3.618.679	3.376.275	**PATRIMÔNIO LÍQUIDO**		
			Capital social	427.073	427.073
			Ações em tesouraria	-37.149	-37.851
			Reservas de capital	142.786	134.706
			Reservas de lucros	432.851	430.706
			Dividendo adicional proposto	30.824	123.133
			Total do patrimônio líquido	996.385	1.077.767
TOTAL DOS ATIVOS	8.421.579	9.394.981	TOTAL DOS PASSIVOS E PATRIMÔNIO LÍQUIDO	8.421.579	9.394.981

Figura 6.1 – Fonte: o autor.

Demonstração de fluxo de caixa

	2016	2015
FLUXO DE CAIXA DAS ATIVIDADES OPERACIONAIS		
Lucro líquido do exercício	308.238	522.732
Ajustes para reconciliar o lucro líquido com o caixa operacional	1.049.468	1.147.685
Subtotal	1.357.706	1.670.417
(AUMENTO) REDUÇÃO DOS ATIVOS		
Contas a receber dos clientes	- 180.846	- 67.942
Estoques	96.375	- 87.967
Impostos a recuperar	214	- 186.794
Outros ativos	- 15.285	- 13.082
Subtotal	- 69.400	- 355.785
AUMENTO (REDUÇÃO) DOS PASSIVOS		
Fornecedores nacionais e estrangeiros	12.052	207.918
Salários, PLR e encargos sociais, líquidos	6.914	- 9.315
Obrigações tributárias	- 100.896	- 5.064
Participação de acionistas não controladores	-	89.332
Outros passivos	5.556	- 12.925
Subtotal	- 76.374	269.946
CAIXA GERADO PELAS ATIVIDADES OPERACIONAIS	1.211.932	1.584.578
OUTROS FLUXOS DE CAIXA DAS ATIVIDADES OPERACIONAIS		
Pagamentos de IR e CSLL	- 131.173	- 70.251
Levantamentos (pagamentos) de depósitos judiciais	7.702	- 3.277
Pagamentos relacionados a processos tributários, cíveis e trabalhistas	- 11.306	-
Recebimentos/pagamentos de recursos por liquidação de oper. com derivativos	- 207.686	323.872
Pagamentos de juros sobre empréstimos, financiamentos e debêntures	- 309.466	- 256.897
CAIXA LÍQUIDO GERADO PELAS ATIVIDADES OPERACIONAIS	560.003	1.578.025
FLUXO DE CAIXA DAS ATIVIDADES DE INVESTIMENTO		
Aquisições de negócios, líquido do caixa obtido	-	-
Adições de imobilizado e intangível	- 305.815	- 382.894
Recebimento pela venda de ativo imobilizado e intangível	43.362	77.940
Aplicação em títulos e valores mobiliários	- 6.030.398	- 5.868.563
Resgate de títulos e valores mobiliários	6.014.775	5.208.540
Investimentos em controladas	-	-
Recebimento de dividendos de controladas	-	-
CAIXA LÍQUIDO GERADO PELAS ATIVIDADES DE INVESTIMENTO	- 278.076	- 964.977
FLUXO DE CAIXA DAS ATIVIDADES DE FINANCIAMENTO		
Amortização de empréstimos, financiamentos e debêntures-principal	- 1.869.562	- 1.709.474
Captações de empréstimos, financiamentos e debêntures	1.265.114	2.258.925
Utilização de ações em tesouraria pelo exercício de opções de compra de ações	- 248.728	- 66.141
Pagamento de dividendos e juros sobre capital próprio ref. ao exercício anterior	- 123.133	- 685.599
Recebimentos/pagamentos de recursos por liquid. de operacões com derivativos	218.631	-
CAIXA LÍQUIDO GERADO PELAS ATIVIDADES DE FINANCIAMENTO	- 757.678	- 202.289
Efeito de variação cambial sobre o caixa e equivalentes de caixa	- 24.622	16.910
AUMENTO (REDUÇÃO) NO CAIXA E EQUIVALENTES DE CAIXA	- 500.373	427.669
Saldo inicial do caixa e equivalentes de caixa	1.591.843	1.164.174
Saldo final do caixa e equivalentes de caixa	1.091.470	1.591.843
AUMENTO (REDUÇÃO) NO CAIXA E EQUIVALENTES DE CAIXA	- 500.373	427.669

Figura 6.2 – Fonte: o autor.

Demonstração de resultados do exercício

	2016	2015
RECEITA LÍQUIDA	7.912.664	7.899.002
Custo dos produtos vendidos	(2.446.959)	(2.415.990)
LUCRO BRUTO	5.465.705	5.483.012
(DESPESAS) RECEITAS OPERACIONAIS		
Despesas com vendas, marketing e logística	(3.110.169)	(3.020.500)
Despesas administrativas, P&D, TI e projetos	(1.327.093)	(1.271.533)
Resultado de equivalência patrimonial	-	-
Outras receitas (despesas) operacionais, líquidas	54.425	65.790
LUCRO OPERACIONAL ANTES DO RESULTADO FINANCEIRO	1.082.868	1.256.769
Receitas financeiras	1.073.288	1.927.228
Despesas financeiras	(1.729.297)	(2.308.627)
LUCRO ANTES DO IMPOSTO DE RENDA E DA CONTRIBUIÇÃO SOCIAL	426.859	875.370
Imposto de renda e contribuição social	(118.621)	(352.638)
LUCRO LÍQUIDO DO EXERCÍCIO	308.238	522.732
ATRIBUÍVEL A		
Acionistas controladores da sociedade	296.699	513.513
Não controladores	11.539	9.219
	308.238	522.732
LUCRO LÍQUIDO DO EXERCÍCIO POR AÇÃO - R$		
Básico	0,6895	1,1934
Diluído	0,6875	1,1928

Figura 6.3 – Fonte: o autor.

Em todo o pacote de demonstrativos financeiros de uma empresa, existe um conjunto de informações, o qual inclui quadros analíticos e comparações complementares às demonstrações, chamado de Notas explicativas. As notas explicativas contêm informações necessárias à avaliação completa da empresa, que, por serem mais detalhadas, não aparecem nos relatórios que estamos aprendendo. A Tabela 6.1 trará as informações retiradas das notas explicativas da empresa que estamos usando de exemplo, necessária à análise que faremos neste capítulo.

Tabela 6.1

Informação	2014 (em R$)	2015 (em R$)	2016 (em R$)
Despesas com juros	-	317.761	317.589
Estoque MAT	-	202.124	182.778
Consumo MAT	-	1.936.541	1.962.313
Produto em processo	-	24.435	13.293
Custo dos produtos elaborados	-	2.415.323	2.458.101
Produto acabado	-	750.151	676.835
Estoques	889.977	-	-
Ativo total	7.200.083	-	-
Depreciação e amortização	-	239.197	260.771
Custo médio ponderado de capital	-	13,1% ou 0,131	13,4% ou 0,134

Fonte: o autor.

A avaliação do desempenho do negócio é feita pelo estudo dos demonstrativos financeiros e da interpretação dos resultados dessas análises. Os resultados dessa análise auxiliam os gestores modernos no processo de tomada de decisão. Este capítulo apresentará técnicas para analisar esses relatórios, assim como ferramentas que combinam informações oriundas dos três relatórios para que o gestor moderno conheça as alavancas que impulsionam a performance econômico-financeira de sua empresa.

A INTERAÇÃO ENTRE OS DEMONSTRATIVOS FINANCEIROS

É possível entender a dinâmica dos negócios por intermédio da interação entre os demonstrativos financeiros. Se o BP é uma fotografia no tempo, a DRE e a DFC são vídeos que ressaltam as mudanças no tempo em duas contas especialmente importantes do BP.[1] Para entender a conexão entre esses demonstrativos, partimos

---

1 Higgins, Robert C. *Analysis for financial management*. 8. ed. Singapore: McGraw-Hill, 2007. p. 8.

da equação fundamental da contabilidade, que está representada no BP. Como o ativo é constituído pelo caixa e por mais uma série de outros ativos, podemos fazer essa separação com toda a tranquilidade, sem mudar a relação da equação, conforme a Figura 6.4. Como a DFC é uma análise detalhada das entradas e saídas do caixa em um período específico, é fácil perceber a relação entre o BP e a DFC.

$$\text{Ativo} = \text{Passivo} + \text{Patrimônio Líquido}$$
$$\overbrace{\text{Caixa} + \text{Outros ativos}} = \text{Passivo} + \text{Patrimônio Líquido}$$

Figura 6.4 – Fonte: o autor.

Para entendermos a relação entre o BP e a DRE, devemos olhar para o patrimônio líquido. Como este representa os recursos que os proprietários aplicaram na empresa, podemos dizer com tranquilidade, também sem mudar a relação da equação, que o patrimônio líquido é a soma do que foi inicialmente investido na empresa (capital social) com o total de ganhos retidos durante todo o tempo de empresa,[2] como mostrado na Figura 6.5. E já que a DRE é uma análise detalhada das receitas, custos e despesas da empresa, e seu resultado representa o ganho, ou lucro líquido, em um período específico, é fácil perceber a relação entre o BP e a DRE.

$$\text{Ativo} = \text{Passivo} + \text{Patrimônio Líquido}$$
$$\text{Ativo} = \text{Passivo} + \overbrace{\text{Capital Social} + \text{Ganhos Retidos}}$$

Figura 6.5 – Fonte: o autor.

A fim de ter a visão completa da interação entre esses relatórios contábeis, é preciso unir as análises contidas nas Figuras 6.4 e 6.5. Para tanto, deve-se partir do BP do início de um período (um mês, por exemplo) e chegar ao BP do final desse período.

2 Vale lembrar que os ganhos que não foram retidos se transformaram em dividendos e foram pagos de volta aos seus proprietários.

Assim, as transações de entrada e saída de caixa que ocorrerão do início ao final do período serão detalhadas como operacionais, de financiamento e de investimento na DFC. Já as transações que envolvem receitas, custos, despesas e, consequentemente, o ganho ou lucro do período em questão serão detalhadas na DRE. A Figura 6.6 ilustra a relação que existe entre os três principais demonstrativos financeiros de uma empresa.

Figura 6.6 – Fonte: adaptado de Higgins. *Analysis for financial management.*

Como agora está claro que há uma inter-relação entre esses três demonstrativos financeiros, é possível embarcar em um processo de análise que aplicará técnicas e calculará índices, taxas e outros dados segundo informações oriundas desses relatórios. Perceberemos que algumas análises serão feitas de cada demonstrativo individualmente, enquanto outras exigirão a utilização de informações originadas em mais de um demonstrativo ao mesmo tempo. Para todos os cálculos, utilizaremos os demonstrativos financeiros anteriormente apresentados.

AVALIANDO A PERFORMANCE FINANCEIRA DE UMA EMPRESA

Os demonstrativos financeiros não definem o negócio. Em vez disso, eles refletem os resultados das decisões e medidas tomadas pela administração de uma empresa. Muitas vezes, as decisões significativas executadas pela direção de uma empresa podem ser rastreadas em um estudo mais aprofundado dos demonstrativos financeiros. Esse exame mais detalhado inclui as análises vertical, horizontal e por índices,[3] entre outras, conforme demonstrado a seguir.

Análise horizontal

A análise horizontal consiste em comparar o comportamento de um determinado indicador ao longo de dois ou mais períodos. Essa análise possibilita mapear a evolução no tempo dos indicadores da empresa. Seu principal uso é na análise de tendências e criação de projeções. Na Tabela 6.2, foram calculadas as variações de algumas contas para o ano de 2016, tendo por base o ano de 2015. Para tanto, basta dividir o valor da respectiva conta de 2016 pelo valor referente a 2015 e multiplicar o resultado por 100. O ano-referência ou ano-base, neste caso 2015, sempre corresponde a 100 (100%) e as variações podem ser calculadas pela subtração dos resultados de 100. Os resultados podem ser interpretados da seguinte forma: o caixa de 2016 representou 68,6% daquele de 2015 ou, em outras palavras, em 2016 o caixa caiu 31,4%; o contas a receber subiu em 2016 15,7% em relação a 2015; e a conta Fornecedores aumentou 1,5% em 2016 se comparado a 2015.

---

[3] Existem dezenas de índices que podem ser calculados pela interação entre os demonstrativos financeiros. Aqui serão demonstrados os mais relevantes para a atuação do gestor moderno. Afinal, existem conhecimentos de finanças que são fundamentais para o gestor moderno, mas todo o resto é responsabilidade dos gestores financeiros do negócio.

Tabela 6.2

	2015	2016	CÁLCULO
Caixa	$ 1.591.843	$ 1.091.470	$\frac{1.091.470}{1.591.843}$ x 100 = 68,6 ou 68,6%
Contas a receber	$ 909.013	$ 1.051.901	$\frac{1.051.901}{909.013}$ x 100 = 115,7 ou 115,7%
Fornecedores	$ 802.887	$ 814.939	$\frac{814.939}{802.887}$ x 100 = 101,5 ou 101,5%

Fonte: o autor.

A análise horizontal possibilita duas formas diferentes de estudar o comportamento de indicadores no tempo. Na primeira delas, conforme ilustrado anteriormente, escolhe-se um ano para servir de base para o cálculo da variação de todos os anos subsequentes. Na segunda forma, escolhe-se o ano exatamente anterior como base para o cálculo da variação percentual dos anos de interesse. Nesse caso, a análise resultará na variação ano após ano do indicador que está sendo estudado.

Análise vertical

A análise vertical serve para extrair relacionamentos percentuais entre itens de um mesmo demonstrativo financeiro.[4] O resultado dá uma ideia de qual é a representatividade de um item dentro de um total ou subtotal de um demonstrativo financeiro. Em outras palavras, a análise vertical propicia o entendimento da estrutura de composição dos demonstrativos financeiros de uma empresa. Por exemplo, ao dividir-se o ativo circulante pelo ativo total, encontra-se o quanto o ativo circulante representa do ativo total. Os resultados da Tabela 6.3 nos dão duas informações sobre a empresa: primeiro, como o ativo é dividido entre circulante (curto prazo) e não circulante (longo prazo), é possível dizer que a empresa manteve mais recursos no curto prazo que no longo

---

4 Iudícibus, Sérgio de; Marion, José Carlos. *Curso de contabilidade para não contadores*. 7. ed. São Paulo: Atlas, 2011. p. 133.

prazo em ambos os anos; e segundo, a parcela de recursos no curto prazo em relação ao longo prazo caiu de um ano para o outro (de 64,1% para 57%).

Tabela 6.3

	2015	2016
Ativo circulante	$ 6.018.706	$ 4.802.900
Ativo total	$ 9.394.981	$ 8.421.579
Cálculo	6.018.706 / 9.394.981 x 100 = 64,1%	4.802.900 / 8.421.579 x 100 = 57%

Fonte: o autor.

Índices de liquidez

Você já imaginou quebrar uma empresa que é lucrativa? Pode parecer estranho, mas é possível e pode ocorrer com qualquer empresa! Ser lucrativa significa que a empresa fatura mais do que o total de seus custos. Você deve imaginar que esse é o sonho de qualquer empresário, mas isso não é suficiente para manter uma empresa de pé. Além de lucrativo, um negócio precisa ser capaz de honrar seus compromissos nos prazos certos. Caso contrário, pode tornar-se insolvente!

A insolvência se dá quando a empresa não tem recursos para saldar suas obrigações. Uma empresa que gera lucros, mas imobiliza grande parte de seus recursos em ativos com pouca liquidez, pode encontrar problemas. Liquidez é a facilidade com a qual um ativo se converte em caixa (dinheiro vivo). Essa propriedade dos ativos é importante porque o caixa é o meio mais comum para quitar compromissos. Assim, a liquidez de uma empresa deve ser monitorada de perto. Os índices de liquidez da Tabela 6.4 apontam a capacidade da empresa de honrar seus compromissos.

Tabela 6.4

INDICADOR	FÓRMULA	EXPLICAÇÃO	2015	2016
Liquidez imediata	Disponível / Passivo circulante	Revela o percentual das dívidas correntes que podem ser liquidadas imediatamente, utilizando-se unicamente seu saldo de disponível.	$\frac{1.591.843}{4.572.920} = 0{,}35$	$\frac{1.091.470}{4.177.899} = 0{,}26$
Liquidez seca	AC − Estoques / Passivo circulante	Mede a porcentagem das dívidas de curto prazo que podem ser pagas com o uso de ativos monetários de maior liquidez.	$\frac{6.018.706 - 963.975}{4.572.920} = 1{,}11$	$\frac{4.802.900 - 835.922}{4.177.899} = 0{,}95$
Liquidez corrente	Ativo circulante / Passivo circulante	Identifica a capacidade da empresa de quitar seus compromissos de curto prazo com o que é mantido em seu ativo circulante.	$\frac{6.018.706}{4.572.920} = 1{,}32$	$\frac{4.802.900}{4.177.899} = 1{,}15$

Fonte: o autor.

Ao interpretar os resultados da tabela, podemos dizer que a condição de liquidez da nossa empresa caiu em 2016 se comparado ao ano de 2015. Afinal, como todos os índices estão mais baixos em 2016, isso indica que há menos ativos de curto prazo para pagar pelas obrigações de curto prazo. De toda forma, a situação da empresa permanece estável, pois o índice de liquidez corrente de 2016 ainda é maior que 1. Não é difícil prever que o ano de 2017 dessa empresa teve um grande foco na melhoria de sua liquidez.

Índices de endividamento

Se você não gosta de dívidas, ter uma empresa pode não ser a melhor situação para você. Ter dívida é algo fundamental na gestão financeira de uma empresa. A realidade é que o lado direito inteiro do BP representa as obrigações da empresa seja com os proprietários, no caso do patrimônio líquido (capital próprio), seja com terceiros, no caso do passivo (capital de terceiros). Agora, se você acha que endividamento é algo ruim para a vida pessoal, o mesmo não se pode dizer das empresas. Empresas se utilizam de endividamento para aproveitar oportunidades atraentes de investimentos, em um processo conhecido como alavancagem financeira. A alavancagem financeira está associada à intensidade com a qual a empresa utiliza recursos de terceiros em lugar de recursos próprios.[5]

Se por um lado a alavancagem financeira ajuda a empresa a tirar vantagem de novos projetos, por outro gera o compromisso de pagar juros e devolver no futuro os capitais tomados como empréstimo. Ou seja, como toda decisão em finanças que envolve o balanço entre risco e retorno, a alavancagem financeira traz uma rentabilidade superior à custa de um risco maior de insolvência. Os índices de endividamento[6] buscam medir esse risco. Ao determinar o grau do endividamento da empresa, o quanto ela depende do capital de terceiros, a composição desse endividamento e o peso que os juros têm em suas finanças, é possível avaliar a estrutura de capital da empresa e a probabilidade de ela não pagar suas dívidas. Os índices de endividamento da Tabela 6.5 ilustram como a empresa utiliza as diferentes fontes de recursos disponíveis.

Tabela 6.5

INDICADOR	FÓRMULA	EXPLICAÇÃO	2015	2016
Grau de endividamento geral	Passivo / Ativo total	Mede a participação dos recursos de terceiros no ativo total, ou seja, quanto do ativo total está comprometido com dívidas.	$\frac{8.217.214}{9.394.981} = 0,88$	$\frac{7.425.194}{8.421.579} = 0,88$
Capital de terceiros/ capital próprio	Passivo / Patrimônio líquido	Mede o grau de dependência da empresa por recursos de terceiros. Quanto mais alto esse valor, mais arriscada é a estrutura de financiamento da empresa.	$\frac{8.217.214}{1.077.767} = 7,6$	$\frac{7.425.194}{996.385} = 7,4$
Composição do endividamento	Passivo circulante / Passivo total	Revela qual das parcelas do endividamento total está concentrada no curto prazo.	$\frac{4.572.920}{8.217.214} = 0,55$	$\frac{4.177.899}{7.425.194} = 0,56$
Cobertura de juros	LAIR / Despesas com juros	Revela a capacidade de a empresa gerar lucro suficiente para cobrir os montantes de juros devidos.	$\frac{875.370}{317.761} = 2,76$	$\frac{426.859}{317.589} = 1,34$

Fonte: o autor.

---

5 Ross, Stephen A.; Westerfield, Randolph W.; Jaffe, Jeffrey. *Administração financeira*. 2. ed. São Paulo: Atlas, 2011. p. 48.

6 O índice de cobertura de juros não é, especificamente, classificado como índice de endividamento. Contudo, como os assuntos são diretamente relacionados, optou-se por incluí-los na mesma tabela em vez de criar uma seção somente para esse importante índice.

Ao analisar os resultados da tabela, podemos dizer que essa empresa é bastante alavancada, já que manteve para os dois anos uma participação de 88% de recursos de terceiros no ativo. Essa conclusão é reforçada pela relação capital de terceiros sobre o capital próprio de mais de 7 para 1. Contudo, esse nível de endividamento não parece estrangular a empresa. Afinal, seu endividamento é dividido quase que meio a meio entre o curto e o longo prazo. Além disso, sua geração de lucros é mais do que suficiente para cobrir as despesas com juros, apesar de essa métrica ter caído consideravelmente de 2015 para 2016. É possível dizer que essa empresa sabe utilizar o endividamento como alavanca do negócio.

Análise do ciclo operacional

Toda empresa precisa de um tempo para executar suas atividades. O ciclo operacional é o tempo que a empresa demora para produzir, vender e receber pelo produto que ela fabrica.[7] Se pensarmos de forma intuitiva, enquanto a empresa estiver produzindo, vendendo e esperando para receber pela entrega de seu produto ou serviço, nenhum dinheiro entra em seu caixa. Portanto, esse período é muito importante para as finanças de uma empresa porque representa o intervalo de tempo em que não ocorrem ingressos de recursos financeiros, demandando capital para financiá-la.[8] Cada fase operacional apresenta um tempo específico de duração e a soma desses prazos determina o tempo médio gasto pela empresa em sua fase operacional. Os indicadores da Tabela 6.6 ajudam a calcular o prazo médio de cada uma dessas etapas.

---

7   Iudícibus, Sérgio de; Marion, José Carlos. *Curso de contabilidade para não contadores*. 7. ed. São Paulo: Atlas, 2011. p. 32.
8   Neto, Alexandre Assaf; Silva, César Augusto T. *Administração do capital de giro*. 4. ed. São Paulo: Atlas, 2012. p. 9.

Tabela 6.6

INDICADOR	FÓRMULA	EXPLICAÇÃO	2015	2016
Prazo médio de estocagem de matéria-prima	Estoque de MAT x 360 / Consumo de MAT	Revela o número médio de dias que a matéria-prima fica em estoque aguardando entrar em produção.	202.124 x 360 / 1.936.541 = 38	182.778 x 360 / 1.962.313 = 34
Prazo médio de fabricação	Produto em processo x 360 / Custo dos produtos elaborados	Revela o número médio de dias que se leva para fabricar o produto.	24.435 x 360 / 2.415.323 = 4	13.293 x 360 / 2.458.101 = 2
Prazo médio de vendas	Produto acabado x 360 / Custo dos produtos vendidos	Revela o número médio de dias para vender o produto, ou o número médio de dias que o produto acabado fica estocado aguardando ser vendido.	750.151 x 360 / 2.415.990 = 112	676.835 x 360 / 2.446.959 = 100
Prazo médio de cobrança	Duplicatas a receber x 360 / Vendas	Revela o número médio de dias que a empresa gasta com cobrança, ou seja, quanto tempo leva para receber pelo produto vendido.	909.013 x 360 / 7.899.002 = 41	1.051.901 x 360 / 7.912.664 = 48
Ciclo operacional	PME + PMF + PMV + PMC	Intervalo de tempo em que não ocorrem ingressos de recursos financeiros na empresa.	38 + 4 + 112 + 41 = 195	34 + 2 + 100 + 48 = 184

Fonte: o autor.

Os resultados na tabela demonstram que a empresa foi capaz de reduzir seu ciclo operacional de 195 dias em 2015 para 184 dias em 2016, o que é positivo por representar um tempo menor em que ela fica sem receber recursos financeiros. Se compararmos cada prazo médio, é possível aprofundar essa conclusão e afirmar que todos os prazos médios foram reduzidos, com exceção do prazo médio de cobrança. Não é difícil imaginar que o prazo de cobrança dessa empresa e de muitas outras aumentou nesse período em consequência da crise econômica que o país enfrentou.

Você, gestor moderno, pode estar pensando que esses prazos médios são conceitos que dizem respeito à atuação do financeiro de sua empresa. Não se engane! O cálculo e o monitoramento desses indicadores, realmente, são responsabilidade da contabilidade. Mas você está convidado a refletir sobre quem é responsável pela melhoria na performance da empresa em cada uma dessas fases operacionais. As áreas de marketing e comercial são responsáveis pela estocagem e fabricação. Por fim, a cobrança fica a cargo do financeiro. Portanto, é responsabilidade de todo gestor moderno utilizar as ferramentas aprendidas no Capítulo 4 sobre melhoria de processos para tornar esses prazos o mais curto possíveis e diminuir, assim, a necessidade da empresa de buscar recursos para financiar seu giro.

Análise do capital de giro

Giro refere-se aos recursos de curto prazo de uma empresa que são capazes de ser convertidos em caixa até o final de seu próximo exercício social. Por isso, no BP, os elementos de giro são identificados no ativo circulante e no passivo circulante. O capital de giro é representado pelo ativo circulante, isto é, pelas aplicações correntes, como disponibilidades, valores a receber e estoques.[9] Em sentido mais amplo, o capital de giro representa o montante de recursos demandados pela empresa para financiar seu ciclo operacional.

O indicador que ajuda a entender o capital de giro é o capital de giro líquido ou capital circulante líquido (CCL). Esse indicador é praticamente o mesmo que o índice de liquidez corrente, só que, em vez de indicar a relação entre ativo circulante e passivo circulante, indica a diferença em valores absolutos.[10] Segue sua fórmula:

Capital circulante líquido = Ativo circulante − Passivo circulante

Sob ponto de vista estritamente financeiro, quanto maior for o CCL, maior será a flexibilidade financeira da empresa. O fato de uma parcela do ativo circulante da empresa não ser utilizada para pagamento das dívidas de curto prazo dá a ela maior folga

---

9   Neto, Alexandre Assaf; Silva, César Augusto T. *Administração do capital de giro*. 4. ed. São Paulo: Atlas, 2012. p. 3.
10 Júnior, Antônio B. Lemes; Cherobim, Ana Paula M. S.; Rigo, Cláudio M. *Fundamentos de finanças empresariais: técnicas e práticas essenciais*. Rio de Janeiro: LTC, 2017. p. 41.

financeira. Todavia, o capital de giro representa um investimento para a empresa. E como em todas as decisões em finanças, as decisões de capital de giro baseiam-se na comparação entre risco e retorno.[11] Quanto maior for o investimento em capital de giro, mais ampla é a folga financeira da empresa e menor seu risco de insolvência. Por outro lado, quanto maior o montante de recursos aplicados em giro,[12] menor tende a ser a rentabilidade da empresa, pois essa folga financeira incorpora um custo de oportunidade mais elevado, pressionando negativamente seus resultados.

Seguem os cálculos para o CCL da empresa que estamos estudando:

2015 CCL: R$ 6.018.706 - R$ 4.572.920 = R$ 1.445.786
2016 CCL: R$ 4.802.900 - R$ 4.177.899 = R$ 625.001

Pelos resultados, podemos concluir que, apesar do capital circulante líquido positivo em ambos os anos, a folga financeira da empresa caiu consideravelmente de 2015 para 2016.

Índices de rotatividade

Pelo BP, é possível entender que uma empresa utiliza recursos oriundos de seus donos ou de terceiros para aplicar em seus ativos. A eficiência com a qual a empresa administra seus ativos influencia sua liquidez e rentabilidade. Logo, medir essa eficiência é extremamente importante. Os índices de rotatividade são construídos para medir

---

11 Eu sei, está repetitivo! Mas o que eu posso fazer? É a mais pura verdade do mundo das finanças!

12 Uma medida extremamente importante na análise do capital de giro de uma empresa é a necessidade de capital de giro. Essa métrica envolve um olhar dinâmico das finanças de curto prazo de uma empresa e, por isso, seu cálculo e acompanhamento são responsabilidade da área financeira. Contudo, se um gestor não financeiro me convida para um café para discutir a necessidade de capital de giro do negócio, o bolo é por minha conta. Fica a dica!

a eficácia com que os ativos de uma empresa estão sendo geridos.[13] Se uma empresa consegue girar seu estoque, ou seja, produzi-lo e vendê-lo muitas vezes durante o ano enquanto mantém sua margem de lucro, essa empresa tende a lucrar mais no período. Se uma empresa consegue girar seu contas a receber, ou seja, faturar e receber muitas vezes durante o ano enquanto mantém seu preço de venda, essa empresa tende a ter mais dinheiro em caixa. Por fim, se uma empresa consegue girar seu ativo, ou seja, utilizar o conjunto de seus ativos para gerar vendas, essa empresa tende a ser mais lucrativa. Seguem, na Tabela 6.7, os índices de rotatividade.

Tabela 6.7

INDICADOR	FÓRMULA	EXPLICAÇÃO	2015	2016
Giro do estoque	Custo dos produtos vendidos / Estoque médio	Revela quantas vezes o estoque se renova ou a eficiência com a qual a empresa o vende.	$\frac{2.415.990}{(889.977+963.975)/2} = 2,6$	$\frac{2.446.959}{(963.975+835.922)/2} = 2,7$
Giro do contas a receber	Vendas líquidas / Duplicatas a receber	Revela quantas vezes o contas a receber se renova ou a eficiência com a qual a empresa recebe de seus clientes.	$\frac{7.899.002}{909.013} = 8,7$	$\frac{7.912.664}{1.051.901} = 7,5$
Giro do ativo	Vendas líquidas / Ativo total	Revela quantas vezes o ativo se renovou ou a eficiência com a qual a empresa gere seu ativo.	$\frac{7.899.002}{9.394.981} = 0,84$	$\frac{7.912.664}{8.421.579} = 0,94$

Fonte: o autor.

Os indicadores de rotatividade dessa empresa não demonstraram muita modificação de 2015 para 2016. Se por um lado o giro do contas a receber caiu, por outro lado o giro do estoque e o giro do ativo subiram um pouco. Todavia, as mudanças foram pequenas demais para se fazer afirmações mais conclusivas.

---

13 Ross, Stephen A.; Westerfield, Randolph W.; Jaffe, Jeffrey. *Administração financeira*. 2. ed. São Paulo: Atlas, 2011. p. 47.

Índices de rentabilidade

Os índices de rentabilidade indicam a eficácia da utilização dos ativos, do patrimônio líquido e dos resultados obtidos com o volume de vendas.[14] Em todos os casos, quanto maiores forem os resultados desses indicadores, mais lucrativa e mais eficiente é a empresa. As margens bruta e líquida são oriundas de uma análise vertical da DRE e dão indicação da eficiência de custos e despesas da empresa. O retorno sobre o ativo ou ROA (do inglês, *return on assets*) denota a eficiência da utilização dos recursos pela empresa. Já a rentabilidade do patrimônio líquido ou ROE (do inglês, *return on equity*) mede a atratividade da empresa como investimento para seus proprietários. Por fim, o lucro por ação representa o quanto do lucro do período pertence a cada ação. Seguem na Tabela 6.8 os índices de rentabilidade.

Tabela 6.8

INDICADOR	FÓRMULA	EXPLICAÇÃO	2015	2016
Margem bruta	Lucro operacional bruto / Vendas líquidas	Revela quanto de lucro bruto a empresa consegue gerar por unidade de venda.	5.483.012 / 7.899.002 = 0,69	5.465.705 / 7.912.664 = 0,69
Margem líquida	LLE / Vendas líquidas	Revela quanto de lucro líquido a empresa consegue gerar por unidade de venda.	522.732 / 7.899.002 = 0,07	308.238 / 7.912.664 = 0,04
Retorno sobre o ativo (ROA)	LLE / Ativo total	Revela quanto a empresa obtém de rentabilidade por unidade de ativo investido.	522.732 / 9.394.981 = 0,06	308.238 / 8.421.579 = 0,04
Rentabilidade do PL (ROE)	LLE / Patrimônio líquido	Revela quanto a empresa obtém de rentabilidade por unidade de capital próprio investido.	522.732 / 1.077.767 = 0,49	308.238 / 996.385 = 0,31
Lucro por ação	LLE / Número de ações emitidas	Revela quanto de lucro a empresa consegue gerar por ação que compõe o capital social da companhia.	1,1934	0,6895

Fonte: o autor.

Segundo os indicadores de rentabilidade dessa empresa, com exceção da margem bruta que se manteve em 69%, todas as

---

14 Júnior, Antônio B. Lemes; Cherobim, Ana Paula M. S.; Rigo, Cláudio M. *Fundamentos de finanças empresariais: técnicas e práticas essenciais.* Rio de Janeiro: LTC, 2017. p. 48.

outras medidas diminuíram um pouco em 2016 se comparado a 2015. Uma rápida olhada na DRE da empresa já daria essa mesma informação. Afinal, a receita líquida de 2016 foi maior que a de 2015, enquanto todas as linhas de lucro na DRE foram menores em 2016 se comparado a 2015. Para entender os motivos dessa piora em rentabilidade, é preciso analisar a fundo os motivos para o aumento nas despesas dessa empresa.

Um indicador de rentabilidade que não é uma proporção e, por isso, será tratado à parte é o EBITDA,[15] acrônimo que quer dizer lucro antes dos juros, do imposto de renda, da depreciação e da amortização.[16] Eu sei que parece palavrão, mas, na verdade, o conceito não é complicado. Para chegar ao EBITDA, basta partir do LAIR (na DRE) e somar a ele o resultado financeiro líquido (receitas financeiras – despesas financeiras), a depreciação e a amortização. A forma mais fácil de pensar sobre o cálculo dessa métrica é que os itens devem ser subtraídos para chegar ao LAIR e somados de volta para chegar ao EBITDA. Seguem os cálculos para nossa empresa de estudo:

2015 EBITDA: R$ 875.370 + R$ 381.399 + R$ 239.197 = R$ 1.495.966
2016 EBITDA: R$ 426.859 + R$ 656.009 + R$ 260.771 = R$ 1.343.639

O EBITDA é uma medida que apura a geração de caixa do período. Como o resultado financeiro, a depreciação e a amortização são valores que resultam de decisões de períodos passados (endividamento, aquisição de imobilizado e intangível), o EBITDA representa um indicador de desempenho da empresa no período em questão, ou seja, sem sofrer efeitos de decisões tomadas no passado. Por fim, é possível transformar o EBITDA

---

15 EBITDA é um acrônimo, vem do inglês *earnings before interest, taxes, depreciation and amortization*.
16 Sá, Carlos Alexandre. *Fluxo de caixa: a visão da tesouraria e da controladoria*. 3. ed. São Paulo: Atlas, 2009. p. 135.

em medida de rentabilidade ao dividi-lo pela receita líquida do período para chegar à Margem EBITDA; veja:

2015 Margem EBITDA: R$ 1.495.966 / R$ 7.899.002 = 19%
2016 Margem EBITDA: R$ 1.343.639 / R$ 7.912.664 = 17%

Esse resultado quer dizer que a empresa foi capaz de transformar 19% de sua receita em EBITDA em 2015 e 17% em 2016, ou seja, uma leve piora.

Análise DuPont

A rentabilidade do patrimônio líquido ou rentabilidade do capital próprio (ROE) é a medida que resume a saúde financeira de uma empresa. O ROE revela o número de centavos de lucro líquido que o investidor ou proprietário ganha por real investido na empresa. Uma análise mais detalhada do ROE ajuda a identificar como a empresa obtém retorno. Para aprender mais sobre o que a administração pode fazer para aumentar o ROE, é preciso reescrevê-lo em seus três principais componentes:[17]

Conforme escrito, o ROE descreve exatamente o que as empresas fazem, quer dizer, elas conseguem financiamento para comprar ativos (alavancagem financeira), aplicam esses ativos para gerar vendas (giro do ativo) e geram lucro dessas vendas (margem líquida). A margem líquida é uma medida de lucratividade que mede a quantidade de lucro gerado por venda. O giro do ativo

---

17 Higgins, Robert C. *Analysis for financial management*. 8. ed. Singapore: McGraw-Hill, 2007. p. 37.

mede a eficiência com a qual a empresa utiliza seus ativos para gerar vendas. A alavancagem financeira[18] mede a intensidade com a qual a empresa utiliza recursos de terceiros. Portanto, o ROE pode ser entendido da seguinte forma:

$$ROE = LUCRATIVIDADE \times EFICIÊNCIA \times ALAVANCAGEM$$

Para nossa empresa de estudo, o cálculo será relativamente fácil, pois grande parte do trabalho já foi feito nas seções anteriores. É preciso, apenas, calcular a alavancagem financeira; veja:

2015 Alavancagem financeira: 9.394.981 / 1.077.767 = 8,7
2016 Alavancagem financeira: 8.421.579 / 996.385 = 8,5

Agora, é possível determinar o ROE da empresa de estudo para os dois períodos:

2015 ROE: 0,07 × 0,84 × 8,7 = 0,51
2016 ROE: 0,04 × 0,94 × 8,5 = 0,32

Já havíamos calculado o ROE para ambos os períodos na seção de índices de rentabilidade e os resultados haviam sido, respectivamente, 0,49 e 0,31. A diferença para os valores citados é apenas o efeito do arredondamento nos decimais de cada índice. Se naquele momento não tínhamos tanto o que interpretar, agora a situação é diferente. É possível entender claramente por que o ROE caiu de 2015 para 2016. Em 2016, a empresa foi mais eficiente, já que aumentou o giro do seu ativo. Contudo, sua alavancagem financeira caiu um pouquinho e sua lucratividade,

---

18 A razão (ativo total)/(patrimônio líquido) pode não parecer uma medida de alavancagem financeira. Contudo, se usarmos a equação fundamental da contabilidade para substituir ativo = passivo + patrimônio líquido, temos: (passivo + patrimônio líquido) / (patrimônio líquido), que é o mesmo que ((passivo) / (patrimônio líquido)) + 1, o que, sem dúvida é uma medida de alavancagem financeira.

representada pela margem líquida, caiu de 7% para 4%, o que representa um tombo de quase 50% neste indicador. Portanto, podemos afirmar que o retorno para o acionista (retorno do patrimônio líquido ou ROE) dessa empresa em 2016 sofreu forte queda ocasionada pela retração em sua lucratividade se comparado a 2015.

A Análise DuPont pode parecer financeiramente sofisticada demais para o gestor moderno, mas, de fato, não é. Segundo essa forma intuitiva de escrever o ROE, a administração de uma empresa conta com três alavancas para aumentar o retorno para o acionista,[19] que são: (1) aumentar a lucratividade da empresa; (2) melhorar a eficiência da empresa; (3) aumentar a alavancagem financeira da empresa. Ao gerenciar essas três alavancas, é possível administrar o fluxo de caixa operacional da empresa. As decisões de alavancagem, certamente, são decisões estratégicas financeiras. Agora, aumento de eficiência e da lucratividade são duas áreas nas quais o gestor moderno tem influência direta.

Valor econômico agregado

No Capítulo 2, apresentamos a diferença entre lucro econômico e lucro contábil. Lá, dissemos que enquanto o cálculo do lucro contábil leva em conta somente os custos explícitos da empresa, o lucro econômico considera também os custos implícitos, quer dizer, os custos de oportunidade do negócio. Dissemos ainda que o lucro econômico serve de base para um conceito mais moderno e sofisticado entre as métricas utilizadas na mensuração do desempenho das empresas, conhecido como valor econômico agregado (EVA).[20] Segundo esse conceito, uma empresa cria valor para seus donos apenas quando a renda operacional gerada

---

19 Higgins, Robert C. *Analysis for financial management*. 8. ed. Singapore: McGraw-Hill, 2007. p. 36.
20 EVA vem do inglês *economic value added*, conceito criado pela consultoria americana Stern Stewart & Co.

excede o custo do capital empregado.[21] Sua fórmula segue este raciocínio:

$$EVA = \text{Lucro operacional} - (\text{capital investido} \times \text{custo de oportunidade desse capital})$$

O lucro operacional pode ser o lucro líquido do exercício, o EBITDA ou alguma outra métrica de rentabilidade operacional mais sofisticada. O capital investido geralmente é a diferença entre o ativo total e o passivo circulante. Já o custo de oportunidade do capital é um conceito conhecido como custo médio ponderado de capital (CMPC).[22] Vejamos como fica o EVA de nossa empresa de estudo para os dois períodos, considerando o lucro líquido do exercício como lucro operacional:

2015 EVA: 522.732 - [(9.394.981 - 4.572.920) × 0,131] = - R$ 108.958
2016 EVA: 308.238 - [(8.421.579 - 4.177.899) × 0,134] = - R$ 260.415

Como já sabemos, nossa empresa de estudo teve lucro contábil positivo nos anos de 2015 e 2016, respectivamente, de R$ 522.732 e R$ 308.238. Ao calcularmos o EVA, porém, percebemos que a empresa não teve lucro econômico, mas, sim, prejuízo econômico de R$ 108.958 em 2015 e R$ 260.415 em 2016. Isso quer dizer que o lucro contábil não foi alto o suficiente para cobrir o custo de oportunidade do negócio. Para simplificar, podemos dizer que, para os acionistas, essa empresa não foi um bom investimento nesses dois anos. Ou seja, para esses dois períodos, os acionistas

---

21 Higgins, Robert C. *Analysis for financial management*. 8. ed. Singapore: McGraw-Hill, 2007. p. 317.
22 O custo médio ponderado de capital (CMPC) representa o custo de capital da empresa ou o custo de oportunidade do negócio. Como já vimos, a empresa utiliza recursos próprios e recursos de terceiros para rodar o negócio. Cada um desses recursos tem um custo para a empresa. O CMPC é uma média ponderada desses custos com o grau de utilização de cada recurso pela empresa.

teriam se saído melhor se seus investimentos estivessem alocados em outro lugar, e não em nossa empresa de estudo.

Definitivamente, esse é um conceito que está sob a responsabilidade da área financeira da empresa. Seu cálculo, inclusive, não é simples. Ao gestor moderno que não é da área financeira cabe apenas entender o conceito por trás do EVA. Como o capital investido é um custo de oportunidade, seu valor (capital total × CMPC) precisa ser subtraído do lucro para que se chegue ao lucro econômico gerado pela empresa. Portanto, o resultado que exceder esse custo médio ponderado do capital é o que a administração da empresa conseguiu agregar ao seu valor.[23]

Análise do fluxo de caixa

A análise do fluxo de caixa se concentra no exame da performance do fluxo de caixa operacional em relação a diversas variáveis do negócio. Dessa forma, em todos os casos, faz-se o cálculo sempre com a utilização do fluxo de caixa operacional no numerador do índice. De forma geral, o objetivo dessa análise é determinar se o negócio gera caixa suficiente para cobrir dívidas, remunerar os acionistas e cobrir os investimentos da empresa, ou se a geração de caixa é eficiente quando comparada às vendas, ao ativo e ao lucro do negócio. Seguem os índices de análise de caixa, conforme a Tabela 6.9.

---

23 Sá, Carlos Alexandre. *Fluxo de caixa: a visão da tesouraria e da controladoria*. 3. ed. São Paulo: Atlas, 2009. p. 226.

Tabela 6.9

INDICADOR	FÓRMULA	EXPLICAÇÃO	2015	2016
Cobertura de dívidas	FC operacional / Passivo total	Revela se a empresa consegue gerar caixa operacional suficiente para cobrir todas as dívidas.	1.578.025 / 8.217.214 = 0,19	778.634 / 7.425.194 = 0,11
Retorno do PL	FC operacional / Patrimônio líquido	Revela se a empresa consegue gerar caixa operacional para os acionistas.	1.578.025 / 1.077.767 = 1,46	778.634 / 996.385 = 0,78
Cobertura de investimento	FC operacional / FC de investimentos	Revela se a empresa consegue gerar caixa operacional suficiente para financiar seus investimentos.	1.578.025 / 964.977 = 1,64	778.634 / 278.076 = 2,80
Retorno sobre vendas	FC operacional / Vendas líquidas	Revela quanto de caixa operacional a empresa consegue gerar de suas vendas.	1.578.025 / 7.899.002 = 0,2	778.634 / 7.912.664 = 0,10
Retorno sobre o ativo	FC operacional / Ativo total	Revela quanto de caixa operacional a empresa consegue gerar do investimento em seu ativo.	1.578.025 / 9.394.981 = 0,17	778.634 / 8.421.579 = 0,09
Fluxo sobre o lucro	FC operacional / LLE	Revela quanto do lucro da empresa se transformou em caixa.	1.578.025 / 522.732 = 3,02	778.634 / 308.238 = 2,53

Fonte: adaptado de Neto e Silva. *Administração do capital de giro.*

No resultado da análise de caixa de nossa empresa que serve de estudo, vê-se que o fluxo de caixa operacional está um pouco baixo nos dois períodos quando comparado ao passivo total e ao ativo total. Além disso, olhando de forma rápida, pode parecer que a cobertura de investimento melhorou muito em 2016, mas essa é uma conclusão errada. Ao olharmos para o cálculo, e não somente para o resultado, percebemos que a empresa teve um fluxo de caixa de investimentos quase quatro vezes menor em 2016 que em 2015, enquanto o fluxo de caixa operacional caiu apenas pela metade em 2016, quando comparado a 2015. Esse é um exemplo de que o resultado de um indicador, quando analisado por si só, pode mascarar uma realidade um pouco diferente. Por isso, é preciso estar sempre atento ao cálculo do indicador, bem como correlacionar seu resultado a outras informações. Por fim, com resultados bastante positivos para o fluxo sobre o lucro, que inclusive é superior ao lucro líquido do exercício, podemos dizer que essa é uma empresa boa para a geração de caixa.

CONCLUSÃO: O QUE O GESTOR MODERNO DEVE FAZER AGORA?

A função de trabalhar no dia a dia com as ferramentas apresentadas neste capítulo é, inequivocadamente, da área financeira. Contudo, o gestor moderno que atua em outras áreas precisa conhecê-las e entendê-las. A contabilidade utiliza informação financeira do passado para apoiar a tomada de decisão no presente que vai impactar o futuro. O gestor moderno precisa usar dados financeiros para a tomada de decisão embasada. No mundo da hipercompetitividade, o espaço para gestores que não entendem a linguagem financeira dos negócios e como é feita a avaliação do desempenho econômico-financeiro de uma empresa está cada vez menor.

A forma mais fácil de você, gestor moderno, aprender essas ferramentas é conduzir uma análise de tendência dos demonstrativos financeiros dos últimos anos de sua empresa. Calcule os indicadores apresentados neste capítulo, entenda suas variações ao longo do tempo e comece a tirar as próprias conclusões sobre como sua empresa vem se saindo. Aos poucos, você perceberá que os números lhe presentearão com insights que poucos gestores têm na empresa.

HABILIDADE 7

PRATICAR O ORÇAMENTO BASE ZERO

> Por mais brilhante que a estratégia seja, você deve sempre olhar para os resultados.
>
> Winston Churchill

Empresas planejam com o intuito de determinar antecipadamente as atividades que devem desempenhar para alcançar seus objetivos. Conforme demonstrado no Capítulo 1, o planejamento estratégico parte de determinadas análises da realidade atual para desenhar o futuro que a empresa pretende alcançar. Ao estabelecer metas e definir as ações a serem executadas, fatalmente o planejamento estratégico precisa estimar os recursos que serão consumidos nessas ações e os resultados que podem ser esperados delas. É nesse momento que se chega ao orçamento.

O orçamento é o plano financeiro voltado para implementar a estratégia da empresa em determinado exercício.[1] Orçar envolve a criação de propostas numéricas que especifiquem como, onde e quando a administração almeja aplicar os recursos da empresa. Com a criação de planos operacionais, de investimento e de financiamento que, juntos, constituem o orçamento, as empresas determinam referências que serão utilizadas na avaliação do desempenho real subsequente. Logo, o orçamento possibilita

---

1 Frezatti, Fábio. *Orçamento empresarial: planejamento e controle gerencial*. 6. ed. São Paulo: Atlas, 2017. p. 41.

não só o desenvolvimento de um plano para atingir as metas especificadas no planejamento estratégico como também sua comparação contínua com os resultados reais. Além disso, empresas aproveitam o poder do orçamento para identificar e resolver problemas no papel antes que esses problemas surjam no mundo real. Consequentemente, orçar auxilia no processo de tomada de decisão da organização.

O exercício do orçamento também tem suas limitações e desvantagens. Ao projetar o desempenho financeiro para o ano seguinte meses antes desse ano se iniciar, uma defasagem temporal se origina entre o orçamento e os números reais contra os quais ele será comparado. Assim, quando começa o novo exercício social, a empresa passa todo o período explicando e se adequando às variações em relação ao plano. Além disso, em muitas organizações, esse processo orçamentário e de planejamento consome muito tempo e recursos; se ele ajuda ou atrapalha a gestão, é um assunto bastante controverso.[2] O tempo médio despendido fica entre quatro e cinco meses. Envolve também muitas pessoas e absorve entre 20% e 30% do tempo dos executivos seniores e do gerente financeiro.[3] Ou seja, o orçamento (e sua análise) é um processo caro, demorado, mais focado em custos que na criação de valor e sua relação custo--benefício pode não ser tão vantajosa quanto se espera.

No mercado hipercompetitivo deste século, mudanças no processo orçamentário das empresas são mandatórias. Como vimos no Capítulo 1, a velocidade dos negócios requer um planejamento estratégico cada vez mais rápido e flexível. Espera-se que o mesmo ocorra com o processo orçamentário. Mais que isso, é preciso que o orçamento agregue valor ao sistema estratégico-administrativo da empresa. Assim, cabe ao gestor moderno conhecer o processo

---

[2] Pfeffer, Jeffrey; Sutton, Robert. *A verdade dos fatos: gerenciamento baseado em evidências*. Rio de Janeiro: Elsevier, 2006. p. 170.

[3] Hope, Jeremy; Fraser, Robin. *Beyond budgeting: how managers can break from the annual performance trap*. Boston: Harvard Business School Press, 2003. p. 6.

orçamentário, reconhecer em quais etapas fará suas contribuições e buscar um alinhamento entre o orçamento que criará e os objetivos estratégicos que estão sob sua responsabilidade. Para tanto, o gestor moderno precisa estar preparado para implementar o OBZ em sua área.

O PROCESSO ORÇAMENTÁRIO

É obrigatório que a empresa trabalhe de forma dinâmica a inter--relação entre variáveis controláveis e não controláveis no processo de orçamento empresarial. As variáveis controláveis podem ser planejadas pela administração da empresa, como políticas de estocagem e dividendos. As variáveis não controláveis, por serem externas à organização, não podem ser manipuladas pela administração; como exemplo dessas variáveis, citamos taxa cambial, inflação, crescimento do PIB, entre outras. Assim, a previsão de variáveis não controláveis pela empresa e a avaliação de seus possíveis efeitos nas variáveis controláveis dão origem a um quadro de premissas, conforme a Tabela 7.1, que representa o ponto de partida para o exercício orçamentário.

Tabela 7.1

QUADRO DE PREMISSAS PARA O ORÇAMENTO	
Previsão de vendas (unidades / ano)	190.000
Programa de produção (unidades / ano)	200.000
Política de estocagem (% da produção)	5%
Número de funcionários	5.000
Máximo de horas extras	3%
Aumento salarial	5%
Taxa cambial inicial	R$ 3,30
Taxa cambial final	R$ 3,40
Inflação anual	4,5% a.a.
TJLP	7,5% a.a.
Taxa de juros média das aplicações	8% a.a.
Investimentos	R$ 1.700.000,00
Política de contas a receber	45 dias
Política de estocagem	70 dias
Política de fornecedores	30 dias
Crescimento do PIB	1,5%

Fonte: adaptado de Padoveze e Francischetti. *Planejamento econômico e orçamento: contabilometria integrando estratégia e planejamento orçamentário.*

Com base no quadro de premissas, a empresa é capaz de gerar orçamentos para suas vendas, produção e despesas para projetar a DRE do próximo exercício. Após concluir esse desenho da operação, a organização poderá orçar os investimentos e os financiamentos necessários para que esse nível de produção se materialize. Todas essas informações, com o orçamento tributário, são indispensáveis para a criação do orçamento de caixa. Com o orçamento de caixa pronto, a empresa pode, enfim, projetar o BP do exercício. Por fim, é possível analisar os resultados globais orçados e projetados pela empresa e, se os resultados estiverem distantes dos anseios da alta administração, iniciar nova rodada de projeções. A Figura 7.1 ilustra esse processo orçamentário, que terá cada etapa detalhada a seguir.

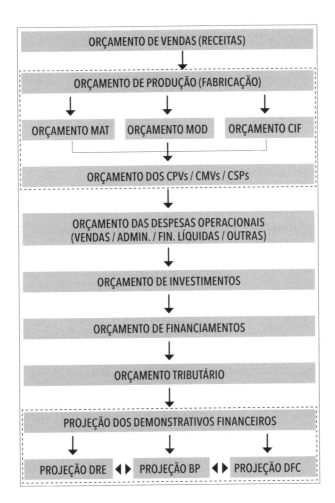

Figura 7.1 – Fonte: o autor.

Orçamento de vendas

Se o quadro de premissas representa o ponto de partida de qualquer exercício orçamentário, pode-se dizer que o orçamento de vendas é o primeiro relatório do processo. A função principal do orçamento de vendas é estimar o nível de atividades futuras da empresa.[4] Isso significa prever quantidades vendidas para o período, preços de vendas, impostos incidentes sobre as vendas,

---

4   Souza, Acilon B. de. *Curso de administração financeira e orçamento: princípios e aplicações.* São Paulo: Atlas, 2014. p. 243.

políticas de descontos, abatimentos e devoluções e juntar tudo isso em uma projeção de receita. É necessário iniciar o orçamento com base nas vendas porque a projeção de demanda pelos produtos e serviços da empresa determina qual será o tamanho da operação para o período que está sendo planejado. Logicamente, as demais etapas do orçamento dependem dessa informação.

Orçamento de produção

O orçamento de produção é feito totalmente em função do plano de vendas. Ele consiste basicamente em um plano de produção para o período considerado, visando atender às vendas orçadas e aos estoques preestabelecidos.[5] O orçamento de produção também busca minimizar custos de produção e investimentos em estoques, bem como avaliar o potencial de terceirizar algumas atividades. Sua criação é dividida entre os orçamentos[6] para matérias-primas (MAT), mão de obra (MOD) e custos indiretos de produção (CIF). Isso quer dizer que nessa etapa são definidos planos de compras de materiais diversos, o cálculo do número de funcionários compatível com o plano de produção definido, além dos custos que não variam diretamente com o nível de produção, como energia elétrica, depreciação e seguros. Outro ponto importante dessa etapa é a incidência de impostos sobre compra, circulação e industrialização de matéria-prima e mercadorias. Ao final dessa etapa, é possível determinar o custo dos produtos vendidos (CPV) pela soma dos orçamentos de MAT, MOD e CIF e sua integração com a projeção de vendas realizada anteriormente.

---

5 Sanvicente, Antonio Z.; Santos, Celso da C. *Orçamento na administração de empresas: planejamento e controle*. 2. ed. São Paulo: Atlas, 2013, p. 56.
6 Este é o caso para indústrias. Para comércios, sua criação representa a um plano de compras de mercadorias a serem vendidas de acordo com o plano de vendas.

Orçamento das despesas operacionais

O orçamento das despesas é a parte mais trabalhosa do orçamento, pois consiste em elaborar pelo menos uma peça orçamentária para cada setor da empresa com um responsável.[7] Isso quer dizer que se deve orçar todas as despesas administrativas e comerciais que darão suporte ao nível de vendas e atividades que estão sendo orçadas. O orçamento das despesas também se torna complexo por ter de ser feito em um nível analítico e seguir não só o organograma da empresa como também sua estrutura de centros de custos e seu plano de contas contábil. Um importante produto dessa etapa é o plano de recursos humanos, que determinará políticas para aumentos salariais, treinamentos, admissões, demissões etc. Outra peça importante, que é quantificada nesta etapa, é o plano comercial e de marketing, que contém, além dos salários dos profissionais da área, as verbas de representação, comissões, ações de propaganda e publicidade e qualquer outra iniciativa planejada com o intuito de incrementar as vendas.

Orçamento de investimentos

No Capítulo 5, vimos que investimentos são gastos em bens de capital e outros ativos da empresa que ajudam a aumentar sua capacidade de gerar lucro no presente e no futuro. Diz-se que os investimentos são gastos ativados ou capitalizados, justamente porque, como se acredita, beneficiarão a empresa por mais de um período. Portanto, capitalizar significa registrar o gasto como ativo no BP e, em seguida, contabilizar esse ativo na demonstração de resultados de modo incremental ao longo dos períodos esperados para beneficiar a empresa. Muitas empresas se referem aos investimentos como CAPEX (do inglês *capital expenditures*), uma forma curta de dizer gastos com capital. Quando um gasto beneficia a empresa apenas nesse período, esse

---

7   Padoveze, Clóvis Luís; Francischetti, Carlos Eduardo. *Planejamento econômico e orçamento: contabilometria integrando estratégia e planejamento orçamentário*. São Paulo: Saraiva, 2018. p. 86.

gasto deve ser contabilizado na demonstração de resultados do período.[8] Muitas empresas se referem a esses gastos como OPEX (do inglês *operational expenditures*), uma forma curta de dizer gastos operacionais.

O orçamento de capital, também conhecido como orçamento de investimentos, representa a projeção dos gastos para aquisição, modificação e substituição de equipamentos para melhoria ou reposição da capacidade produtiva e prestação de serviços da empresa.[9] Além de máquinas e equipamentos, esses investimentos podem ser em novos produtos, novos canais de distribuição e, até mesmo, novas plantas. Justamente por envolver projetos de investimento com horizontes de longo prazo, esse plano não está restrito apenas ao ciclo orçamentário de um período, mas, sim, ao planejamento estratégico da organização. O orçamento de investimentos tem como produtos finais a projeção de fluxos de caixa das atividades de investimentos, bem como a projeção de gastos com depreciação, amortização e exaustão.

---

8   Os gastos com pesquisa e desenvolvimento (P & D) são um caso interessante. Para ser um ativo, um gasto tem de gerar um provável benefício econômico futuro. Empresas investem em P & D com a esperança de que esses gastos sejam benéficos no futuro. Os gastos com pesquisa ocorrem antes de estabelecer a viabilidade tecnológica do projeto, ou seja, é possível e não provável que esses gastos forneçam benefícios futuros. Logo, esses gastos são contabilizados como despesa na DRE. Os gastos com desenvolvimento, com viabilidade tecnológica estabelecida, provavelmente resultarão em benefícios futuros e, por isso, são contabilizados como ativo no BP. Assim funcionam as normas internacionais de contabilidade (IFRS) que são as praticadas aqui no Brasil. Curiosamente, os Estados Unidos escolheram ser conservadores e decidiram contabilizar como despesa na DRE todos os custos de P & D. A visão daquele país é de que, frequentemente, não fica claro determinar a relação exata entre os gastos com P & D e as receitas futuras.
9   Souza, Acilon B. de. *Curso de administração financeira e orçamento: princípios e aplicações*. São Paulo: Atlas, 2014. p. 249.

Orçamento de financiamentos

Quando os recursos acumulados pela empresa não são suficientes para fazer frente aos investimentos desejados, a empresa precisa preparar o orçamento de financiamentos. Esse orçamento tem por finalidade prever tudo que é relacionado à área de obtenção de fundos – os gastos para a manutenção desses fundos, como também os pagamentos previstos.[10] Assim, é preciso não só estimar a necessidade total de financiamento como também determinar as fontes de capital que serão utilizadas. A utilização de capital de terceiros demandará uma estimativa de juros a serem pagos, enquanto a utilização de capital próprio demandará uma estimativa de dividendos a serem pagos. Ou seja, o orçamento de financiamentos tem como produtos finais a projeção de fluxos de caixa das atividades de financiamento, bem como a projeção de gastos com despesas financeiras.

Orçamento tributário

Conforme mencionado, os impostos aparecem tanto no orçamento de vendas quanto no de produção. Após a elaboração dos orçamentos de vendas e de compras de materiais, devemos contabilizar os impostos a recolher sobre mercadorias e produtos e serviços finais.[11] Isso significa apurar os impostos nas vendas previstas, descontar daqueles acumulados nas compras previstas e orçar o saldo a recolher. Um importante objetivo dessa peça orçamentária é obter menor ônus fiscal por meio de um planejamento tributário. Também conhecido como elisão fiscal,[12] o planejamento tributário visa tanto buscar

---

10 Padoveze, Clóvis Luís; Francischetti, Carlos Eduardo. *Planejamento econômico e orçamento: contabilometria integrando estratégia e planejamento orçamentário*. São Paulo: Saraiva, 2018. p. 98.
11 Padoveze, Clóvis Luís; Francischetti, Carlos Eduardo. *Planejamento econômico e orçamento: contabilometria integrando estratégia e planejamento orçamentário*. São Paulo: Saraiva, 2018. p. 86.
12 Elisão fiscal é uma atividade permitida. Não confunda com evasão fiscal ou sonegação fiscal, que consiste em utilizar procedimentos que violam diretamente a lei ou o regulamento fiscal.

incentivos fiscais ou alíquotas mais baixas para diminuir a carga fiscal quanto adotar medidas autorizadas ou não proibidas por lei para eliminar ou retardar a ocorrência do fato gerador.

Projeção dos demonstrativos financeiros

A projeção dos demonstrativos financeiros representa a consolidação de todos os orçamentos parciais construídos até aqui em relatórios conhecidos. Essa etapa consiste em projetar a DRE, a DFC e o BP para o período orçamentário. As demonstrações contábeis possibilitam a análise global do processo de planejamento.[13] Por isso, é extremamente importante que a controladoria da empresa aplique as ferramentas de análise apresentadas no Capítulo 6 aos demonstrativos projetados para concluir sobre a viabilidade econômico-financeira do orçamento. Após essa análise, é muito comum que a administração da empresa solicite às áreas que ajustem seus orçamentos em alguns pontos. Além disso, na projeção dos demonstrativos são feitas análises de sensibilidade de diferentes níveis de vendas e produção, o que é muito útil para extrapolar os dados, flexibilizar premissas e entender cenários de melhor ou pior caso, por exemplo. Essa é uma das maiores vantagens do planejamento, a que faculta executar inúmeros testes das prováveis decisões e escolher a melhor delas, mesmo antes de sua implantação.[14]

ORÇAMENTO TRADICIONAL *VERSUS* ORÇAMENTO BASE ZERO

Uma prática orçamentária muito comum tem sido a utilização de dados passados para projeções de situações futuras.[15] Essa forma é

---

13 Frezatti, Fábio. *Orçamento empresarial: planejamento e controle gerencial.* 6. ed. São Paulo: Atlas, 2017. p. 66.

14 Sanvicente, Antonio Z.; Santos, Celso da C. *Orçamento na administração de empresas: planejamento e controle.* 2. ed. São Paulo: Atlas, 2013, p. 165.

15 Padoveze, Clóvis Luís; Francischetti, Carlos Eduardo. *Planejamento econômico e orçamento: contabilometria integrando estratégia e planejamento orçamentário.* São Paulo: Saraiva, 2018. p. 66.

conhecida como orçamento tradicional, orçamento de tendências, orçamento incremental ou, ainda, orçamento base histórica. Como o próprio nome sugere, a metodologia de elaboração do orçamento por base histórica considera para o exercício seguinte a mesma do exercício anterior.[16] Ou seja, considera o nível de atividade do exercício anterior e soma a isso um incremento para compensar a inflação e ajustar a carga de trabalho do ano seguinte, conforme a Tabela 7.2.

Tabela 7.2

DESPESAS COMERCIAIS	20X1	PROJEÇÃO	20X20
COMISSÕES	$ 110,00	20%	$ 132,00
PANFLETAGEM	$ 80,00	20%	$96,00
MATERIAL DE CONSUMO	$ 10,00	20%	$ 12,00
TOTAL	**$ 200,00**	**20%**	**$ 240,00**

Fonte: o autor.

O orçamento tradicional tende a ser mais rápido e barato de elaborar em vista de sua superficialidade. Não há questionamento de gastos, priorização de recursos ou comparação entre os gastos e as atividades que esses gastos precisarão sustentar. Esse tipo de orçamento visa atender a uma expectativa já preestabelecida pela administração, que deverá ser o número final do orçamento. Seus proponentes argumentam que apenas a alta administração conhece a direção estratégica da empresa e está ciente de todos os fatores externos que influenciam suas operações.

Preparar o orçamento com base em tendências passadas cria uma série de problemas. Primeiro, se na conclusão do orçamento, o número esperado pela administração não for alcançado, normalmente opta-se por um ajuste linear para comprovar que não há análise

---

16 Tozzi, Ana Paula R.; Costa, Jéssica. *Revolução orçamentária: o avanço do orçamento base zero (OBZ)*. São Paulo: Trevisan Editora, 2017. p. 21.

dos gastos propostos. Segundo, não há o engajamento das equipes, o que diminui a possibilidade de insights e melhorias internas. Terceiro, responsáveis por áreas tendem a orçar valores mesmo que não necessitem, optando por "emprestar" recursos para outras áreas caso não necessitem usá-los só para não correrem o risco de perder seus orçamentos. Quarto, por todas essas práticas mencionadas, o orçamento incremental não é alinhado ao planejamento estratégico da organização. Quinto, e mais importante, é um erro achar que eventos passados devem reproduzir-se no futuro dadas as características do mercado hipercompetitivo deste século. Por todas essas razões, fica claro que o gestor moderno precisa de outra mentalidade orçamentária para alavancar sua empresa no século XXI. Essa mentalidade existe e é conhecida como OBZ.

O OBZ parte do zero para promover uma revisão crítica dos gastos de cada área e uma análise de custo-benefício de projetos, atividades e processos. Consiste basicamente em definir que o orçamento nunca deve se originar da observação dos dados anteriores, pois eles podem conter ineficiências que o orçamento de tendências acaba por perpetuar.[17] Um orçamento pela metodologia OBZ traz questões para cada linha da peça orçamentária.[18] Esse fato pode ser ilustrado na Tabela 7.3.

Tabela 7.3

DESPESAS COMERCIAIS	20X1	20X2	EXPLICAÇÃO
COMISSÕES	$ 110,00	$ 180,00	Estratégia de comissões agressivas.
PANFLETAGEM	$ 80,00	$ 0,00	Recursos aplicados em novos canais de publicidade
MATERIAL DE CONSUMO	$ 10,00	$ 12,00	Aumento em linha com a atividade
TOTAL	$ 200,00	$ 192,00	

Fonte: o autor.

---

17 Padoveze, Clóvis Luís; Francischetti, Carlos Eduardo. *Planejamento econômico e orçamento: contabilometria integrando estratégia e planejamento orçamentário*. São Paulo: Saraiva, 2018. p. 66.
18 Tozzi, Ana Paula R.; Costa, Jéssica. *Revolução orçamentária: o avanço do orçamento base zero (OBZ)*. São Paulo: Trevisan Editora, 2017. p. 24.

Ao comparar o orçamento tradicional da Tabela 7.2 com o OBZ da Figura 7.3, é possível perceber as diferenças tanto nos processos de criação dos orçamentos quanto nos seus resultados. Enquanto o orçamento tradicional aplica um percentual fixo a todas as despesas sem qualquer outro critério ou alinhamento estratégico, o OBZ analisa cada despesa e produz seu orçamento segundo propósitos específicos alinhados às decisões tomadas durante o planejamento estratégico. O resultado é que o OBZ acaba sendo mais eficiente que o orçamento tradicional por melhor conduzir a empresa ao atingimento de seus objetivos estratégicos, o que representa uma melhor utilização dos recursos da empresa. Nesse exemplo, especificamente, o resultado do OBZ é ainda menor que o do orçamento tradicional, o que não é incomum para a realidade das empresas.

Apesar de mais trabalhoso, demorado e caro, o OBZ traz vantagens imperdíveis para a organização. Primeiro, promove o engajamento das equipes; com isso, abre a possibilidade de insights e melhorias internas. Segundo, o OBZ se concentra nas reais necessidades da organização, não nas variações do ano anterior, e proporciona melhor aplicação dos recursos. Terceiro, estimula a prática interrogativa em lugar de vícios do passado nos projetos, processos e atividades, o que está em linha com as ferramentas de análise do ambiente interno apresentadas no Capítulo 3. Quarto, e mais importante, o OBZ é alinhado ao planejamento estratégico, já que os gastos só são projetados se estiverem amparados por estratégias, objetivos e metas. De fato, o OBZ dá relevância aos objetivos estratégicos de longo prazo da empresa. Enquanto o planejamento estratégico ocorre de cima para baixo, desenvolvido pela direção da empresa, o OBZ sustenta a estratégia de baixo para cima.[19]

O OBZ é assim chamado por construir os gastos e investimentos da empresa sem se utilizar do histórico, mas projetando os números como se a empresa estivesse iniciando as suas atividades

---

19 Tozzi, Ana Paula R.; Costa, Jéssica. *Revolução orçamentária: o avanço do orçamento base zero (OBZ)*. São Paulo: Trevisan Editora, 2017. p. 27.

naquele momento.[20] Por essas características, o OBZ é ferramenta fundamental na atuação dos gestores modernos. Inclusive, a aplicação do OBZ pelo gestor moderno depende do entendimento e conforto em utilizar muitas das ferramentas apresentadas neste livro até aqui. Afinal, sem as ferramentas estratégicas apresentadas no Capítulo 1, as ferramentas de análise do ambiente interno do Capítulo 3, os conhecimentos sobre objetivos e metas do Capítulo 4 e o entendimento da linguagem financeira apresentada no Capítulo 5, dificilmente o gestor moderno será capaz de implementar com sucesso o OBZ em sua área. Em contrapartida, ao implementar um OBZ com êxito em sua área, o profissional demonstra reunir muitas das habilidades estratégico-financeiras do gestor moderno.

CONCLUSÃO: O QUE O GESTOR MODERNO DEVE FAZER AGORA?

Orçar nada mais é que materializar os planos sob a forma de valores a fim de construir um modelo financeiro de curto prazo da empresa. A função de coordenar a preparação do orçamento recai sobre a controladoria. Ao gestor moderno, cabe preparar o orçamento de sua área de forma alinhada ao planejamento estratégico da empresa ao mesmo tempo que proporciona mais produtividade, controle e previsibilidade, com menos custos, riscos, acidentes e desperdícios. Para alcançar esses objetivos, o gestor moderno precisa entender o processo orçamentário, identificar em que ponto o orçamento de sua área se encaixa e preparar um OBZ que dê suporte às atividades necessárias para que ele possa atingir suas metas e contribuir com o alcance dos objetivos estratégicos de sua organização.

A forma mais fácil de você, gestor moderno, aprender o OBZ é colocá-lo em prática imediatamente. Se você já vem

---

20 Tozzi, Ana Paula R.; Costa, Jéssica. *Revolução orçamentária: o avanço do orçamento base zero (OBZ)*. São Paulo: Trevisan Editora, 2017. p. 23.

aplicando as ferramentas apresentadas no livro, certamente já tem em mãos os objetivos estratégicos e as metas de sua área. Analise se os projetos, atividades e processos de sua área estão alinhados aos objetivos e às metas. Elimine todo o esforço e aplicação de recursos que não estejam alinhados. Determine quais atividades sua área deveria estar realizando, mas não está, e transfira orçamento das atividades que eliminar. Caso perceba que faltarão recursos para as novas atividades, peça ajuda à controladoria. A chance de eles ajudarem é grande. Afinal, ficarão felizes em ver como está gerindo seu orçamento e perceberão que no próximo exercício orçamentário boas surpresas surgirão da sua área!

HABILIDADE 8
PROPOR PROJETOS DE ALTO VALOR

> Para a empresa excelente, a inovação é a única coisa permanente.
>
> Tom Peters

Todo gestor tem a função de desenvolver iniciativas que resultem na melhoria dos resultados de sua área. Essas iniciativas podem ser treinamentos, aquisições de novas ferramentas, equipamentos e software, ou até mesmo a participação da equipe em algum evento da indústria. Qualquer que seja a iniciativa que pensar para sua área, o gestor terá de fazer algum investimento. Quer dizer, para viabilizar a iniciativa que vai alavancar os resultados, é preciso desembolsar um determinado valor inicial. A dificuldade dos gestores, normalmente, não está em pensar em alternativas para investir em suas áreas, mas, sim, em garantir os recursos necessários para levá-las adiante.

Como vimos no Capítulo 5, as empresas utilizam uma combinação de recursos próprios e de terceiros para operar, sendo obrigadas a remunerá-los conforme acordado. Esse fato origina duas realidades: a primeira é que o capital disponível para investimentos em novos projetos não é infinito e a segunda é que novos projetos precisam ser mais rentáveis que o custo de remunerar o capital da empresa. Em termos simples, as empresas convivem com racionamento de capital e precisam avaliar com critério quais projetos de investimento precisam ser aceitos e quais devem ser rejeitados.

É aqui que mora o desafio de muitos gestores! Na maioria das empresas, é comum gestores com boas ideias não conseguirem passar pelo "crivo do financeiro". Essa peneira que a área financeira precisa fazer nos projetos é consequência do limite da disponibilidade de recursos para financiar investimentos e da necessidade de comparar as rentabilidades de cada projeto com o custo de capital da empresa. Muitos gestores não estão preparados para conversar na mesma língua do departamento financeiro no que se refere à aprovação de seus projetos. Quanto deverá ser investido no projeto e em qual data? Qual é o benefício econômico que o projeto trará para a empresa? Em quanto tempo se dará esse retorno? Como medir e garantir que esse projeto é melhor que outro apresentado por um departamento diferente? Respostas claras e objetivas a todas essas perguntas devem ser apresentadas ao departamento financeiro pelo gestor interessado antes que um investimento possa ser aprovado. O objetivo deste capítulo é apresentar ferramentas para que o gestor moderno responda a cada uma dessas perguntas e proponha projetos de alto valor para a organização.

VALOR PRESENTE LÍQUIDO (VPL)

O processo de tomada de decisão de um investimento passa pela avaliação de aspectos importantes do fluxo de caixa a ser gerado por esse investimento. Primeiramente, deve-se considerar o pagamento de qualquer custo, despesa, taxas e impostos para, então, projetar o resultado líquido do fluxo de caixa esperado do projeto. É a apresentação de um fluxo de caixa esperado que responde à pergunta "Quanto deverá ser investido no projeto e em que data?"

Como a matemática financeira nos ensina, valores só podem ser comparados em uma mesma data. Assim, para definir se um investimento deve ou não ser realizado, é necessário trazer a valor presente todos os fluxos de caixa esperados por esse investimento nas diversas datas futuras e determinar esse resultado líquido na data inicial. A ferramenta que faz esse cálculo é conhecida como VPL.

O VPL é calculado pela diferença entre o valor inicial investido no projeto (FC_0, que, por representar uma aplicação, deve ser negativo) e o valor presente dos fluxos de caixa projetados desse mesmo projeto.[1] Em outras palavras, o VPL é a diferença entre o valor presente das receitas esperadas e o valor presente dos custos projetados. Matematicamente, o VPL pode ser calculado[2] pela fórmula a seguir.

$$VPL = \frac{FC_0}{(1+i)^0} + \frac{FC_1}{(1+i)^1} + \frac{FC_2}{(1+i)^2} + \ldots + \frac{FC_n}{(1+i)^n}$$

Todo valor futuro deve ser descontado a uma determinada taxa de juros se o objetivo for conhecer seu valor no presente. A taxa de desconto (i) aplicada aos fluxos de caixa com a finalidade de se calcular o VPL é chamada de taxa mínima de atratividade ou TMA. A TMA faz o papel do custo de remuneração do capital da empresa, quer dizer, define o retorno mínimo que a empresa deve obter em dado projeto para que valha a pena investir nele.[3]

Com base nos fluxos de caixa projetados, da TMA e do prazo do projeto de investimentos, é possível calcular o VPL e determinar que:

a) Se VPL > 0, pode-se aceitar e investir no projeto;

---

[1] Ross, Stephen A.; Westerfield, Randolph W.; Jaffe, Jeffrey. *Administração financeira*. 2. ed. São Paulo: Atlas, 2011. p. 81.

[2] Não se preocupe em realizar o cálculo com a fórmula matemática, pois calculadoras financeiras e planilhas eletrônicas resolvem isso facilmente! No Excel, por exemplo, basta procurar por VPL no menu de funções e seguir as instruções ou digitar =VPL (escolher a taxa; selecionar o fluxo de caixa do projeto) e pressionar Enter.

[3] Como taxa de desconto dos seus projetos de investimento, as empresas, geralmente, trabalham com o custo médio ponderado de capital ou uma taxa específica para o projeto em questão. A determinação da taxa de desconto interna para investimentos é de responsabilidade do departamento financeiro. Ao gestor que deseja calcular o VPL de seu projeto de investimento, basta solicitar a taxa adequada à área financeira.

b) Se VPL < 0, deve-se rejeitar ou não investir no projeto;

c) Se VPL = 0, é indiferente realizar ou não o projeto, já que o investimento retornará apenas sua taxa de desconto, ou seja, a TMA.

Os critérios descritos de aceitação ou rejeição de um investimento se dão pelo fato de o VPL disponibilizar para o investidor a medida exata do lucro ou prejuízo a ser gerado pelo investimento. Com VPL positivo, o investimento estará garantindo um ganho adicional, ou seja, um ganho além de sua TMA. Essa característica faz com que o VPL possibilite classificar investimentos. Se dois projetos com mesmo valor de investimento inicial, TMA e prazo resultarem em VPL diferentes, deve-se escolher aquele cujo VPL seja maior.[4] Por oferecer o lucro/prejuízo econômico a ser gerado por um projeto, o VPL pode ser considerado uma ferramenta que mede o quanto de riqueza será produzida ou destruída pelo investimento. Consequentemente, o VPL responde à pergunta "Qual é o benefício econômico que o projeto trará para a empresa?"

Para garantir o entendimento sobre VPL, bem como sobre as demais ferramentas deste capítulo, trabalharemos com um exemplo comum em uma empresa. Suponha que os gerentes dos departamentos de recursos humanos e comercial estejam necessitando de recursos para proporcionar aos seis integrantes da equipe de vendas um treinamento sobre negociação. O gerente de RH encontrou um curso fantástico de um mês, mas com valor de R$ 5.000,00 à vista por funcionário. Inicialmente, o gerente comercial achou caro tanto o valor do curso quanto o tempo

---

4   Outra aplicação pode ocorrer no caso da substituição de um equipamento, na qual existam, por exemplo, duas opções. Nesse caso, a preocupação deve ser com os custos relacionados a cada alternativa (aquisição, manutenção etc.), devendo a opção que apresentar o menor VPL ser a escolhida.

que sua equipe ficaria longe do trabalho,[5] pois a taxa-hora média de sua equipe é de R$ 100/h. Contudo, após reconsiderar, o gerente comercial ficou empolgado por acreditar que esse curso poderá aumentar em até 5% a capacidade de vendas da equipe nos próximos 12 meses.[6] O nível atual de vendas da empresa é de R$ 300.000,00 por mês. Os gerentes foram até o financeiro informar-se sobre a taxa de desconto que deveriam utilizar em projetos internos, que é de 1,5% a.m. Com essas informações em mãos, os gerentes já podem preparar uma análise do investimento para impressionar o departamento financeiro e conseguir os recursos desejados.

O primeiro passo a ser dado na análise do investimento é projetar seu fluxo de caixa, assim:

1. Valor total do curso: 6 funcionários × R$ 5.000 = R$ 30.000;

2. Custo do tempo investido pela equipe: 6 funcionários × 8 horas por dia × 22 dias úteis por mês × taxa hora de R$ 100 = R$ 105.600;

3. Investimento inicial total: R$ 30.000 + R$ 105.600 = R$ 135.600;

---

[5] Como aprendemos no Capítulo 6, o investimento total também deve considerar o custo de oportunidade para a empresa de a equipe passar um mês inteiro no curso, representado pelo total de vendas que a equipe deixou de realizar durante o mês do curso. Nesse caso, escolhi ignorar o custo de oportunidade para simplificar o exemplo e focar nas ferramentas de análise de investimentos.

[6] No que tange à análise de investimentos, um dos maiores desafios dos gestores na realidade é estimar um valor econômico para os benefícios de um projeto. De fato, não é tarefa fácil, mas é preciso definir valores objetivos para o retorno do projeto a fim de que as métricas sejam calculadas. A melhor forma de determinar os benefícios econômicos de um projeto é assumir premissas adequadas ao negócio e fazer suposições sensatas de como o projeto vai influenciar positivamente o negócio. Com o tempo, os gestores ganham prática nessa tarefa e passam a determinar valores incrivelmente próximos da realidade!

4. Valor de vendas mensal incremental: venda média atual por mês de R$ 300.000 × % de acréscimo na receita previsto de 5% = R$ 15.000/mês.

O fluxo de caixa projetado desse projeto fica da seguinte forma (Tabela 8.1):

Tabela 8.1

Meses	Fluxos de caixa
0	- 135.600
1	15.000
2	15.000
3	15.000
4	15.000
5	15.000
6	15.000
7	15.000
8	15.000
9	15.000
10	15.000
11	15.000
12	15.000

Fonte: o autor.

Com base nesse fluxo de caixa e utilizando o Microsoft Excel para auxiliar nos cálculos, os gerentes determinam que o VPL desse projeto é de R$ 27.598,60. Como o VPL é maior que zero, os gerentes concluem que o projeto gera riqueza para a empresa e vão até a controladoria pedir que seja implementado. Apesar de gostarem do esforço de nossos gerentes em modelar o fluxo de caixa e calcular o VPL do projeto, a controladoria avisa que não há informações suficientes para eles tomarem uma decisão sobre esse projeto naquele momento.

PERÍODO DE PAYBACK

Ainda que o gestor apresente um projeto de investimento com VPL positivo, é possível que não seja aprovado. Na situação de racionamento de capital em que as empresas convivem, é possível que o retorno a ser gerado pelo projeto não ocorra rápido o suficiente para recompor seu capital. Imagine, por exemplo, que a empresa tenha um grande compromisso a pagar e precise que os projetos garantam o retorno de seus investimentos antes de uma certa data. Nessa situação, é provável que sejam rejeitados os projetos dos gestores incapazes de apresentar o período de payback de seus projetos.

Payback simples é o método de avaliação que mede o número de períodos necessários para a empresa recuperar o valor investido. Seu cálculo não é complicado, basta apenas computar o fluxo de caixa acumulado desde o investimento até o período em que ele se torna positivo. O período de payback, que será o tempo necessário para o projeto devolver o valor investido à empresa, representa a resposta à pergunta "Em quanto tempo se dará o retorno do investimento?"

O payback simples é uma medida bruta e indireta de risco que não considera o fluxo de caixa no tempo. O payback descontado é o melhor método de avaliação do número de períodos necessários para a empresa recuperar o valor investido no projeto, pois leva em conta o valor do dinheiro no tempo. O payback descontado é quase o mesmo que o payback simples, mas antes de calcular o payback é preciso trazer todos os valores futuros para o presente, ou seja, desconta-se o fluxo de caixa pela TMA. Apenas após obter todos os valores do fluxo de caixa no presente é que se computa o fluxo de caixa acumulado do investimento até o período em que esse acumulado se torna positivo.[7] Por considerar o valor do

---

[7] É comum o cálculo do payback incluir a parte fracionária do período em que ocorreu o payback. A parte fracionária é representada pela razão entre o saldo negativo do período anterior ao equilíbrio e o fluxo de caixa do período do equilíbrio.

dinheiro no tempo, o payback descontado funciona como medida indireta de liquidez e serve de medida de risco, podendo ser mais útil que o payback simples.

De volta ao exemplo do projeto de investimento em um treinamento em negociação para a equipe comercial, vamos calcular seu período de payback e seu payback descontado. Com auxílio do Excel nos cálculos, chegamos aos resultados expostos na Figura 8.1.

MESES	0	1	2	3	4	5	6
Fluxo de caixa	-135.600	15.000	15.000	15.000	15.000	15.000	15.000
FC acumulado	-135.600	-120.600	-105.600	-90.600	-75.600	-60.600	-45.600
FC descontado	-135.600	14.778	14.560	14.345	14.133	13.924	13.718
FC descontado acum.	-135.600	-120.822	-106.262	-91.917	-77.784	-63.860	-50.142

MESES	7	8	9	10	11	12
Fluxo de caixa	15.000	15.000	15.000	15.000	15.000	15.000
FC acumulado	-30.600	-15.600	-600	14.400	29.400	44.400
FC descontado	13.515	13.316	13.119	12.925	12.734	12.546
FC descontado acum.	-36.627	-23.311	-10.192	2.733	15.467	28.013

Figura 8.1 – Fonte: o autor.

Quando calculamos o fluxo de caixa acumulado, percebemos que seu resultado sai de negativo para positivo no mês 9. Para determinarmos o momento exato do payback simples, basta dividirmos o valor do fluxo de caixa desse mês, que é de R$ 600, pelo valor do fluxo de caixa do mês seguinte, que é de R$ 15.000. O resultado, que é 0,04, significa que o período de payback simples é de 9,04 meses ou 9 meses e dois dias aproximadamente. De forma análoga, também é possível perceber que o resultado do fluxo de caixa descontado acumulado também sai de negativo para positivo no mês 9. Para determinarmos o momento exato do payback descontado, basta dividirmos o valor do fluxo de caixa descontado acumulado desse mês, que é de R$ 10.192, pelo valor do fluxo de caixa descontado do mês seguinte, que é de R$ 12.925. O resultado, que é 0,8, significa que o período de payback descontado é de 9,8 meses ou 9 meses e 24 dias aproximadamente.

Com esses resultados em mãos, nossos determinados gerentes voltam a pedir recursos no departamento financeiro para o projeto deles. Mesmo estando ainda mais felizes com a análise apresentada pelos gerentes, a controladoria não é capaz de alocar recursos para esse projeto por faltar-lhes informações para a tomada de decisão.

TAXA INTERNA DE RETORNO (TIR)

Ainda que o gestor apresente um projeto de investimento com VPL positivo e um período de payback que esteja dentro do horizonte razoável de retorno para a empresa, é possível que não seja aprovado. Na situação de racionamento de capital com que as empresas convivem, talvez não haja recursos suficientes para investir em todos os projetos e seja preciso utilizar critérios para classificar os projetos na sequência em que receberão recursos e excluir o restante dos projetos quando os recursos se exaurirem. Nessa situação, é provável que sejam rejeitados os projetos dos gestores incapazes de apresentar métricas e argumentos convincentes de que seus projetos sejam os mais rentáveis.

A TIR é um critério empregado na análise e avaliação de investimentos que representa o lucro que se obterá ao investir em um projeto. A TIR é a taxa que torna a soma dos fluxos de entrada igual à soma dos fluxos de saída em uma mesma data. Em outras palavras, a TIR é a taxa de desconto que torna o VPL de um fluxo de caixa igual a 0.[8] Em termos simples, a TIR representa a taxa que está efetivamente remunerando o investimento e propicia a seguinte comparação:

1. Se TIR > TMA, o investimento é bom, ou seja, remunera acima da taxa mínima desejada;

---

8   Ross, Stephen A.; Westerfield, Randolph W.; Jaffe, Jeffrey. *Administração financeira.* 2. ed. São Paulo: Atlas, 2011. p. 131.

2. Se TIR < TMA, o investimento não é bom, ou seja, remunera abaixo da taxa mínima desejada e deve ser rejeitado;

3. Se TIR = TMA, o investimento apenas retorna sua taxa mínima desejada.

A TIR não depende de taxas de juros vigentes no mercado, pois é um cálculo interno ao projeto analisado, ou seja, depende apenas do fluxo de caixa do projeto. Isso quer dizer que a TIR maximiza o lucro, não a riqueza produzida por um projeto. Um projeto A com VPL superior a outro projeto B pode ter uma TIR inferior à TIR de B. O fato de a TIR de dois projetos mutuamente excludentes ser diferente não significa que se deva admitir o projeto com a maior TIR, pois os valores investidos, as vidas úteis dos projetos e seus prazos também precisam ser levados em conta. Ou seja, a TIR não é eficaz para comparar duas alternativas de investimentos, o VPL é o melhor método de comparação de projetos. Apesar dessa limitação, a TIR é um importante critério para a tomada de decisão de investimentos. Se dois projetos apresentam valores de VPL muito próximos, aquele que obtiver a maior TIR pode receber a prioridade por recursos. Assim, a TIR é uma das respostas para a pergunta "Como posso garantir que esse projeto é melhor que outro?"

Nossos gerentes, determinados a aprovar o projeto de treinamento em negociação, utilizam o Excel para calcular a TIR[9] de seu projeto e chegam ao resultado de 4,7%. Felizes, retornam ao financeiro, argumentam que o investimento terá uma TIR acima da TMA de 1,5% e que, por trazer rentabilidade superior à mínima esperada, deveria ser aprovado. A controladoria concorda com os

---

9   O cálculo matemático da TIR também é extremamente complicado. Contudo, o gestor moderno não precisa preocupar-se com isso. No Excel, basta procurar por TIR no menu de funções e seguir as instruções ou digitar =TIR (selecionar o fluxo de caixa do projeto; colocar 0,1 que representa uma taxa estimada) e pressionar Enter.

argumentos dos gerentes, mas explica que, como estão em momento de racionamento de capital, existe mais uma medida de rentabilidade do projeto que precisa ser analisada antes da decisão final.

ÍNDICE DE RENTABILIDADE (IR)

Outra boa resposta para a pergunta "Como posso garantir que esse projeto é melhor que o outro?" é o índice de rentabilidade ou IR. O IR é um critério que determina a rentabilidade de um projeto pela razão entre o valor presente das entradas líquidas de caixa do projeto e seu investimento inicial,[10] como segue:

$$IR = \frac{\text{Valor presente dos retornos}}{\text{Valor presente do investimento}}$$

O IR indica quanto será obtido a valor presente de fluxos de caixa futuros para cada R$ 1 investido no projeto, cujos critérios de aceitação são:[11]

1. Se IR > 1, o projeto é rentável e poderá ser aceito;

2. Se IR < 1, o projeto não é lucrativo e deverá ser rejeitado;

3. Se IR = 1, é indiferente aceitar ou rejeitar o projeto.

O IR é muito importante na situação de racionamento de capital por parte da empresa. Quando há limitação de recursos, o departamento financeiro ordena todos os projetos de investimento com VPL positivo de acordo com seus índices de rentabilidade. Essa ordem, do projeto com maior IR para o menor, determinará

---

10 Ross, Stephen A.; Westerfield, Randolph W.; Jaffe, Jeffrey. *Administração financeira*. 2. ed. São Paulo: Atlas, 2011. p. 140.

11 O índice de rentabilidade funciona como medida de análise de custo--benefício, cujos benefícios são o valor presente de todas as receitas esperadas pelo projeto e o custo, o valor presente do investimento inicial. Dessa forma, projetos com benefício superior ao custo (resultado acima de 1) poderão ser aceitos, enquanto projetos com benefício inferior ao custo (resultado abaixo de 1) deverão ser rejeitados.

quais projetos receberão recursos e quais serão descartados por falta de capital. O objetivo final do departamento financeiro não é apenas escolher os projetos com maior VPL mas maximizar o VPL que pode ser gerado pelo coletivo dos projetos disponíveis por meio dos escassos recursos de capital à disposição. Por isso, é possível que a determinação do IR do projeto seja fundamental para definir se este receberá recursos ou será rejeitado.

Nossos incansáveis gerentes determinados utilizam o Excel para calcular o índice de rentabilidade e chegam ao resultado de 1,21. Confiantes na qualidade de seu projeto, eles enviam uma solicitação formal de recursos ao departamento financeiro, na qual apresentam um simples slide no Microsoft PowerPoint com a descrição do projeto, o fluxo de caixa projetado, a tabela de resultados e os pontos a seguir.

VPL	Payback simples	Payback descontado	TIR	IR
R$ 27.598,60	9 meses	9,8 meses	4,7%	1,21

- O investimento produz R$ 27.598,60 de riqueza para a empresa;

- O valor investido retornará em menos de 10 meses, considerando o valor do dinheiro no tempo;

- O investimento será remunerado em 4,7%, acima da taxa mínima esperada;

- O investimento demonstra uma robusta relação custo-benefício, com índice de rentabilidade de 1,21.

Ao receber esse pacote de informações, a controladoria da empresa compara a qualidade dos projetos em busca de recursos, confirma a qualidade dessa proposta e aprova recursos para o investimento no treinamento de negociação para a equipe de vendas.

CONCLUSÃO: O QUE O GESTOR MODERNO DEVE FAZER AGORA?

Para um gestor sem formação em finanças, o processo de análise de investimentos pode parecer penoso. Entretanto, se esses gestores entenderem que tipo de informação cada ferramenta proporciona, compreenderem a importância dessas informações e confiarem seus cálculos a uma planilha eletrônica, é possível conversar na mesma língua que o departamento financeiro de suas empresas e aumentar, consideravelmente, as chances de suas iniciativas se tornarem projetos de investimento.

A aprovação final dos projetos de investimento pelo departamento financeiro segue a disponibilidade de capital da empresa. A função dos gestores modernos é pensar em projetos que possam alavancar os resultados de suas áreas e da empresa e buscar recursos para materializá-los. Com utilização das ferramentas de análise de investimentos e apresentação dos resultados conforme descrito, sem dúvida, os gestores modernos colocarão suas iniciativas em ótimas posições para receber recursos da empresa. Se julgarmos, do ponto de vista estritamente econômico-financeiro, os melhores gestores como sendo aqueles que mais entregam projetos que alavanquem os resultados da empresa, é sensato afirmar que o benefício para o gestor moderno de aprender as ferramentas de análise de investimentos supera, confortavelmente, seu custo! Cabe ao gestor moderno aplicar as ferramentas aprendidas neste capítulo para entender a qualidade de seus projetos que estão atualmente em andamento, assim como garantir que suas novas propostas de projetos agregarão valor, retornarão os recursos aplicados em tempo hábil e apresentarão a rentabilidade desejada.

HABILIDADE 9
GERIR RISCO CONTINUAMENTE

> O maior risco é não correr nenhum risco... Em um mundo que está mudando rapidamente, a única estratégia que certamente vai falhar é não correr riscos.
>
> Mark Zuckerberg

No meio acadêmico de finanças, a técnica de explicar a definição de risco por meio da parábola de "a pessoa se jogar pela janela de um prédio" é bastante conhecida. Funciona assim: o professor pergunta à turma se é mais arriscado se jogar do segundo andar ou do décimo andar. A turma acha a pergunta óbvia e responde, em coro, que é mais arriscado saltar do décimo andar. O professor, orgulhoso de ter conseguido emplacar a piada mais uma vez, adverte a turma que é mais arriscado pular do segundo andar, pois a consequência desse salto é incerta. Já a consequência do salto do décimo andar é conhecida! Apesar de simples, a anedota ilustra bem a definição de risco: incerteza. Risco é um evento ou uma condição incerta que, se ocorrer, terá um efeito positivo ou negativo sobre os "resultados do negócio".[1]

Uma empresa organiza fatores de produção em uma atividade empreendedora e corre o risco pertinente a essa atividade com vistas a gerar lucro para seus proprietários. Isso quer dizer que as empresas ganham dinheiro porque assumem riscos, o que

---

[1] Larson, Erik W.; Gray, Clifford F. *Gerenciamento de projetos: o processo gerencial*. 6. ed. Porto Alegre: AMGH, 2016. p. 173.

torna o risco tema central de qualquer negócio. Logo, uma empresa deve interessar-se em mapear e tratar seus riscos não somente em função das exigências do mercado, do governo, de agências reguladoras etc. mas principalmente pela importância estratégica que representa para sua rentabilidade e sobrevivência. O gerenciamento eficaz de riscos ajuda as empresas a capturarem as oportunidades e limitarem riscos negativos, fazendo com que se tornem negócios mais estáveis e bem-sucedidos.

O ambiente hipercompetitivo de mercado atual multiplicou a exposição[2] das empresas a riscos. Há trinta anos, é bem provável que a lista de riscos de uma empresa contaria, majoritariamente, com perigos físicos causados por enchentes, incêndios, tornados, vazamentos e roubos. Com o passar do tempo, esses riscos se mantiveram e a lista foi aumentada com riscos como os efeitos da globalização econômica, vendas de produtos e serviços na internet, a perda de ativos digitais causada por um vírus e o surgimento de inteligência artificial. Essa lista se expandiu e hoje conta com temas como sequestro e resgate de ativos digitais, roubo de identidade e de ativos intelectuais, hackers e criminosos cibernéticos, efeitos das mídias sociais para o negócio, efeito do surgimento dos dispositivos móveis, utilização de criptomoedas e até impacto de várias gerações em um mesmo local de trabalho.

O contexto atual de riscos que circunda as empresas não pode ser ignorado pelo gestor moderno. A propriedade intelectual continuará a se tornar mais valiosa e fácil de roubar. A exposição das empresas nas redes sociais trará cada vez mais desafios à manutenção do prestígio de suas marcas. Se a inteligência artificial prevalece agora, o que se pode esperar dos próximos dez anos? Gerir riscos será uma atribuição cada vez mais fundamental nas empresas. Ignorar o gerenciamento de riscos significará combater incêndios constantemente. Dessa maneira, o gestor moderno precisa estar preparado para lidar com os riscos de forma

---

2   Exposição significa riscos não gerenciados.

rápida e eficaz, identificando riscos, antecipando seus impactos, implementando planos de resposta aos riscos e garantindo que as atividades de gerenciamento de risco estejam sendo realizadas.[3] Este capítulo apresentará ferramentas de gestão de risco cruciais à atuação do gestor moderno.

ENTENDENDO MAIS DE RISCO

Tratar de risco significa discutir coisas que ainda não aconteceram, ou seja, examinar a probabilidade de ocorrer algum tipo de evento que terá impacto no resultado do negócio. Segundo a Lei de Murphy, se algo tiver de dar errado, dará. De fato, existem eventos que podem afetar negativamente os resultados da organização, exigindo que o gestor moderno preste atenção a eles. Todavia, existem também os riscos positivos, coisas que podem acontecer para melhorar o resultado da empresa. Uma oportunidade é um evento que pode ter impacto positivo nos objetivos do "negócio".[4] Logo, a Lei de Murphy não se aplica completamente à gestão de risco nas empresas.

Como o nível de risco aumenta com o ritmo de mudança, o mercado hipercompetitivo apresenta diversos riscos às empresas. Existem riscos que podem ser controlados por afetar diretamente a empresa, como a possibilidade de aumento na taxa de juros. Outros riscos não podem ser controlados porque afetam a empresa indiretamente, como o aumento no preço da matéria-prima para um fornecedor que, provavelmente, tentará repassar o custo extra sob a forma de um preço de venda maior. O entendimento sobre risco seria mais simples se todos os riscos viessem de variáveis que sempre existiram no ambiente da empresa; assim, seria possível saber que algo vai acontecer e apenas os resultados sofreriam

---

3 A alternativa a isso é gerir como o Epitáfio, dos Titãs: "O acaso vai me proteger enquanto eu andar distraído...". Mas isso não faz parte do repertório do gestor moderno.

4 Larson, Erik W.; Gray, Clifford F. *Gerenciamento de projetos: o processo gerencial.* 6. ed. Porto Alegre: AMGH, 2016. p. 188.

alterações. Contudo, a realidade não é tão simples! Há fatores desconhecidos sobre o que poderá acontecer no futuro que, certamente, afetarão os negócios.

As empresas enfrentam diferentes tipos de riscos, alguns financeiros e outros não financeiros. Os riscos financeiros estão atrelados às possíveis perdas nos mercados financeiros[5] e incluem riscos de mercado, crédito, liquidez, contraparte ou parceiros, entre outros. Esses riscos existem porque os mercados financeiros se movimentam e podem afetar a obtenção de lucro e a entrada de caixa para o próprio negócio ou para seus parceiros. Já os riscos não financeiros enfrentados pelas empresas incluem riscos operacionais, estratégicos, de reputação, legais ou regulatórios etc. Esses riscos estão atrelados ao funcionamento cotidiano do negócio e à possibilidade que algum desses eventos possa afetar a sua lucratividade.

Construir o entendimento sobre risco traz muitos benefícios ao gestor moderno. Ao antecipar eventos inesperados, é possível reduzir o efeito das surpresas na rentabilidade da empresa. Quando desenvolve mecanismos para gerir os riscos, o gestor moderno evita custos escondidos, como homem-hora desperdiçado, oportunidades perdidas, eficiência reduzida, aumento na carga de trabalho e ansiedade da equipe. A atenção ao risco também possibilita que o gestor moderno alinhe sua atuação ao apetite de risco que a empresa definiu em seu planejamento estratégico, fortaleça suas decisões gerenciais e auxilie na identificação e no aproveitamento de oportunidades de maneira mais proativa. A gestão do risco ajuda a aumentar a previsibilidade no negócio e a melhorar a performance geral da organização. Por esse motivo, o gestor moderno precisa estabelecer um plano para gerenciar os riscos que estão sob sua gestão, como veremos a seguir.

---

5   Lima, Fabiano G. *Análise de riscos*. 2. ed. São Paulo: Atlas, 2018. p. 6.

ESTRUTURA DE GESTÃO DE RISCOS

Gerenciar riscos é estruturar a incerteza inerente a qualquer "negócio" em partes identificadas, que possam ser analisadas e monitoradas para definir e executar as respostas adequadas.[6] Com o gerenciamento de riscos, é possível implementar estratégias, processos e ferramentas com o objetivo de identificar, avaliar e controlar riscos e oportunidades a fim de preservar o patrimônio da empresa. A estruturação do gerenciamento de riscos passa pela resposta de algumas perguntas:

- Quais são os riscos?
- O quanto os riscos podem afetar a empresa?
- O que se deve fazer com os riscos?
- Quão eficaz é a estratégia de risco?

Um ótimo meio de estruturar as respostas a essas perguntas é seguir o conceito do ciclo PDCA de melhoria contínua.[7] O ciclo de gestão de riscos pode ser ilustrado conforme a Figura 9.1.

---

[6] Cavalcanti, Francisco Rodrigo P.; Silveira, Jarbas A. N. *Fundamentos de gestão de projetos: gestão de riscos*. São Paulo: Atlas, 2016. p. 157.

[7] O ciclo PDCA é uma ferramenta de gestão que visa controlar e melhorar processos e produtos de forma contínua, pois funciona como um processo sem intervalos ou interrupções. Com a recorrência de atividades de planejamento, execução, checagem e ação, o PDCA não tem um fim predeterminado. (http://www.portal-administracao.com/2014/08/ciclo-pdca-conceito-e-aplicacao.html).

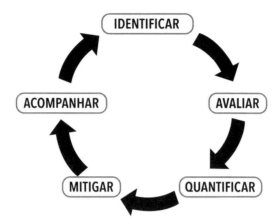

Figura 9.1 – Fonte: o autor.

O ciclo de gestão de risco é uma maneira estruturada para o gestor moderno identificar, avaliar e medir seus riscos, bem como implementar e monitorar suas soluções aos riscos. Com ele, é possível construir uma ferramenta de registro de riscos e oportunidades que torna possível listar os riscos, descrever suas causas e consequências, incluir resultados de análises qualitativa e quantitativa, bem como o plano de resposta para cada risco. Por fim, essa ferramenta pode ser utilizada regularmente para acompanhar e reportar as atividades de gestão de risco implementadas pelo gestor moderno. A seguir, veremos como cada etapa do ciclo de gestão de risco auxilia o gestor moderno a controlar e balancear potenciais eventos positivos e negativos que estão sob sua responsabilidade.

IDENTIFICANDO RISCOS

O processo de gerenciamento de riscos começa com a geração de uma lista de todos os riscos que poderiam afetar o "negócio".[8] Esse processo visa especificar os principais riscos que podem afetar "a atuação do gestor moderno" e documentá-los com

---

[8] Larson, Erik W.; Gray, Clifford F. *Gerenciamento de projetos: o processo gerencial*. 6. ed. Porto Alegre: AMGH, 2016. p. 175.

suas características.[9] O meio mais comum de fazer isso é realizar um workshop de identificação de riscos, que conte não só com a própria equipe como também com outros parceiros, clientes e fornecedores internos da organização. Esse workshop pode incluir atividades bastante conhecidas, como fazer brainstorming de riscos, realizar entrevistas ou questionários, analisar registros de riscos passados e até mesmo conduzir uma análise SWOT da área. O ideal para essa etapa é desenhar uma estrutura analítica com os riscos existentes em toda a área sob responsabilidade do gestor moderno. Ao final dessa etapa, o gestor moderno terá em mãos um registro com a lista de todos os riscos identificados, o que representa o primeiro passo na construção de uma ferramenta crucial para o processo de gerenciamento de riscos.

AVALIANDO RISCOS

Após a etapa de identificação, passa-se à análise, cujo objetivo final é organizar a lista de riscos identificados por ordem de prioridade, atualizando o registro de riscos.[10] Avaliar significa executar uma análise qualitativa dos riscos identificados. Para tal, primeiro é preciso capturar a natureza do risco por intermédio de uma boa descrição. Um registro de risco útil deve conter a descrição do evento, sua causa e possíveis consequências. Em seguida, considere, de forma rápida e superficial, a probabilidade de ocorrência de cada risco. Por fim, priorize os riscos com base em uma escala de probabilidade alta, média ou baixa de ocorrência. Os "gestores modernos" precisam desenvolver métodos para peneirar a lista de riscos e eliminar, assim, os que são insignificantes e redundantes, além de estratificar os restantes quanto à importância e necessidade

---

9 Cavalcanti, Francisco Rodrigo P.; Silveira, Jarbas A. N. *Fundamentos de gestão de projetos: gestão de riscos*. São Paulo: Atlas, 2016. p. 171.
10 Cavalcanti, Francisco Rodrigo P.; Silveira, Jarbas A. N. *Fundamentos de gestão de projetos: gestão de riscos*. São Paulo: Atlas, 2016. p. 182.

de atenção.[11] Priorizar e categorizar riscos é uma ótima maneira de se organizar. Uma vez que o registro de riscos contempla apenas eventos que valem a pena ser gerenciados, a próxima etapa é quantificar esses riscos.

QUANTIFICANDO RISCOS

Após concluir a análise qualitativa, é preciso efetuar uma análise quantitativa dos riscos. Quantificar os riscos significa analisar o risco numericamente tanto do ponto de vista da probabilidade de ocorrência quanto de sua extensão financeira. Ao fazer a análise quantitativa, descobre-se o quanto poderá ser gasto para enfrentar determinado risco. O primeiro passo da análise quantitativa é refinar as probabilidades de ocorrência de cada risco. Uma sugestão é atribuir probabilidades de acordo com incrementos predeterminados (10%, 15% ou 25%, por exemplo). Em seguida, é preciso estimar o valor de impacto do evento de risco em caso de sua materialização. Isso significa atribuir um valor de custo a ser incorrido ou benefício a ser recebido caso o evento, de fato, ocorra. Finalmente, deve-se calcular o efeito numérico do risco ou da oportunidade.

Uma das técnicas mais utilizadas hoje em dia na aferição e usada nos controles de riscos é o Value at Risk (VaR) ou valor em risco.[12] Em sua forma mais geral, o VaR mede a perda potencial de valor de um ativo [...] com risco ao longo de um dado período e para um dado nível de confiança.[13] Sua fórmula é:

Valor em risco = Probabilidade de ocorrência × Valor do impacto do evento

---

11 Larson, Erik W.; Gray, Clifford F. *Gerenciamento de projetos: o processo gerencial*. 6. ed. Porto Alegre: AMGH, 2016. p. 178.
12 Lima, Fabiano G. *Análise de riscos*. 2. ed. São Paulo: Atlas, 2018. p. 103.
13 Damodaran, Aswath. *Gestão estratégica do risco: uma referência para a tomada de riscos empresariais*. Porto Alegre: Bookman, 2009. p. 198.

O VaR representa o quanto de valor pode ser perdido (ou ganho) pela empresa em cenários diferentes. Por exemplo, uma empresa com receitas de exportação em moeda estrangeira sem proteção cambial corre o risco de incorrer em perda financeira se a taxa de câmbio diminuir. Se a probabilidade de a taxa de câmbio cair for de 50% e o valor exposto for de R$ 1.000,00, o VaR será de R$ 500,00 (50% × 1.000,00). Em outro exemplo, a mesma empresa criou uma provisão de garantia no valor de R$ 700,00 quando entregou seu produto. Como o prazo de garantia está próximo do fim e o produto não demonstrou defeitos, existe uma probabilidade de 85% de reversão dessa provisão. Nesse caso, o valor em risco (oportunidade, na verdade) seria de R$ 595,00 (85% × 700,00). A Tabela 9.1 demonstra esses resultados em uma simples planilha em Excel:[14]

Tabela 9.1

				Quantificação	
Descrição	Causa	Consequência	Probabilidade	Valor do evento	Valor em risco
RISCO – queda na taxa de câmbio	Receita de exportação sem proteção de hedge	Possível queda na receita de exportação	50%	-R$ 1.000,00	-R$ 500,00
OPORTUNIDADE – período de garantia do produto perto do fim	Produto entregue não demonstrou defeitos	Possível reversão de provisão de custos com garantia	85%	R$ 700,00	R$ 595,00
				VALOR TOTAL *	R$ 95,00

* VALOR TOTAL QUE PODERÁ AFETAR A RENTABILIDADE DO NEGÓCIO AO FINAL DO PERÍODO

Fonte: o autor.

---

14 Há ferramentas de gerenciamento de riscos que podem ser prospectadas no mercado. Inclusive, é possível que sua empresa já tenha uma. Para o gestor moderno que estiver implementando pela primeira vez sua estratégia de gestão de risco, uma sugestão é esperar até que seu processo ganhe mais robustez antes de procurar uma ferramenta de mercado.

A ferramenta anterior registra os riscos e as oportunidades de forma qualitativa e quantitativa, assim como calcula o VaR de cada evento identificado. A maioria das avaliações de gerenciamento de risco inclui uma combinação de análises quantitativas e qualitativas. Também é comum e recomendado categorizar os eventos por seus valores em risco, com a criação de um mapa de calor. Neste, os riscos podem ser classificados em cores, como vermelho para os grandes, amarelo para os médios, verde para os baixos e azul para as oportunidades. Ao aplicar esses conceitos, a ferramenta de registro de riscos passa a apresentar uma avaliação geral dos riscos e oportunidades da área do gestor moderno, bem como informar o total de impacto potencial na rentabilidade da empresa.

A ferramenta de registro de risco é essencial para o gestor moderno apresentar análise periódica dos riscos e oportunidades que estão sob sua responsabilidade. Além de prever o possível impacto na rentabilidade da organização, a ferramenta ajuda a determinar o nível de risco que a empresa enfrenta em qualquer momento. Por fim, essa ferramenta servirá de base para o gestor moderno comparar o nível de risco à estratégia de tratamento desses riscos. Antes disso, é preciso avançar para a próxima etapa e entender quais ferramentas de mitigação de risco podem ser empregadas pelo gestor moderno para tratar cada risco.

MITIGANDO RISCOS

Após a identificação e avaliação dos riscos, a próxima etapa é decidir qual abordagem será adotada para tratar cada evento, ou seja, qual será a resposta apropriada para cada risco. É uma das etapas mais importantes do processo de gerenciamento de risco, pois desenvolve opções e determina as ações para garantir as oportunidades e reduzir ameaças aos objetivos "da empresa".[15]

---

15 Cavalcanti, Francisco Rodrigo P.; Silveira, Jarbas A. N. *Fundamentos de gestão de projetos: gestão de riscos*. São Paulo: Atlas, 2016. p. 188.

As respostas a riscos podem ser classificadas em atenuar, evitar, transferir, compartilhar ou reter;[16] veja:

- Atenuar – buscar formas de reduzir a probabilidade de ocorrência do risco e/ou o tamanho do impacto do evento. Um meio de atenuar riscos é investir em treinamento e desenvolvimento da equipe;

- Evitar – eliminar o risco, ou seja, tomar medidas para torná-lo irrelevante. Isso pode requerer desenhar um novo plano de ação ou executar tarefas diferentes, o que nem sempre é possível uma vez que talvez exija a descontinuação de alguma atividade crucial para a organização;

- Transferir – deslocar as consequências do risco para terceiros. O caso mais comum de transferência é a contratação de seguro, que é usado para assegurar que consequências financeiras oriundas de um risco possam ser restabelecidas;

- Compartilhar – alocar parte ou toda a propriedade de uma oportunidade em outra parte que possa aproveitá-la melhor em benefício "da empresa".[17] Um exemplo pode ser a divisão de parte dos ganhos de eficiência com as equipes para incentivar novas melhorias;

- Reter – aceitar o risco, isto é, não fazer nada para evitá-lo, o que pode ser comum para eventos de baixa prioridade.

As opções disponíveis de resposta ao risco levam a uma observação: antes de tirar conclusões sobre soluções, é preciso decidir quais riscos serão assumidos. Após essa definição, qualquer ação que objetive minimizar, mitigar, eliminar, compensar ou reduzir riscos funciona como resposta. A ajuda de especialistas em

---

16 Larson, Erik W.; Gray, Clifford F. *Gerenciamento de projetos: o processo gerencial.* 6. ed. Porto Alegre: AMGH, 2016. p. 181.
17 Larson, Erik W.; Gray, Clifford F. *Gerenciamento de projetos: o processo gerencial.* 6. ed. Porto Alegre: AMGH, 2016. p. 188.

processos, recursos humanos, economia, seguros, tecnologia etc. melhora a definição de respostas aos riscos, que podem incluir ações como: criação de um plano de continuidade do negócio; educação e treinamento de funcionários; uso de marcas registradas, direitos autorais e criptografia; uso de linguagem contratual forte; políticas internas diversas, como restringir downloads e transferência de dados; e contratação de um especialista em gestão de riscos.

As respostas adequadas a cada risco deverão ser incluídas na ferramenta de registro de riscos. Ao juntar essas informações às análises qualitativa e quantitativa dos riscos, o gestor moderno passa a ter à sua disposição uma ferramenta completa para gerenciar riscos em sua área. Para concluir o ciclo de gestão de riscos, basta o gestor moderno implementar essa ferramenta em seu cotidiano para acompanhar os esforços de gestão dos riscos, etapa que veremos a seguir.

ACOMPANHANDO RISCOS

A última etapa do ciclo de gestão de riscos é o acompanhamento, que consiste em garantir que os potenciais eventos presentes na ferramenta de registro de riscos estão sendo devidamente geridos. Isso requer incluir as tarefas de monitorar e atualizar riscos como parte da rotina do gestor moderno. Como os riscos mudam à medida que o ambiente muda, não monitorá-los pode ser um grande risco. O ideal é o gestor moderno incorporar a gestão de risco em seu reporte cotidiano. Se o gestor moderno se habituar a atualizar a ferramenta de registro após cada reunião periódica de status da empresa ou de sua área, esse documento se transforma em uma poderosa ferramenta de controle. Se utilizá-la corretamente, o gestor moderno será capaz de executar um plano robusto que ajude a rastrear riscos, implementar respostas adequadas contra esses riscos e monitorar o desenvolvimento desses eventos, ajudando a aumentar a previsibilidade do negócio e melhorar a performance da empresa.

CONCLUSÃO: O QUE O GESTOR MODERNO DEVE FAZER AGORA?

Olhe à sua volta. Certamente, você percebe que alguns riscos da sua empresa estão sendo gerenciados, enquanto outros estão sendo ignorados, negligenciados ou nem mesmo reconhecidos. É possível que sua empresa já realize a tarefa de gestão de riscos. Também são grandes as chances de esse trabalho estar sendo feito por alguém do departamento financeiro. Agora é a hora de você agregar um tremendo valor à sua empresa com a gestão dos riscos que estão sob sua responsabilidade antes que eles se tornem um problema. Afinal, como você acha que os riscos da sua área serão geridos pelo seu colega do financeiro se ele não conhece plenamente a sua área? A comunicação interna e a participação ativa dos gestores modernos são de extrema importância para o gerenciamento de riscos em uma empresa.

Sua tarefa inicial é identificar em que ponto você está vulnerável. Considere suas operações e as dos departamentos dos quais depende, assim como sua indústria e sua empresa. Pense no que mudou nos últimos anos, analise como estão agora e imagine como vão parecer daqui a alguns anos. Após esse exercício criativo e sem ignorar tendências ou detalhes, liste os riscos que você identifica como possíveis pontos de atenção. Percebeu como você acabou de iniciar a construção de sua ferramenta de registro de riscos? Marque um workshop de brainstorming de riscos com sua equipe e parceiros internos e leve a lista para ajudar no processo.

Com a lista de riscos identificados, converse com pessoas de sua empresa que tenham habilidades para ajudá-lo a avaliar os riscos de forma qualitativa e quantitativa e a determinar respostas a cada um deles. É fundamental encontrar maneiras de reduzir a exposição. Uma sugestão é incluir a proteção contra riscos na sua lista de tópicos estratégicos. Também é importante criar responsabilidades dentro de sua equipe e garantir o engajamento de seus funcionários. Por fim, é necessário incluir a comunicação dos riscos nos ciclos de reporte gerenciais para que informações atuais sobre risco sejam incorporadas ao planejamento de negócios. Assim, é possível implementar um processo de retroalimentação da comunicação dos riscos na empresa.

Como gestor moderno, você deve estar bem posicionado para prevenir e mitigar riscos. Utilize o tema para priorizar tarefas do dia a dia. Debata abertamente sobre riscos com colegas e superiores. Crie seu plano de gestão de riscos. Torne risco um tópico regular de suas reuniões de equipe. E, principalmente, assegure-se de que todo o trabalho realizado em sua área e as grandes ideias de sua equipe estão protegidos.

Organizações podem obter valor com a construção de uma estratégia eficaz de gerenciamento de riscos. Isso é possível pela implementação de controles, relatórios, indicadores-chave e outras ferramentas gerenciais que auxiliem na mitigação de riscos e na captura de oportunidades. Nesse contexto, o gestor moderno tem o papel fundamental de mitigar o maior risco de uma empresa, que é a complacência, ou seja, o risco de as pessoas deixarem de tomar medidas para evitar ou minimizar perdas. A atuação do gestor moderno compreende a criação do ciclo de gestão de riscos de sua área. Esse movimento aperfeiçoa a governança do negócio, melhora a performance da organização e posiciona a empresa para obter êxito no mercado hipercompetitivo do século XXI.

HABILIDADE 10

DESENVOLVER MODELOS PREDITIVOS

> A chave do sucesso nos negócios é perceber para onde o mundo está indo e chegar lá primeiro.
>
> Bill Gates

A aceleração tecnológica está no centro da concorrência agressiva, característica do mercado hipercompetitivo do século XXI. A análise de dados como ferramenta de auxílio à tomada de decisão sempre existiu; no entanto, em meados dos anos 2000, esse instrumento se tornou um movimento que ficou caracterizado como Analytics. Inteligência analítica (em inglês, *analytics*) é um campo abrangente e multidimensional que se utiliza de técnicas matemáticas, estatísticas, de modelagem preditiva e machine learning para encontrar padrões e conhecimento significativo em dados.[1] Cientistas de dados adotaram esse termo para simbolizar o crescente número de empresas que passou a utilizar análise estatística e quantitativa de dados, com modelagem preditiva, para apoiar o processo de tomada de decisão e a criação de vantagem competitiva.

A ciência de dados não se resume apenas a Analytics. A área engloba várias outras disciplinas e conceitos que estão sendo amplamente discutidos nas empresas, incluindo:

---

1 SAS. Disponível em : https://www.sas.com/pt_br/insights/analytics/analytics.html. Acesso em: 27/3/2019.

- Big Data – são dados com maior variedade que chegam em volumes crescentes e com velocidade cada vez maior;[2]

- Machine learning – programação de computadores para otimizar um critério de desempenho que faz uso de experiências passadas, chamadas de exemplos ou simplesmente dados de entrada;[3]

- Algoritmo – é um método para resolver um problema mediante uma série de passos precisos, definidos e finitos;[4]

- Data mining – processo sistemático, interativo e iterativo, de preparação e extração de conhecimentos de grandes bases de dados; e[5]

- Cloud computing – computação em nuvem é a entrega sob demanda de poder computacional, armazenamento de banco de dados, aplicações e outros recursos de TI por meio de uma plataforma de serviços de nuvem via internet com definição de preço conforme o uso.[6]

O movimento do Analytics que vemos no mundo hoje pode ser descrito, de forma simples, pela interação entre os conceitos descritos. Big Data refere-se a um conjunto de dados cuja natureza (volume, variedade e velocidade) desafia os meios convencionais de processamento de dados. Por sua incapacidade de analisar

---

[2] Oracle. Disponível em: https://www.oracle.com/br/big-data/guide/what-is-big-data.html. Acesso em: 27/3/2019.
[3] Castro, Leandro N.; Ferrari, Daniel Gomes. *Introdução à mineração de dados: conceitos básicos, algoritmos e aplicações*. São Paulo: Saraiva, 2016. p. 15.
[4] Aguilar, Luís Joyanes. *Fundamentos de programação: algoritmos, estruturas de dados e objetos*. 3. ed. Porto Alegre: AMGH, 2011. p. 36.
[5] Castro, Leandro N.; Ferrari, Daniel Gomes. *Introdução à mineração de dados: conceitos básicos, algoritmos e aplicações*. São Paulo: Saraiva, 2016. p. 4.
[6] Amazon. Disponível em: https://aws.amazon.com/pt/what-is-cloud-computing/. Acesso em: 27/3/2019.

dados de tamanha escala, os seres humanos se beneficiam do machine learning, que consiste na utilização de computadores para extrair insights significativos do Big Data por intermédio de algoritmos. O processo de aplicação de vários algoritmos do machine learning para descobrir um padrão ou relacionamento em um conjunto de dados é chamado de mineração de dados. Esse processo está amplamente difundido entre as empresas modernas porque a computação em nuvem oferece uma plataforma de computação barata, escalável e distribuída em qualquer lugar. Exemplos de utilização de Analytics pelas empresas incluem o acompanhamento de mudanças climáticas, a detecção de fraudes em cartões de crédito, serviços de propaganda online etc.

O movimento de Analytics reforça que os dados estão em todo lugar, que os conjuntos de dados estão cada vez maiores e que o desafio de analisá-los precisa ser superado por técnicas computacionais. Para lidar com essa realidade, as empresas estão investindo em processos de coleta, gerenciamento e processamento de dados corporativos conhecidos como Business Intelligence (BI) ou inteligência de negócios. O objetivo do BI é alavancar os vários aplicativos de software existentes na empresa para executar análises que gerem insights não percebidos pelas atividades ordinárias de reporte. Portanto, as empresas modernas precisam de pessoas prontas para coordenar esse processo. Isso significa que o gestor moderno deverá transformar-se em um cientista de dados? A resposta é não! Contudo, ele tem de desenvolver as habilidades necessárias para executar as próprias análises preditivas sem depender dos outros. É importante que o gestor moderno, com auxílio da análise de dados, consiga construir modelos preditivos que ofereçam resultados de fácil compreensão para fazer previsões com confiança e tomar decisões mais inteligentes.

A análise de dados ajuda o gestor moderno a entender melhor o mundo e a resolver problemas. Diferentemente da mineração de dados, que utiliza machine learning para buscar novos conhecimentos sem saber o que está procurando, a análise de dados começa com uma hipótese específica. Isso significa que o gestor moderno utiliza dados e conhecimentos do passado para construir instrumentos de predição sobre eventos ou tendências futuras. Essa iniciativa parte do princípio de que, caso ocorram no futuro os mesmos eventos do passado, pode-se ter algum tipo de segurança que eventos ou parâmetros se repetirão. Por isso, é crucial para o processo de tomada de decisão que gestores modernos consigam analisar dados e desenvolver habilidades preditivas.

Qualquer atividade de análise de dados obedece a uma sequência lógica. O processo de descoberta de conhecimento em bases de dados inclui a seleção e integração dessas bases de dados, sua limpeza, a seleção e transformação dos dados, a mineração e a avaliação dos dados.[7] As organizações exponenciais, por exemplo, resumem a sequência de atividades para implementar algoritmos em quatro passos: reunir, organizar, analisar e expor.[8] Neste capítulo seguiremos a mesma concepção para apresentar ferramentas e conceitos que possibilitem ao gestor moderno analisar dados, extrair informações e fazer previsões relevantes que o ajudem a tomar melhores decisões. Primeiro, falaremos da reunião de dados oriundos de fontes diversas. Em seguida, apresentaremos algumas técnicas de exploração dos dados em busca de informações preliminares. Depois, traremos algumas ferramentas de análise preditiva. Por fim, concluiremos com uma sugestão de como apresentar e utilizar, futuramente, os resultados da análise. Em paralelo à apresentação dos conceitos e ferramentas, trabalharemos um exemplo de estudo de um conjunto de dados para reforçar o entendimento do gestor moderno sobre o tema.

---

[7] Castro, Leandro N.; Ferrari, Daniel Gomes. *Introdução à mineração de dados: conceitos básicos, algoritmos e aplicações*. São Paulo: Saraiva, 2016. p. 5.

[8] Ismail, Salim; Malone, Michael S.; Van Geest, Yuri. *Organizações exponenciais: por que elas são 10 vezes melhores, mais rápidas e mais baratas que a sua (e o que fazer a respeito)*. Tradução de Yamagami, Gerson. São Paulo: HSM Editora, 2015. p. 66.

PASSO 1: REUNINDO OS DADOS

O passo inicial do processo de análise de dados é reunir dados relevantes. Esse passo pode ser dividido em três etapas distintas. A primeira etapa é a definição dos objetivos da análise que se pretende realizar. A definição de objetivos propicia ao gestor moderno concentrar esforços na seleção de dados pertinentes. Assim, não se perde tempo para selecionar e manipular dados que não terão utilidade para o estudo em questão. Os objetivos também são fundamentais na tarefa de análise de dados, já que esta deve sempre partir de uma hipótese específica. Portanto, os objetivos ajudam a determinar exatamente o que se busca analisar, bem como a estabelecer o ponto de conclusão do estudo.

Imagine que você trabalha em uma empresa produtora de bebidas destiladas que está buscando se internacionalizar e gostaria de fazer um estudo que embasasse a escolha sobre para quais países a empresa deveria se expandir. Para isso, você deseja investigar a relação entre o consumo de bebidas destiladas, o consumo de outras bebidas alcoólicas e o consumo total de álcool em vários países. Internamente na empresa alguns gestores propõem a expansão para países que bebem muita cerveja, pois eles acreditam que o consumo de bebidas destiladas é muito influenciado pelas pessoas que começam a beber cerveja e depois buscam algo mais forte. Em contrapartida, você acredita que o total de álcool consumido por um país é mais determinante, já que muitas pessoas consomem apenas bebida destilada, seja pura, seja em forma de drinques. Dessa maneira, a hipótese específica que você buscará confirmar é a de que o consumo total de álcool por um país é mais determinante para o consumo de bebidas destiladas que o consumo de uma outra bebida específica (cerveja ou vinho).

A segunda etapa desse passo de reunir dados relevantes é a obtenção dos dados em si. Existem diversas fontes nas quais o gestor moderno pode encontrar dados. Qualquer sistema utilizado pela empresa, principalmente seu ERP[9] ou aqueles de reporte, são ótimas fontes de dados. Melhor ainda se a empresa tiver um sistema de BI que agregue muitos dos dados internos dentro da mesma interface. Entretanto, o gestor moderno precisa ir além. É normal que dados importantes não cheguem aos sistemas de BI por serem estratégicos, restritos a determinada área da empresa, ou externos à organização. Por isso, é importante que o gestor moderno construa uma base de dados própria e que seja diretamente aplicada à sua área de atuação. Ele pode extrair dados relevantes do planejamento estratégico, do ambiente externo, do ambiente interno, dos objetivos estratégicos e KPIs, dos demonstrativos financeiros, de análises desses demonstrativos, do orçamento, dos projetos de investimento e do processo de gestão de risco. Não por coincidência, esses são os temas abordados, respectivamente, nos Capítulos 1 a 9 deste livro. Como os dados podem vir de fontes diferentes, é possível aplicar muita criatividade nesta etapa.

Como nosso estudo sobre o consumo de bebidas concentra-se em informações externas à empresa, foi feita uma busca a fim de encontrar as informações necessárias para montar o conjunto de dados. Felizmente, um conjunto de dados com as informações desejadas já existia para uma lista de 193 países. Esse conjunto de dados foi criado pela Organização Mundial da Saúde e está disponível de graça pela internet.[10]

A terceira e última etapa desse passo de reunir dados relevantes é organizá-los de modo que se ajustem bem ao programa a ser utilizado durante a análise. Os sujeitos/objetos sobre os quais obtemos informações são chamados casos ou unidades em uma base de dados.[11] Por outro lado, as variáveis representam as

---

9 Enterprise Resource Planning ou Sistema Integrado de Gestão, como SAP, Oracle e TOTVS.
10 Github. Disponível em: https://github.com/fivethirtyeight/data/tree/master/alcohol-consumption. Acesso em: 18/4/2019.
11 Lock, Robin H.; Morgan, Kari Lock; Lock, Eric F.; Lock, Dennis F. *Estatística: revelando o poder dos dados*. Rio de Janeiro: LTC, 2017. p. 4.

características dos indivíduos ou casos.[12] A forma mais efetiva de organizar os dados é construir uma lista ou tabela, em que as linhas representam os casos ou as unidades e as colunas correspondem a cada variável diferente. Veja na Tabela 10.1 o conjunto de dados de nosso estudo sobre bebidas, organizado no Excel.

Toda organização coleta dados e os utiliza de alguma maneira. A obtenção de benefícios pelas empresas com a análise de dados só é possível se todo o processo for gerenciado com qualidade. Detalhe importante é trabalhar com dados precisos, que são rotulados, descritos e categorizados de forma padronizada e armazenados adequadamente. Isso significa armazenar todos os dados utilizados, desde os dados brutos até aqueles da análise final. Outra particularidade valiosa é a manutenção de um caderno de anotações para documentar todo o processo de análise. Nesse caderno, anote as metas e a justificativa para análise, como também as fontes dos dados.

---

12 Bruni, Adriano Leal. *Estatística aplicada à gestão empresarial*. 2. ed. São Paulo: Atlas, 2010. p. 4.

Tabela 10.1

País	Latas de cerveja	Doses de destilado	Taças de vinho	Litros de álcool
Afeganistão	0	0	0	0.0
Albânia	89	132	54	4.9
Algéria	25	0	14	0.7
Andorra	245	138	312	12.4
Angola	217	57	45	5.9
Antígua & Barbuda	102	128	45	4.9
Argentina	193	25	221	8.3
Armênia	21	179	11	3.8
Australia	261	72	212	10.4
Áustria	279	75	191	9.7
Azerbaijão	21	46	5	1.3
Bahamas	122	176	51	6.3
Barém	42	63	7	2.0
Bangladesh	0	0	0	0.0
Barbados	143	173	36	6.3
Bielorússia	142	373	42	14.4
Bélgica	295	84	212	10.5
Belize	263	114	8	6.8
Benin	34	4	13	1.1
Butão	23	0	0	0.4
Bolívia	167	41	8	3.8
Bósnia-Herzegovina	76	173	8	4.6
Botsuana	173	35	35	5.4
Brasil	245	145	16	7.2
Brunei	31	2	1	0.6
Bulgária	231	252	94	10.3
Burkina Faso	25	7	7	4.3
Burundi	88	0	0	6.3
Costa do Marfim	37	1	7	4.0
Cabo Verde	144	56	16	4.0
Coréia do Norte	0	0	0	0
Camboja	57	65	1	2.2
Camarões	147	1	4	5.8
Canadá	240	122	100	8.2
Rep. Central da África	17	2	1	1.8
Chade	15	1	1	0.4
Chile	130	124	172	7.6
China	79	192	8	5.0
Colômbia	159	76	3	4.2
Comores	1	3	1	0.1
Congo	76	1	9	1.7
Ilhas Cook	0	254	74	5.9
Costa Rica	149	87	11	4.4
Croácia	230	87	254	10.2
Cuba	93	137	5	4.2
Chipre	192	154	113	8.2
República Checa	361	170	134	11.8
Dinamarca	224	81	278	10.4
Jibuti	15	44	3	1.1
Dominica	52	286	26	6.6
República Dominicana	193	147	9	6.2
Rep. Democrática do Congo	32	3	1	2.3
Equador	162	74	3	4.2
Egito	6	4	1	0.2
El Salvador	52	69	2	2.2
Guinea Equatorial	92	0	233	5.8
Eritreia	18	0	0	0.5
Estônia	224	194	59	9.5
Etiópia	20	3	0	0.7
Fiji	77	35	1	2.0
Finlandia	263	133	97	10.0
França	127	151	370	11.8

País	Latas de cerveja	Doses de destilado	Taças de vinho	Litros de álcool
Gabão	347	98	59	8.9
Gâmbia	8	0	1	2.4
Georgia	52	100	149	5.4
Alemanha	346	117	175	11.3
Gana	31	3	10	1.8
Grécia	133	112	218	8.3
Granada	199	438	28	11.9
Guatemala	53	69	2	2.2
Guiné	9	0	2	0.2
Guiné-Bissau	28	31	21	2.5
Guiana	93	302	1	7.1
Haiti	1	326	1	5.9
Honduras	69	98	2	3.0
Hungria	234	215	185	11.3
Islândia	233	61	78	6.6
Índia	9	114	0	2.2
Indonésia	5	1	0	0.1
Irã	0	0	0	0.0
Iraque	9	3	0	0.2
Irlanda	313	118	165	11.4
Israel	63	69	9	2.5
Itália	85	42	237	6.5
Jamaica	82	97	9	3.4
Japão	77	202	16	7.0
Jordânia	6	21	1	0.5
Cazaquistão	124	246	12	6.8
Quênia	58	22	2	1.8
Quiribati	21	34	1	1.0
Kuwait	0	0	0	0.0
Quirguistão	31	97	6	2.4
Laos	62	0	123	6.2
Letônia	281	216	62	10.5
Líbano	20	55	31	1.9
Lesoto	82	29	0	2.8
Libéria	19	152	2	3.1
Líbia	0	0	0	0.0
Lituânia	343	244	56	12.9
Luxemburgo	236	133	271	11.4
Madagascar	26	15	4	0.8
Malawi	8	11	1	1.5
Malásia	13	4	0	0.3
Maldivas	0	0	0	0.0
Mali	5	1	1	0.6
Malta	149	100	120	6.6
Ilhas Marshal	0	0	0	0.0
Mauritânia	0	0	0	0.0
Maurício	98	31	18	2.6
México	238	68	5	5.5
Micronésia	62	50	18	2.3
Mônaco	0	0	0	0.0
Mongólia	77	189	8	4.9
Montenegro	31	114	128	4.9
Marrocos	12	6	10	0.5
Moçambique	47	18	5	1.3
Mianmar	5	1	0	0.1
Namíbia	376	3	1	6.8
Nauru	49	0	8	1.0
Nepal	5	6	0	0.2
Holanda	251	88	190	9.4
Nova Zelândia	203	79	175	9.3
Nicarágua	78	118	1	3.5
Níger	3	2	1	0.1
Nigéria	42	5	2	9.1
Niuê	188	200	7	7.0
Noruega	169	71	129	6.7
Omã	22	16	1	0.7

CONSUMO ANUAL MÉDIO POR PESSOA					CONSUMO ANUAL MÉDIO POR PESSOA				
País	Latas de cerveja	Doses de destilado	Taças de vinho	Litros de álcool	País	Latas de cerveja	Doses de destilado	Taças de vinho	Litros de álcool
Paquistão	0	0	0	0.0	Sudão	8	13	0	1.7
Palau	306	63	23	6.9	Suriname	128	178	7	5.6
Panamá	285	104	18	7.2	Suazilândia	90	2	2	4.7
Papua Nova Guiné	44	39	1	1.5	Suécia	152	60	186	7.2
Paraguai	213	117	74	7.3	Suíça	185	100	280	10.2
Peru	163	160	21	6.1	Síria	5	35	16	1.0
Filipinas	71	186	1	4.6	Tajiquistão	2	15	0	0.3
Polônia	343	215	56	10.9	Tailândia	99	258	1	6.4
Portugal	194	67	339	11.0	Macedônia	106	27	86	3.9
Qatar	1	42	7	0.9	Timor-Leste	1	1	4	0.1
Coreia do Sul	140	16	9	9.8	Togo	36	2	19	1.3
Moldávia	109	226	18	6.3	Tonga	36	21	5	1.1
Romênia	297	122	167	10.4	Trinidad e Tobago	197	156	7	6.4
Rússia	247	326	73	11.5	Tunísia	51	3	20	1.3
Ruanda	43	2	0	6.8	Turquia	51	22	7	1.4
São Cristóvão e Neves	194	205	32	7.7	Turcomenistão	19	71	32	2.2
					Tuvalu	6	41	9	1.0
St. Lúcia	171	315	71	10.1	Uganda	45	9	0	8.3
St. Vincent	120	221	11	6.3	Ucrânia	206	237	45	8.9
Samoa	105	18	24	2.6	Emirados Árabes	16	135	5	2.8
San Marino	0	0	0	0.0	Reino Unido	219	126	195	10.4
São Tomé e Príncipe	56	38	140	4.2	Tanzânia	36	6	1	5.7
					Estados Unidos	249	158	84	8.7
Arábia Saudita	0	5	0	0.1	Uruguai	115	35	220	6.6
Senegal	9	1	7	0.3	Uzbequistão	25	101	8	2.4
Sérvia	283	131	127	9.6	Vanuatu	21	18	11	0.9
Seychelles	157	25	51	4.1	Venezuela	333	100	3	7.7
Serra Leoa	25	3	2	6.7	Vietnã	111	2	1	2.0
Cingapura	60	12	11	1.5	Yêmen	6	0	0	0.1
Eslováquia	196	293	116	11.4	Zâmbia	32	19	4	2.5
Eslovênia	270	51	276	10.6	Zimbábue	64	18	4	4.7
Ilhas Solomão	56	11	1	1.2					
Somália	0	0	0	0.0					
África do Sul	225	76	81	8.2					
Espanha	284	157	112	10.0					
Sri Lanka	16	104	0	2.2					

Fonte: Github. https://github.com/fivethirtyeight/data/tree/master/alcohol-consumption.

Durante a análise, escreva sobre o processo, liste os recursos utilizados, registre os gráficos analisados e descreva o modelo construído. Essa documentação propiciará a você verificar seu trabalho, explicar suas explorações em cada etapa e construir uma narrativa robusta para apresentar suas conclusões.

O propósito de executar esse primeiro passo é agregar fontes de dados diferentes para que se possa, do próximo passo em diante, estudá-los a ponto de detectar padrões, reconhecer comportamentos interessantes e gerar insights para o negócio. Contudo, vale ressaltar que a responsabilidade e a transparência são fundamentais na utilização de dados pelo gestor moderno para tomar boas decisões de negócios. Usados de forma tendenciosa, os dados podem contar a história que a pessoa que os analisa quiser. Mas, se manuseados de forma imparcial, os dados podem produzir conhecimento valioso e exclusivo para o gestor moderno. Veremos como extrair valor dos dados nos próximos passos.

PASSO 2: EXPLORANDO OS DADOS

O segundo passo do processo de análise de dados consiste em realizar uma análise exploratória dos dados em busca de informação. O dado é apenas uma observação, uma quantidade conhecida ou o elemento de uma situação que, por si só, não oferece grandes significados. O significado é alcançado quando o dado é interpretado, contextualizado e ganha sentido, transformando-se em informação.[13] A base para análises de dados é a estatística. A estatística representa o conjunto de técnicas cujo objetivo primordial é possibilitar a análise e a interpretação das informações contidas em diferentes conjuntos de dados.[14] Assim, é necessário conhecer uma coleção de ferramentas básicas de estatística para manipular, processar e começar a fazer perguntas importantes sobre o conjunto de dados.

---

13 Becker, João Luiz. *Estatística básica: transformando dados em informação.* Porto Alegre: Bookman, 2015. p. 36.
14 Bruni, Adriano Leal. *Estatística aplicada à gestão empresarial.* 2. ed. São Paulo: Atlas, 2010. p. 1.

Ao dar uma olhada rápida em nosso conjunto de dados sobre o consumo de bebidas, é fácil perceber que há um grupo de países que, apesar de listado, não contém informação sobre consumo. Os motivos podem variar desde a simples indisponibilidade de informações até questões culturais ou religiosas. Em razão disso, a primeira coisa a se fazer com esses dados é utilizar a ferramenta de classificação do Excel para identificar esses países e removê-los do conjunto de dados.[15] Afinal, se nosso objetivo é estudar o consumo de álcool nos países, de que adianta manter na lista países que não consomem álcool ou aqueles para os quais não temos informações disponíveis? Essa análise revela também que há uma lista de países em que as pessoas consomem em média menos de um litro de álcool por ano. Como a informação trazida por esses países é irrelevante, decidimos retirá-los do estudo também.[16] Já imaginou fazer um projeto de expansão para internacionalizar sua marca de bebidas em um país que consome tão pouco? Pois é, não faz muito sentido!

Análise gráfica exploratória

Como o gestor moderno inicia o processo de análise de dados com uma hipótese específica, pode-se dizer que ele busca resolver um problema. O objetivo de explorar os dados é encontrar padrões interessantes, estabelecer relações significativas ou descobrir tendências que sejam relacionadas a esse problema. A melhor maneira de iniciar essa busca por informação é por meio de gráficos. Os gráficos são uma forma visual e rápida de comunicar informações densas. Eles dão uma ideia geral da distribuição dos dados e ajudam a verificar a existência de lacunas ou valores discrepantes. Os gráficos

---

15 Só por curiosidade, esses países foram: Afeganistão, Bangladesh, Coreia do Norte, Irã, Kuwait, Líbia, Maldivas, Ilhas Marshall, Mauritânia, Mônaco, Paquistão, São Marino, Somália.
16 Também por curiosidade, esses países foram: Iêmen, Indonésia, Mianmar, Timor Leste, Níger, Comores, Arábia Saudita, Guiné, Iraque, Egito, Nepal, Senegal, Malásia, Tadjiquistão, Butão, Chade, Eritréia, Marrocos, Jordânia, Mali, Brunei, Argélia, Etiópia, Omã Madagascar, Vanuatu, Qatar.

também podem revelar características inesperadas, o que possibilita questionar se a análise originalmente planejada é apropriada e se será capaz de produzir o tipo de conclusões almejadas. Seguem alguns tipos de gráficos utilizados para análise exploratória de dados.

- Gráficos de pizza ou de barras – as diversas categorias são representadas por fatias proporcionais às suas frequências de ocorrência no conjunto de dados.[17] A frequência é dada, normalmente, em termos percentuais. Os gráficos de barras são um excelente primeiro passo. Além de fáceis de ler, as categorias podem ser colocadas em valores crescentes ou decrescentes para facilitar ainda mais a visualização.

- Histograma – frequências simples ou relativas dos elementos tabulados (contados) ou agrupados em classes.[18] Apesar de simples, ali está a forma da distribuição dos dados.

- *Boxplot* ou caixa de dados – apresentação gráfica do resumo dos cinco números para uma única variável quantitativa. Nele se vê a forma geral da distribuição, identificam-se os 50% centrais dos dados, e é apontado algum valor atípico.[19] Ou seja, nesse tipo de gráfico encontram-se os valores do mínimo, máximo, do primeiro e terceiro quartis, da mediana e dos valores atípicos (outliers).

- Gráfico de dispersão – relação gráfica existente entre duas variáveis numéricas, como custos e vendas.[20]

---

17 Becker, João Luiz. *Estatística básica: transformando dados em informação.* Porto Alegre: Bookman, 2015. p. 47.
18 Bruni, Adriano Leal. *Estatística aplicada à gestão empresarial.* 2. ed. São Paulo: Atlas, 2010. p. 26.
19 Lock, Robin H.; Morgan, Kari Lock; Lock, Eric F.; Lock, Dennis F. *Estatística: revelando o poder dos dados.* Rio de Janeiro: LTC, 2017. p. 69.
20 Bruni, Adriano Leal. *Estatística aplicada à gestão empresarial.* 2. ed. São Paulo: Atlas, 2010. p. 30.

De posse da análise gráfica exploratória em nosso conjunto de dados, podemos destacar alguns gráficos interessantes. Olhando para a Figura 10.1, o primeiro gráfico é um histograma do consumo anual médio de álcool por pessoa. Esse gráfico apresenta a frequência de países cujo consumo se encontra nos intervalos indicados no eixo vertical. O segundo é um gráfico de dispersão que ilustra a relação entre o consumo anual de destilados e o consumo de vinho. O terceiro é um gráfico boxplot do consumo de destilados por pessoa, que traz informações sobre distribuição, mínimos, máximos e valores atípicos dessa variável. Por fim, o quarto é um gráfico de linha sobre o consumo de cervejas que não traz absolutamente nenhuma informação para nossa análise. Além de não ser bem identificado, esse último gráfico apenas traça uma linha que conecta o consumo de cada país, mas sem qualquer ordem relevante para o estudo. Isso comprova que não adianta fazer qualquer gráfico ou um número grande de gráficos apenas para dizer que explorou os dados. A análise gráfica exploratória é uma tarefa de aplicação de vários gráficos ao conjunto de dados para começar o processo de extração de informações. No final, a qualidade das informações geradas é sempre mais importante que o número de gráficos criados.

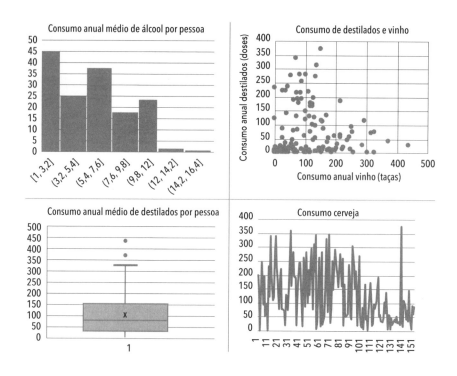

Figura 10.1 – Fonte: o autor.

Outliers

Uma base de dados pode conter objetos que não seguem o comportamento ou não apresentam a característica comum dos dados ou de um modelo que os represente. Esses dados são conhecidos como anomalias ou valores discrepantes (outliers).[21] Um outlier é um ponto com uma distância anormal dos demais valores do conjunto de dados de maneira a, normalmente, refletir eventos incomuns. Com a exceção de casos específicos de dados sobre detecção de fraudes ou doenças, por exemplo, em que podem trazer informações importantes, os outliers representam um problema para a análise. Isso ocorre porque eles tendem a distorcer estatísticas e relações percebidas entre variáveis, produzindo

---

21 Castro, Leandro N.; Ferrari, Daniel Gomes. *Introdução à mineração de dados: conceitos básicos, algoritmos e aplicações.* São Paulo: Saraiva, 2016. p. 10.

resultados enganosos e possibilitando conclusões erradas. Quando a quantidade de outliers é pequena, deve-se, simplesmente, excluir essas observações do conjunto de dados. Quando a quantidade de outliers for grande, podem-se aplicar transformações matemáticas[22] aos dados ou trabalhar com um conjunto diferente de observações. Há casos, porém, em que outliers trazem informações importantes sobre o assunto estudado por intermédio do conjunto de dados. Nesses casos, deve-se simplesmente manter os outliers no estudo.

O boxplot da Figura 10.1 demonstra que há dois outliers no conjunto de dados sobre o consumo anual médio por pessoa de destilados. Ao analisar esses dados em detalhes, percebe-se que eles representam o consumo dos países Granada e Bielorrússia e que esses países são dois dos maiores consumidores de álcool por pessoa dentro da lista analisada. Por achar que esses dois pontos trazem mais informações se forem mantidos no conjunto de dados do que se forem deletados, decidimos não excluí-los da análise.

Agrupamento

Antes de eliminar observações de um grupo de dados ou decidir trabalhar com um conjunto de dados diferente por causa da presença de muitos outliers, é interessante aplicar a técnica de agrupamento. Agrupamento (*clustering*) é o nome dado ao processo de separar (particionar ou segmentar) um conjunto de objetos em grupos (do inglês *clusters*) de objetos similares.[23] Ao agrupar objetos de dados semelhantes em classes de objetos de dados, o *clustering* pode revelar características que distinguem uma classe da outra e possibilitar novas descobertas no conjunto de dados.

---

22 Tratar a existência de outliers com base na aplicação de funções matemáticas aos dados (logaritmo ou elevação ao quadrado, por exemplo) pode ser uma estratégia interessante para tornar a distribuição mais simétrica, porém é um recurso que vai além do escopo pretendido neste livro.
23 Castro, Leandro N.; Ferrari, Daniel Gomes. *Introdução à mineração de dados: conceitos básicos, algoritmos e aplicações*. São Paulo: Saraiva, 2016. p. 9.

Para o conjunto de dados de consumo de bebidas em diversos países, um agrupamento interessante a se fazer é por continentes. Se focarmos, por exemplo, na América do Norte para entendermos se Granada é, de fato, um outlier, podemos refazer o boxplot dessa região. Na Figura 10.2 são mostrados dois bloxplots da região. O primeiro, que descreve a distribuição do consumo de destilados para a América do Norte, demonstra Granada como outlier. Contudo, o segundo, que descreve a distribuição do consumo de álcool para a América do Norte, não revela Granada como outlier, mas, sim, como ponto comum no conjunto de dados.

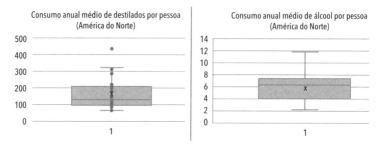

Figura 10.2 – Fonte: o autor.

A técnica de agrupamento pode ser aplicada com bastante criatividade em qualquer conjunto de dados. No conjunto de dados sobre consumo de bebidas em diversos países, poderíamos testar outros tipos de agrupamentos não só por continentes como também por tipo de consumo de bebida, por tipo de colonização que o país sofreu e pelo tipo de língua falada.

Medidas de centralidade

Depois de criar gráficos, tratar outliers e agrupar dados, o passo seguinte é buscar informações de explorações numéricas dos dados. Buscam-se essencialmente medidas que caracterizem resumidamente os dados, como sua centralidade, sua dispersão e sua simetria.[24] As

---

24 Becker, João Luiz. *Estatística básica: transformando dados em informação.* Porto Alegre: Bookman, 2015. p. 58.

medidas de centralidade são valores que indicam as características do centro do conjunto de dados e incluem estas medidas:

- Média aritmética simples – estatística que objetiva representar o centro dos dados e se caracteriza por ser igual à soma dos dados analisados, dividida pela contagem dos dados somados.[25] Ela funciona como um valor de referência ao redor do qual as observações estão dispostas ou espalhadas;

- Mediana – a mediana de um conjunto de dados é definida como a medida "do meio", isto é, aquela que separa o conjunto em duas metades, uma com dados inferiores à mediana e outra com dados superiores à mediana.[26] Quando há um número par de pontos de dados, deve-se pegar a média desses dois pontos médios para determinar a mediana;

- Moda – não precisa de qualquer cálculo; é apenas o valor mais predominante em um conjunto de dados, ou seja, aquele que aparece com maior frequência;

- Média ponderada – utilizada quando o conjunto de dados é dividido em categorias com pesos diferentes. A média ponderada é obtida pelo produto dos valores da variável pelas suas respectivas frequências, posteriormente dividido pela soma das frequências.[27] Por exemplo, suponha que, em determinada disciplina, um aluno obtenha nota 9 no trabalho que representa 30% da nota final, e 8 na prova que representa 70% da nota final. A média final desse aluno seria ((9 x 30%) + (8 x 70%))/(30% + 70) = 8,3. Os pesos e

---

25 Bruni, Adriano Leal. *Estatística aplicada à gestão empresarial*. 2. ed. São Paulo: Atlas, 2010. p. 42.
26 Becker, João Luiz. *Estatística básica: transformando dados em informação*. Porto Alegre: Bookman, 2015. p. 71.
27 Bruni, Adriano Leal. *Estatística aplicada à gestão empresarial*. 2. ed. São Paulo: Atlas, 2010. p. 44.

categorias usados no cálculo da média ponderada sinalizam o que está sendo valorizado no cálculo. Nesse exemplo, o peso maior sobre a prova (70%) significa que seu resultado é mais importante para a nota final do que o trabalho. Portanto, é importante que os pesos sejam bem escolhidos.

Ao aplicar as medidas de centralidade ao conjunto de dados de bebidas, descobrimos, por exemplo, que a mediana do consumo de cerveja na lista de países é de 106, ou seja, há o mesmo número de países que consomem menos que 106 latas de cerveja e mais que 106 latas de cerveja por pessoa por ano. É possível descobrir também que a moda do consumo de vinho é 1, ou seja, o número de países que consome uma taça de vinho por pessoa por ano é maior que qualquer outro valor de consumo nesse conjunto de dados. À medida que o conhecimento sobre análise de dados vai se aprofundando, a junção de várias técnicas em uma mesma análise pode trazer informações interessantes. A Figura 10.3 ilustra em um gráfico de barras a análise das médias de consumo de bebidas com base em um *clustering* por continente. Muita informação pode ser tirada desse gráfico. Por exemplo, com exceção do consumo de destilados – que é maior na América do Norte –, a Europa tem maior consumo de todos os demais tipos de bebidas, inclusive no consumo total de álcool.

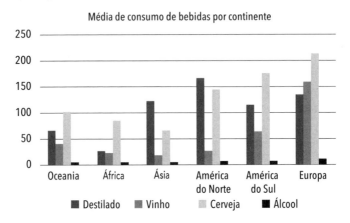

Figura 10.3 – Fonte: o autor.

Medidas de dispersão

As medidas de dispersão dão uma ideia do afastamento que os dados demonstram em relação às medidas de centralidade, quer dizer, o quanto os dados estão distantes da média, mediana etc. Seguem as principais medidas de dispersão:

- Amplitude – a amplitude total representa a diferença entre o maior e o menor valor numérico de um conjunto de dados analisados.[28] Assim, a amplitude mede o tamanho do intervalo entre os valores mínimo e máximo do conjunto de dados;

- Desvio-padrão – estatística que mede quanta variabilidade há nos dados.[29] Pode-se dizer que o desvio-padrão informa a distância média que os dados têm da média do conjunto de dados. Seu cálculo é um pouco mais complicado, mas calculadoras e planilhas podem fazer todo o trabalho. Essa métrica é muito utilizada em finanças, por exemplo, em que o desvio-padrão do histórico de rentabilidade de um investimento determina o risco desse investimento;

- Coeficiente de variação – expresso como um percentual, descreve o desvio-padrão relativo à média.[30] Ao dividir o desvio-padrão pela média, obtém-se uma medida de dispersão relativa que é útil porque não se altera quando há mudanças de escala no conjunto de dados. Assim, essa ferramenta ajuda a determinar qual é o conjunto de dados com maior dispersão.

---

28 Bruni, Adriano Leal. *Estatística aplicada à gestão empresarial*. 2. ed. São Paulo: Atlas, 2010. p. 64.
29 Lock, Robin H.; Morgan, Kari Lock; Lock, Eric F.; Lock, Dennis F. *Estatística: revelando o poder dos dados*. Rio de Janeiro: LTC, 2017. p. 58.
30 Castro, Leandro N.; Ferrari, Daniel Gomes. *Introdução à mineração de dados: conceitos básicos, algoritmos e aplicações*. São Paulo: Saraiva, 2016. p. 72.

Para o conjunto de dados de consumo de bebidas, podemos reunir em uma tabela as medidas de dispersão de cada tipo de bebida, conforme a Tabela 10.2.

Tabela 10.2

BEBIDA	AMPLITUDE	D. PADRÃO	C. DE VARIAÇÃO
Destilados	438	88,4	88%
Vinho	370	84,9	137%
Cerveja	376	98,0	74%
Álcool	13,4	3,4	57%

Fonte: o autor.

A amplitude e o desvio-padrão são medidas características de cada conjunto de dados, ou seja, informam a dispersão de cada conjunto, mas não servem de elementos de comparação entre os diversos conjuntos. Já o coeficiente de variação possibilita a comparação da dispersão entre diferentes conjuntos de dados porque quanto maior o coeficiente de variação de um conjunto de dados, maior é o afastamento entre as observações e a média. Nos resultados da Tabela 10.2, como podemos constatar, a variável que apresenta maior dispersão é o consumo anual de vinho por pessoa, enquanto a que apresenta menor dispersão é o consumo anual de álcool por pessoa. Isso significa que o consumo anual de álcool é o conjunto de dados mais homogêneo e capaz de produzir resultados mais consistentes, enquanto o consumo anual de vinho é o conjunto de dados mais heterogêneo e capaz de produzir resultados menos consistentes, entre os quatro conjuntos apresentados na tabela.

Análise de simetria

A última análise exploratória a ser feita dos dados é visualizar seu grau de simetria ou assimetria. Essa visualização é possível em um histograma, que apresenta a frequência das observações em seu eixo vertical e as classes de objetos em seu eixo horizontal. A análise de assimetria mede o grau de afastamento de uma distribuição em relação a um eixo central, geralmente representado pela média.[31] Essa análise ajuda a adequar a distribuição do conjunto de dados a alguma das distribuições teóricas de frequências que existem na estatística, assunto a ser abordado mais à frente.

Conforme a Figura 10.4, vê-se nos histogramas das quatro variáveis do conjunto de dados de bebidas que não há muita simetria em suas distribuições. Pelo contrário, os histogramas demonstram em todos os casos que muitos países têm baixo consumo de álcool, vinho, cerveja e destilados, e o número de países cai à medida que o consumo dessas bebidas vai aumentando.

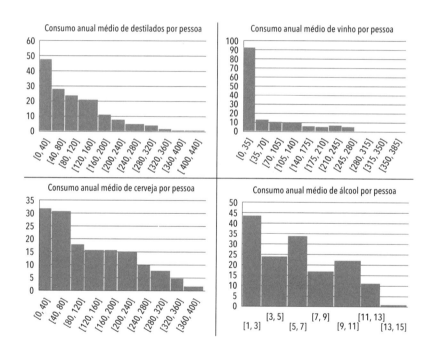

Figura 10.4 – Fonte: o autor.

---

31 Bruni, Adriano Leal. *Estatística aplicada à gestão empresarial*. 2. ed. São Paulo: Atlas, 2010. p. 85.

Ao reunir um novo conjunto de dados, inicialmente não se sabe ao certo o que ele contém. Um grupo de dados pode confirmar algo já sabido, dizer algo interessante ou, até mesmo, dizer algo estranho. Felizmente, a estatística existe para ajudar a esclarecer esse mistério. Com aplicação de suas ferramentas, é possível ilustrar a verdadeira situação de um conjunto de dados. Até aqui, utilizamos a estatística para deixar o gestor moderno mais confortável com seu novo conjunto de dados e para indicar em que ponto deve começar sua análise. O próximo passo demonstrará ferramentas para que o gestor moderno possa conduzir as próprias análises preditivas.

PASSO 3: CONDUZINDO ANÁLISES PREDITIVAS

Realizar análise preditiva significa construir um modelo que imite o funcionamento de um determinado aspecto do mundo real. Esses modelos, que são essencialmente matemáticos e estatísticos, utilizam dados reais para prever o resultado de algum sistema ou de determinada situação. Assim, construir o modelo preditivo passa por aprofundar a análise de dados com ferramentas um pouco mais sofisticadas do que as vistas até aqui. Nesse terceiro passo, veremos ferramentas para efetuar a análise dos dados de fato, que culminará na criação de um modelo preditivo, começando por um entendimento básico de probabilidade.

Probabilidade

A análise preditiva usa dados históricos e atuais para traçar possíveis tendências que ajudem a fazer previsões sobre eventos futuros. Falar de possibilidades de eventos futuros significa entrar no contexto da probabilidade. A probabilidade representa o desafio de prever um resultado futuro em função da multiplicidade dos eventos cuja possibilidade de ocorrência é estudada.[32] Assim, a probabilidade de um evento ocorrer é a razão entre o número

---

32 Bruni, Adriano Leal. *Estatística aplicada à gestão empresarial*. 2. ed. São Paulo: Atlas, 2010. p. 91.

de formas que esse evento pode ocorrer e o número total de eventos possíveis. Por exemplo, a probabilidade de rolar um dado e tirar 5 é igual a 1/6, afinal o número 5 aparece apenas uma vez entre as seis possibilidades de números. Esse é um exemplo de probabilidade clássica, em que o número de resultados possíveis é conhecido e todos os resultados possíveis são igualmente prováveis de ocorrer. Contudo, nem sempre é fácil quantificar todos os resultados possíveis. Nesses casos, deve-se recorrer à probabilidade empírica, que se utiliza da observação da frequência de ocorrência do evento que está sendo estudado. Por exemplo, se 54 dos 100 moradores de um prédio são idosos, então a probabilidade de que um morador escolhido por acaso seja idoso é de 54%. Mas o que acontece quando dados confiáveis não estão disponíveis? Nesses casos, as pessoas tendem a usar suas opiniões, experiências e dados relacionados para determinar a probabilidade, ou seja, as pessoas adivinham.

A probabilidade não garante qualquer resultado. Ela simplesmente informa as possibilidades. Nesse sentido, é importante entender que o resultado de uma probabilidade será sempre um número entre 0 e 1. A probabilidade mais baixa para qualquer cenário é de 0% e a maior probabilidade para qualquer cenário é de 100%. Isso significa que a soma das probabilidades de todos os resultados possíveis deve totalizar 100%. Com isso, pode-se concluir que, se dois eventos são complementares, a probabilidade de um ocorrer é igual a 1 menos a probabilidade de o outro ocorrer. Por fim, também podemos dizer que a probabilidade de ocorrerem eventos mutuamente excludentes (um impede o outro de acontecer) ao mesmo tempo é zero e que a probabilidade de ocorrência de um ou outro evento que sejam mutuamente excludentes (mas não os dois) é igual à soma das probabilidades dos dois eventos.

O campo da probabilidade é extenso e o objetivo desta seção não é exaurir o tema. Há, porém, dois conceitos muito interessantes que podem ser aplicados em análise preditiva. O primeiro é a probabilidade condicional. Em várias situações, é útil avaliar a probabilidade de um evento B se considerada a informação adicional de que outro evento A tenha ocorrido.[33] Expressa sob a forma de P(B|A) e lida como a probabilidade de B dado que A aconteceu, a probabilidade condicional expressa a probabilidade de um evento posterior ocorrer considerando que um evento anterior tenha acontecido. Por exemplo, qual é a probabilidade de um aluno em uma determinada turma ir bem na prova dado que ele não ia às aulas. O conceito de probabilidade condicional deve ser empregado em condições em que o universo é restringido por alguma condição preestabelecida.[34] Algebricamente, P(B|A) pode ser definida como: P(B|A) = P (A ∩ B) / P(A), em que P (A ∩ B) é a probabilidade de B e A ocorrerem simultaneamente.

O conceito de probabilidade condicional pode ser aplicado ao conjunto de dados sobre consumo de bebidas. De um total de 153 países, 39 são da África. Portanto, a probabilidade de você escolher um país qualquer do conjunto de dados e ele ser africano é de 39/153, ou P(A) = 25%. Do mesmo total de 153 países, 5 não consomem bebidas destiladas. Logo, a probabilidade de você escolher um país qualquer do conjunto e ele não consumir bebidas destiladas é de 5/153, ou P (B) = 3%. Também é possível ver na tabela que 3 dos 153 países que não consomem bebidas destiladas são africanos. Logo, a interseção de países africanos que não consomem bebidas destiladas é 3/153, ou P (A ∩ B) = 2%. Com essas informações em mãos, a probabilidade de você escolher um país que não consome bebidas destiladas (B), dado que esse país é africano (A), é P(B|A) = P (A ∩ B) / P(A), ou 0,02/0,25 = 0,08 ou 8%. Para criar valor com os dados, é importante entender a utilidade das ferramentas. Quando calculamos a probabilidade de um país não consumir bebidas destiladas, encontramos que P(B) = 3%. Quando adicionamos a informação de que o país é africano, a

---
33 Becker, João Luiz. *Estatística básica: transformando dados em informação*. Porto Alegre: Bookman, 2015. p. 155.
34 Bruni, Adriano Leal. *Estatística aplicada à gestão empresarial*. 2. ed. São Paulo: Atlas, 2010. p. 104.

probabilidade sobe para P(B|A) = 8%. Ou seja, à medida que temos mais informações sobre as situações, podemos calcular melhores probabilidades ou aumentar as chances de que algo aconteça. Se você acha essa diferença pequena, pergunte-se se prefere ter 3% ou 8% de chances de não estar contaminado com uma doença rara, por exemplo. Eu adoraria ter 5% a mais de chances de ganhar na loteria que os demais participantes.

O segundo conceito de probabilidade interessante para se aplicar em análise preditiva e que é uma aplicação de probabilidade condicional é o teorema de Bayes, pois ele lhe dá a probabilidade de uma determinada hipótese considerando os dados observados. A versão mais simples desse teorema é dada pela fórmula:[35]

$$P(A|B) = P(A \cap B) / P(B) = [P(A) \times P(B|A)] / P(B)$$

A utilidade do teorema de Bayes é calcular a probabilidade *a posteriori*.[36] Assim, por um campo de alternativas de um determinado evento e das probabilidades dessas alternativas, é possível utilizar o teorema de Bayes para avaliar a probabilidade de determinada hipótese. Então, esse teorema ajuda a entender relacionamentos e probabilidades entre eventos dependentes.

Na aplicação de probabilidade condicional ao conjunto de dados sobre consumo de bebidas, achamos a probabilidade de um país ser africano (P(A) = 25%), a probabilidade de um país não consumir bebidas destiladas (P(B) = 3%), a interseção entre países africanos que não consomem bebidas destiladas (P (A ∩ B) = 2%) e a probabilidade de um país não consumir bebidas destiladas dado que ele é africano (P(B|A) = 8%). Com essas informações e utilizando o teorema de Bayes, podemos determinar a probabilidade de um

---

35 Morettin, Pedro A.; Hazzan, Samuel; Bussab, Wilton O. *Cálculo: funções de uma e várias variáveis*. 3. ed. São Paulo: Saraiva, 2016. p. 125.
36 Castro, Leandro N.; Ferrari, Daniel Gomes. *Introdução à mineração de dados: conceitos básicos, algoritmos e aplicações*. São Paulo: Saraiva, 2016. p. 187.

país ser africano, dado que ele não consome bebidas destiladas, ou P(A|B). Ao aplicar o teorema de Bayes, temos:

$$P(A|B) = [P(A) \times P(B|A)] / P(B) = [0{,}25 \times 0{,}08] / 0{,}03 = 0{,}61 \text{ ou } 61\%$$

Distribuições de probabilidades

Como a probabilidade é o campo da incerteza, ela trabalha com variáveis aleatórias. A modelagem e a compreensão de variáveis aleatórias representam uma tentativa de simplificar determinado problema que envolva incerteza.[37] Variáveis aleatórias podem ser de dois tipos: discretas ou contínuas. Variáveis aleatórias discretas são aquelas que podem assumir apenas um conjunto finito ou enumerável de valores.[38] Seu número de resultados possíveis é limitado e suas probabilidades se modificam em degraus. Já as variáveis aleatórias contínuas são aquelas cujo resultado pode assumir um número infinito de possibilidades. Assim, enquanto uma variável aleatória discreta pode, muitas vezes, ter seus resultados ilustrados em uma tabela de frequência por serem finitos, uma variável aleatória contínua precisa de uma função de densidade de probabilidades para determinar seu resultado entre uma infinidade de possibilidades.

O estudo das variáveis aleatórias se dá com base em distribuições, que são o conjunto de valores da variável com suas respectivas probabilidades. Cada distribuição apresenta características próprias de média, variância, desvio-padrão etc. Assim, se for possível aproximar as características do conjunto de dados de uma distribuição teórica específica, torna-se mais fácil analisar o grupo de dados. Seguem alguns exemplos de distribuição para variáveis aleatórias:

---

37 Bruni, Adriano Leal. *Estatística aplicada à gestão empresarial*. 2. ed. São Paulo: Atlas, 2010. p. 133.
38 Becker, João Luiz. *Estatística básica: transformando dados em informação*. Porto Alegre: Bookman, 2015. p. 169.

- Distribuição uniforme (discreta) – quando cada valor possível acontece com a mesma probabilidade;

- Distribuição de Bernoulli (discreta) – para casos em que o resultado do experimento assume apenas dois resultados: sucesso ou fracasso;

- Distribuição binomial (discreta) – também utilizada para casos em que os resultados exprimem sucesso ou fracasso, mas aplicada quando há um número maior de experimentos do tipo da distribuição de Bernoulli;

- Distribuição de Poisson (discreta) – para casos em que se busca identificar o número de eventos que ocorrem em um intervalo de espaço ou tempo;

- Distribuição normal (contínua) – emerge em processos em que a variável de interesse possa ser caracterizada como resultante de inúmeras pequenas variações independentes, que se somam para produzir o resultado final (modelo aditivo de múltiplas causas independentes).[39]

Vamos aprofundar o estudo no entendimento da distribuição normal, que é a mais útil e mais utilizada nos estudos estatísticos. A maioria das coisas observadas na natureza e no nosso dia a dia obedece à distribuição normal. Quando os dados são influenciados por um número muito grande de efeitos aleatórios e independentes, na grande maioria das vezes os resultados acabam sendo distribuídos normalmente. Isso quer dizer que as frequências dos dados coletados são distribuídas de maneira simétrica ao redor da média, com 50% dos dados acima e 50% abaixo da média, ilustrando uma curva em formato de sino. Em torno da média, valor central, registra-se alta concentração de frequências ou probabilidade maior de ocorrência.[40]

---

39 Becker, João Luiz. *Estatística básica: transformando dados em informação.* Porto Alegre: Bookman, 2015. p. 243.
40 Bruni, Adriano Leal. *Estatística aplicada à gestão empresarial.* 2. ed. São Paulo: Atlas, 2010. p. 144.

Consequentemente, quanto mais longe se chega da média, menor a probabilidade de esses resultados acontecerem. A Figura 10.5 traz uma representação genérica da curva normal.

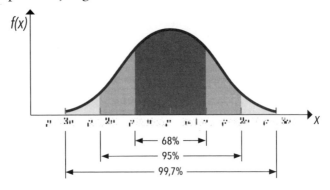

Figura 10.5 – Fonte: Moodle-UFSC. https://www.inf.ufsc.br/~andre.zibetti/probabilidade/normal.html.

A curva em formato de sino a que se refere a figura é uma curva de densidade. Uma curva de densidade é uma curva que reflete a localização, dispersão e forma geral da distribuição.[41] No caso da distribuição normal, essa curva nunca toca o eixo, pois continua ao infinito em qualquer direção. A área sob essa curva é igual a 1 (um), pois representa 100% de todos os resultados possíveis. Isso significa que, para obter uma determinada probabilidade, será preciso trabalhar com intervalos dentro desse espaço. Como a curva também reflete dispersão, o desvio-padrão é uma característica importante da distribuição normal.

Como combinações diferentes de médias e desvios-padrão determinam distribuições normais diferentes, é possível trabalhar com uma distribuição normal padrão. Para isso, use a fórmula $Z = (X - \mu) / \sigma$, em que X é um dado observado, μ é a média do conjunto de dados e σ é o desvio-padrão do conjunto de dados para calcular a estatística Z. A variável padronizada Z apresenta o afastamento em desvios-padrão de um valor da variável

---

41 Lock, Robin H.; Morgan, Kari Lock; Lock, Eric F.; Lock, Dennis F. *Estatística: revelando o poder dos dados*. Rio de Janeiro: LTC, 2017. p. 237.

original em relação à média.[42] A transformação é fundamental para calcularmos probabilidades relativas a uma distribuição normal qualquer.[43] Com a estatística Z, é possível utilizar tabelas padronizadas[44] para calcular probabilidades de forma simples.

Amostragem

Uma população inclui todos os indivíduos ou objetos de interesse.[45] Se todos os dados da população forem analisados, os resultados descrevem o universo de dados. Quando se trabalha com uma quantidade muito grande de dados, porém, raramente é possível estudar todos os elementos de um fenômeno. A solução para não investir tempo na análise da população inteira é trabalhar com amostragem. Amostra é qualquer subconjunto da população.[46] Grande parte do estudo estatístico utiliza amostragem para inferir, ou seja, tirar conclusões sobre a população. Inferência estatística é o processo de uso de dados de uma amostra para obter informação sobre a população.[47] Quando se deseja generalizar os dados de uma amostra para o universo, deve-se observar como condição básica e fundamental que ela seja representativa do universo.[48] Isso quer dizer que, mesmo com a possibilidade da existência de alguma margem de erro, os resultados extraídos da amostra valem para representar a

---

42 Bruni, Adriano Leal. *Estatística aplicada à gestão empresarial*. 2. ed. São Paulo: Atlas, 2010. p. 146.
43 Morettin, Pedro A.; Hazzan, Samuel; Bussab, Wilton O. *Cálculo: funções de uma e várias variáveis*. 3. ed. São Paulo: Saraiva, 2016. p. 182.
44 A tabela da distribuição normal padronizada pode ser encontrada ao final do livro.
45 Lock, Robin H.; Morgan, Kari Lock; Lock, Eric F.; Lock, Dennis F. *Estatística: revelando o poder dos dados*. Rio de Janeiro: LTC, 2017. p. 13.
46 Morettin, Pedro A.; Hazzan, Samuel; Bussab, Wilton O. *Cálculo: funções de uma e várias variáveis*. 3. ed. São Paulo: Saraiva, 2016. p. 266.
47 Lock, Robin H.; Morgan, Kari Lock; Lock, Eric F.; Lock, Dennis F. *Estatística: revelando o poder dos dados*. Rio de Janeiro: LTC, 2017. p. 13.
48 Bruni, Adriano Leal. *Estatística aplicada à gestão empresarial*. 2. ed. São Paulo: Atlas, 2010. p. 173.

população. Para garantir que ela represente a população e que seus resultados sejam válidos, é preciso que o processo de amostragem seja feito com imparcialidade por parte do condutor da análise.

Para o conjunto de dados de consumo de bebidas, podemos utilizar a função de escolha de números aleatórios entre um mínimo e um máximo do Excel (ALEATÓRIOENTRE) para extrair uma amostra com trinta observações da população de países que estamos analisando. O resultado desse processo de amostragem pode ser visto na Tabela 10.3.

Tabela 10.3

Amostragem	País	Continente	Consumo destilados	Consumo vinho	Consumo cerveja	Consumo total de litros de
1	122	Serbia	Europa	131	127	283	9,6
2	21	Uganda	África	9	0	45	8,3
3	50	Canada	América do Norte	122	100	240	8,2
4	106	Portugal	Europa	67	339	194	11
5	41	Mexico	América do Norte	68	5	238	5,5
6	150	Palau	Oceania	63	23	306	6,9
7	6	Cote d'Ivoire	África	1	7	37	4
8	111	Croatia	Europa	87	254	230	10,2
9	121	United Kingdom	Europa	126	195	219	10,4
10	77	Singapore	Ásia	12	11	60	1,5
11	127	France	Europa	151	370	127	11,8
12	75	Laos	Ásia	0	123	62	6,2
13	78	South Korea	Ásia	16	9	140	9,8
14	18	Nigeria	África	5	2	42	9,1
15	57	St. Kitts & Nevis	América do Norte	205	32	194	7,7
16	123	Albania	Europa	132	54	89	4,9
17	120	Romania	Europa	122	167	297	10,4
18	67	Colombia	América do Sul	76	3	159	4,2
19	86	Turkmenistan	Ásia	71	32	19	2,2
20	59	Dominica	América do Norte	286	26	52	6,6
21	38	Gabon	África	98	59	347	8,9
22	23	Sudan	África	13	0	8	1,7
23	94	Mongolia	Ásia	189	8	77	4,9
24	45	Jamaica	América do Norte	97	9	82	3,4
25	148	Tuvalu	Oceania	41	9	6	1
26	19	Tanzania	África	6	1	36	5,7
27	101	Macedonia	Europa	27	86	106	3,9
28	146	Fiji	Oceania	35	1	77	2
29	105	Iceland	Europa	61	78	233	6,6
30	119	Ireland	Europa	118	165	313	11,4

Fonte: o autor.

Estimação

Após obter uma amostra sem qualquer viés, passa-se então à tarefa de estimação, ou seja, a suposição de informações sobre a população. No processo de amostragem, deseja-se entender ou projetar o parâmetro populacional com base em uma estimativa amostral.[49] Um parâmetro é um número que descreve algum dos aspectos de uma população.[50] Estimativa é o valor assumido pelo parâmetro em determinada amostra.[51] Portanto, a estimação tenta responder diretamente a uma questão, o que requer a formulação de um problema.

O processo de estimação é facilitado pelo teorema do limite central, o qual estabelece que, para valores grandes do tamanho da amostra (maior ou igual a 30), a distribuição das médias amostrais se comporta como uma distribuição normal, com média igual à média populacional e desvio-padrão igual ao desvio-padrão da variável original, dividido pela raiz do tamanho da amostra.[52] Esse desvio-padrão das médias amostrais, que representa a margem de erro, é chamado de erro inferencial ou erro padrão. Algebricamente, o desvio-padrão das médias das amostras é:

$$\sigma_{Amostra} = \sigma_{Original} / \sqrt{n}.$$

Como o teorema do limite central habilita a utilização da distribuição normal para analisar grandes grupos de dados, deve-se calcular a variável padronizada Z. Se a estatística Z apresenta o afastamento em desvios-padrão de um valor da variável original em relação à média, para análises amostrais ela ajudará a determinar o

---

[49] Bruni, Adriano Leal. *Estatística aplicada à gestão empresarial*. 2. ed. São Paulo: Atlas, 2010. p. 185.

[50] Lock, Robin H.; Morgan, Kari Lock; Lock, Eric F.; Lock, Dennis F. *Estatística: revelando o poder dos dados*. Rio de Janeiro: LTC, 2017. p. 120.

[51] Bruni, Adriano Leal. *Estatística aplicada à gestão empresarial*. 2. ed. São Paulo: Atlas, 2010. p. 185.

[52] Bruni, Adriano Leal. *Estatística aplicada à gestão empresarial*. 2. ed. São Paulo: Atlas, 2010. p. 187.

nível de confiança da estimativa. O nível de confiança representa a taxa de sucesso da estimativa ou a proporção de todas as amostras cujos intervalos contenham o parâmetro.[53] O nível de confiança mais comum utilizado é o de 95%. Pode-se também determinar o nível de significância (α) do estudo, que é igual ao complemento do nível de confiança para se chegar a 1, que representa o risco de erro ou a chance de que o parâmetro populacional não esteja contido no intervalo de dados analisado. Portanto, um estudo com nível de confiança de 95% revela nível de significância de 5%. Isso quer dizer que há a probabilidade de 95% de acerto e 5% de erro na estimativa.

Uma ferramenta muito utilizada para avaliar a probabilidade de a média de uma determinada amostra estar a uma distância estabelecida da média populacional é o intervalo de confiança. Um intervalo de confiança é uma estimativa intervalar, calculada por uma amostra, que tem uma chance predeterminada de capturar o valor da proporção populacional.[54] Suponha que você trabalhe em uma fábrica de biscoitos na qual o maquinário devidamente regulado encha os pacotes com 300 gramas de biscoitos e um desvio-padrão de 12 gramas. O grande volume de produção fez com que o maquinário desregulasse, então você precisa descobrir qual é a atual média de peso da produção. Como você não quer atrapalhar o ritmo de produção, decide tirar 36 amostras, vê que estas apresentam média igual a 288 gramas e cria, então, um intervalo de confiança com 95% de confiança. Para tal, deverá seguir estes passos:

1. Como o número de amostras ultrapassa 30, utiliza-se a expressão [desvio-padrão da população / $\sqrt{n}$] para achar o desvio-padrão das amostras.
   Logo: Erro padrão = $12/\sqrt{36} = 2$

---

53 Lock, Robin H.; Morgan, Kari Lock; Lock, Eric F.; Lock, Dennis F. *Estatística: revelando o poder dos dados*. Rio de Janeiro: LTC, 2017. p. 133.

54 Lock, Robin H.; Morgan, Kari Lock; Lock, Eric F.; Lock, Dennis F. *Estatística: revelando o poder dos dados*. Rio de Janeiro: LTC, 2017. p. 133.

2. Se o nível de confiança é de 95%, utiliza-se a tabela padronizada de Z (ver Anexo) para determinar que a estatística Z para esse nível de confiança é 1,96.

3. Segundo o teorema do limite central, aplicamos a seguinte fórmula:

Média da população = Média da amostra ± Estatística Z × Desvio-padrão
Média da população = 288 ± 1,96 × 2
Média da população = 288 ± 3,92

4. Conclusão: há 95% de confiança de que a média atual esteja dentro do intervalo entre 284,08 gramas e 291,92 gramas. Esse resultado pode levar você a decidir parar momentaneamente a produção para regular o maquinário.

Podemos aplicar a ferramenta do intervalo de confiança ao nosso estudo de caso sobre o consumo de bebidas. A média de consumo anual de destilados por pessoa de nossa amostra é de 81 doses. Como o desvio-padrão da população é 88 e o número de amostras, 30, o erro padrão é $88/\sqrt{30}$ =16,1. Ao utilizar a estatística Z de 1,96 para um nível de confiança de 95%, temos o intervalo de 81 ± 1,96 × 16,1 ou 81 ± 31,56. Portanto, há 95% de confiança de que a média da população de países esteja dentro do intervalo entre 49,44 e 112,56 doses. Novamente, devemos olhar para o resultado e entender que quanto mais informações temos disponíveis para trabalhar, melhores serão nossos resultados. O intervalo encontrado parece bastante amplo, o que leva a concluir que o resultado pode não ser tão bom. Isso é uma verdade. Se fizéssemos uma amostragem com 64 países, por exemplo, o erro padrão cairia de 16,1 para 11 e o intervalo passaria a ser de 81 ± 21,56 ou entre 59,44 e 102,56, o que é um intervalo bem menor. Logo, quando estamos lidando com dados estatísticos, quanto mais observações, melhor!

Outra forma de análise de inferência estatística comum é conhecida como teste de hipóteses. Um teste estatístico usa dados de uma amostra para avaliar uma afirmativa sobre uma população.[55] O objetivo do teste estatístico de hipóteses é, então, fornecer uma metodologia que nos possibilite verificar se os dados amostrais trazem evidências que apoiem ou não uma hipótese (estatística) formulada.[56] A ideia é formular e testar diretamente uma teoria, quer dizer, testar uma hipótese básica sobre determinado parâmetro populacional contra uma hipótese alternativa. Essa hipótese básica, chamada de hipótese nula (H_0), é uma hipótese inercial, ou seja, o *status quo* permanece inalterado.[57] A hipótese alternativa (H_a) é uma afirmativa para a qual procuramos evidência significante.[58]

Ao trabalhar com o exemplo construído sobre a fábrica de biscoitos, suponha que você deseje testar a hipótese de que a média da população (peso dos biscoitos por pacote) seja diferente de 300 gramas. Para tal, deverá obedecer aos passos a seguir.

1. Formular as hipóteses nula e alternativa. $H_0 = 300$ g e $H_a \neq 300$ g.

2. Determinar a distribuição que, como já sabemos, é a normal. Isso implica utilizarmos a expressão [desvio-padrão da população $/\sqrt{n}$] para achar o desvio-padrão das amostras. Logo:

$$\text{Erro padrão} = 12/\sqrt{36} = 2$$

3. Estabelecer o nível de confiança que, como também sabemos, é de 95%. Isso implica que o nível de significância

---

55 Lock, Robin H.; Morgan, Kari Lock; Lock, Eric F.; Lock, Dennis F. *Estatística: revelando o poder dos dados*. Rio de Janeiro: LTC, 2017. p. 164.
56 Morettin, Pedro A.; Hazzan, Samuel; Bussab, Wilton O. *Cálculo: funções de uma e várias variáveis*. 3. ed. São Paulo: Saraiva, 2016. p. 336.
57 Becker, João Luiz. *Estatística básica: transformando dados em informação*. Porto Alegre: Bookman, 2015. p. 310.
58 Lock, Robin H.; Morgan, Kari Lock; Lock, Eric F.; Lock, Dennis F. *Estatística: revelando o poder dos dados*. Rio de Janeiro: LTC, 2017. p. 164.

(α) desse teste é de 5%. O nível de confiança ilustra a área de aceitação da H_0, ao mesmo tempo que o nível de significância representa a área de rejeição da H_0. Como o teste tem o objetivo de determinar se a média da população é diferente de um determinado valor (e não se é maior ou menor), a área de rejeição será dividida entre as duas pontas da distribuição, ou seja, $\alpha/2$. Portanto, quando consultamos a tabela normal padronizada, vemos que os valores críticos de comparação serão – 1,96 e + 1,96.

4. Calcular a estatística Z que servirá de base para comparação com as áreas de rejeição e aceitação mencionadas. Como sabemos, a fórmula para a estatística Z é: $Z = (X - \mu) /$ desvio-padrão. Logo, temos:

$$Z = (288 - 300) / 2 = -6$$

5. Conclusão: como a estatística $Z = -6$ é menor que $-1,96$, o resultado se encontra dentro do intervalo de rejeição. Isso nos leva a rejeitar a hipótese nula (H_0) de que a média de peso dos pacotes de biscoito seja 300 gramas e a concluir que exista, de fato, uma desregulagem significativa no maquinário.

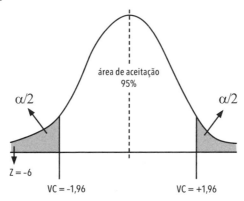

Figura 10.6 – Fonte: o autor.

Há pelo menos três situações claras de aplicabilidade dos testes de hipóteses. A primeira é em situações nas quais é preciso determinar a validade de uma teoria, como no caso de pesquisas científicas. A segunda é em situações nas quais se tenta descobrir a probabilidade de um determinado resultado ser consequência dos resultados de um teste, como em diagnósticos médicos, por exemplo. Por fim, e de forma mais genérica, os testes de hipótese podem ser aplicados a qualquer situação em que exista um ponto de corte ou critério específico que determine uma decisão de sim ou não, de ir *versus* não ir etc.

Ao aplicar a ferramenta de teste de hipóteses aos dados sobre o consumo de bebidas, podemos testar a hipótese (H_0) de que a média de consumo de destilados dos países (da população) seja diferente de 100 doses por pessoa por ano, com 95% de confiança. No cálculo da estatística Z, temos: Z = (81 − 100) / 16,1 = − 1,18. Olhando para a Figura 10.7, ao comparar a estatística Z com o valor crítico de comparação de -1,96, percebemos que nosso teste caiu na área de aceitação. Portanto, não podemos rejeitar a hipótese nula (H_0) de que a média de consumo de destilados seja de 100 doses por pessoa. Dito de outra maneira, temos 95% de confiança de que a média de consumo de destilados seja diferente de 100 doses por pessoa.

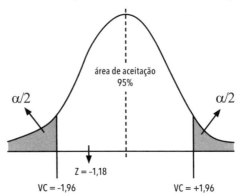

Figura 10.7 – Fonte: o autor.

Álgebra

Todas as ferramentas de estatística apresentadas até aqui são importantes e necessárias na construção de um modelo preditivo. Contudo, elas não são suficientes sozinhas. A forma de se pensar em um modelo preditivo baseia-se em álgebra, que é a divisão da matemática que estuda operações e manipulações com variáveis, funções, gráficos e equações. Muitos procedimentos estatísticos se originam da álgebra linear ou matricial. Por isso, saber trabalhar com sistemas de equações lineares é parte importante da análise preditiva.

Uma equação linear nas incógnitas x_1, x_2, ... x_n pode ser colocada na seguinte forma padrão:

$$a_1 x_1 + a_2 x_2 + \ldots + a_n x_n = b$$

em que a_1, a_2, ..., a_n são coeficientes das incógnitas e b é um termo constante.[59] Assim, um sistema linear é um conjunto de equações lineares que exibem as mesmas incógnitas. Esses sistemas representam um método importante para determinar uma solução única para situações com diversas variáveis desconhecidas. Sistemas lineares com milhares de variáveis, ou até com milhões de variáveis, são comuns nas engenharias, na análise econômica, nas imagens de ressonância magnética, na análise de fluxo de tráfego, na previsão do tempo e na formulação de decisões e de estratégias comerciais.[60]

Outra área em que a álgebra pode auxiliar no processo de análise preditiva é o cálculo, que nos oferece dois importantes instrumentos: a derivada e a integral. A derivada é uma ferramenta que determina a taxa de variação de uma função em um determinado ponto. Em economia e administração, o conceito de derivada é utilizado principalmente no estudo gráfico de funções,

---

59 Lipschutz, Seymour; Lipson, Marc Lars. *Álgebra linear*. 4. ed. Porto Alegre: Bookman, 2011. p. 64.

60 Anton, H.; Busby, R. *Álgebra linear contemporânea*. Porto Alegre: Bookman, 2007. p. 57.

na determinação de máximos e mínimos e no cálculo de taxas de variação de funções.[61] Quando a primeira derivada de uma função for negativa, seu gráfico estará na decrescente e quando for positiva, na crescente. Se a primeira derivada for zero ou indeterminada, é possível conhecer pontos críticos dessa função. Geralmente, esses são pontos interessantes da função que merecem ser estudados. Da mesma maneira que a primeira derivada mede a taxa de variação da função, a segunda derivada mede a taxa de variação da primeira derivada.[62] Assim, quando a segunda derivada for positiva, tem-se um ponto mínimo na função; quando ela for negativa, tem-se um ponto máximo na função. Já a integral é uma ferramenta que determina o tamanho da área da região que fica abaixo do gráfico de determinada função. Ela também pode ser usada para deduzir a função da condição inicial de determinada situação. Portanto, sempre que precisar lidar com taxas de mudança, problemas de otimização ou a determinação de uma quantidade em tempo específico, será necessário aplicar ferramentas de cálculos.

Em seguida, veremos a aplicação de álgebra e equação linear simples. Os conceitos oriundos de cálculo são mais sofisticados e seu aprofundamento foge do escopo deste livro.

Regressão linear

O modelo mais familiar e utilizado para análise preditiva é a regressão. A regressão modela a relação entre uma ou mais variáveis de resposta (também chamadas de variáveis de saída, dependentes, preditas ou explicadas) e os preditores (também chamados de variáveis de controle, independentes, explanatórias ou regressores).[63] Por regressão, é possível utilizar uma coleção de variáveis para prever

---

61 Morettin, Pedro A.; Hazzan, Samuel; Bussab, Wilton O. *Cálculo: funções de uma e várias variáveis*. 3. ed. São Paulo: Saraiva, 2016. p. 128.

62 Morettin, Pedro A.; Hazzan, Samuel; Bussab, Wilton O. *Cálculo: funções de uma e várias variáveis*. 3. ed. São Paulo: Saraiva, 2016. p. 172.

63 Castro, Leandro N.; Ferrari, Daniel Gomes. *Introdução à mineração de dados: conceitos básicos, algoritmos e aplicações*. São Paulo: Saraiva, 2016. p. 205.

um único resultado. O modelo é capaz de informar a direção, a magnitude e a força da relação entre as variáveis. Há muitas variações de regressão, como a polinomial, a logarítmica e a de Poisson. Todavia, focaremos na regressão linear, que é o modelo mais clássico para fazer previsões. Além disso, é possível transformar relações não lineares em lineares por transformações algébricas das variáveis.

Uma regressão linear começa na construção de um diagrama de dispersão entre duas variáveis. Um diagrama de dispersão é tão somente uma representação dos objetos da amostra em um sistema cartesiano de eixos coordenados.[64] Nele, cada ponto representa uma observação emparelhada das duas variáveis. O intuito da regressão linear é desenhar uma linha reta dentro dos dados de modo a minimizar a distância de cada dado a essa reta. A equação dessa reta de regressão estabelece a relação entre as duas variáveis; veja:

$$y = a + bx, \text{ em que}$$

- y – chamada de variável dependente, é aquela que buscamos explicar;
- x – chamada de variável independente ou também de preditor, é aquela que ajuda a explicar a variável dependente;
- a – intercepto, ou o valor da variável y quando a variável x for zero;
- b – coeficiente angular da reta, ou seja, medida de inclinação da reta. Por esse coeficiente vê-se o quanto y varia quando x muda.

Essa equação pode ser usada para estimar ou predizer valores futuros de uma variável com base em valores conhecidos ou

---

64 Becker, João Luiz. *Estatística básica: transformando dados em informação.* Porto Alegre: Bookman, 2015. p. 87.

supostos de uma ou mais variáveis relacionadas.[65] Isso pode ser muito útil para fazer previsões. Antes de passar para a tarefa de predição, porém, é preciso entender o tamanho do ajuste do modelo aos dados, isto é, o quanto realmente essa linha descreve a relação ente as variáveis. Isso é descrito pelo coeficiente de correlação de Pearson (r), que mede o grau de dependência linear entre duas variáveis, tomando valores entre −1 e +1.[66] O coeficiente de correlação pode ser interpretado da seguinte forma:

- Se positivo, descreve uma relação direta entre as variáveis;
- Se negativo, descreve uma relação inversa entre as variáveis;
- Quanto mais próximo de 1, mais forte é a relação entre as variáveis;
- Quanto mais próximo de 0, mais fraca ou inexistente é a relação entre as variáveis.

O coeficiente de correlação (r) traz ainda mais informações sobre o modelo de regressão linear. Ao ser elevado ao quadrado, dá origem a uma estatística que pode variar entre 0 e 1, conhecida como coeficiente de determinação. O coeficiente de determinação, ou simplesmente R^2, além de expressar o quadrado do coeficiente de correlação de Pearson, representa, também, a relação entre a variação explicada pelo modelo e variação total.[67] Isso quer dizer que o coeficiente de determinação, que pode variar de 0 a 1, estabelece o percentual em que a variável dependente (y) é explicada pela variável independente (x). Assim, um R^2 igual a

---

65 Bruni, Adriano Leal. *Estatística aplicada à gestão empresarial*. 2. ed. São Paulo: Atlas, 2010. p. 279.
66 Becker, João Luiz. *Estatística básica: transformando dados em informação*. Porto Alegre: Bookman, 2015. p. 98.
67 Bruni, Adriano Leal. *Estatística aplicada à gestão empresarial*. 2. ed. São Paulo: Atlas, 2010. p. 288.

0,75 indica que o modelo em questão explica 75% das variações da variável dependente.

É possível, agora, retornar à afirmação de que a regressão linear é capaz de informar a direção, a magnitude e a força da relação entre as variáveis. A direção é dada pelo coeficiente de correlação. A magnitude é dada pelo coeficiente angular da reta de regressão. E, por fim, a força da relação entre as variáveis é dada pelo coeficiente de determinação.

Ao aplicar a regressão linear aos dados sobre consumo de bebidas, podemos colocar o consumo de bebidas destiladas como a variável dependente e o consumo das demais bebidas e do total de álcool nos países como variáveis independentes. Assim, estudaremos o efeito que o consumo das outras bebidas tem no consumo de bebidas destiladas nos países. Como vimos, esse estudo começa com a construção de gráficos de dispersão entre as variáveis. Felizmente, o Excel facilita muito o trabalho de regressão linear, pois o programa entrega a regressão linear pronta, com o gráfico de dispersão. Para tanto, selecionam-se os dados e cria-se o diagrama de dispersão. Em seguida, deve-se selecionar o gráfico e adicionar uma linha de tendência. Por fim, no menu "Formatar Linha de Tendência", selecionam-se as caixas "Exibir Equação no Gráfico" e "Exibir Valor de R-quadrado no Gráfico". Todas essas informações para o conjunto de dados sobre consumo de bebidas estão na Figura 10.8.

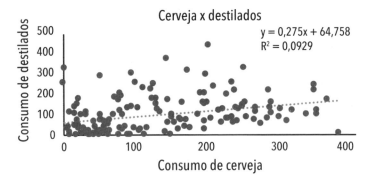

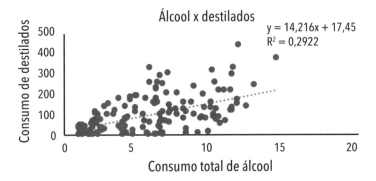

Figura 10.8 – Fonte: o autor.

No primeiro gráfico da Figura 10.8, que ilustra o efeito do consumo de vinho sobre o consumo de bebidas destiladas, percebemos que praticamente não há relação entre as duas variáveis. Além de a linha de tendência ser praticamente horizontal, o R^2 revela que o consumo de vinho pode explicar apenas 0,46% do consumo de bebidas destiladas. Portanto, podemos tranquilamente descartar essa relação, dada sua irrelevância.

No segundo gráfico da Figura 10.8, que ilustra o efeito do consumo de cerveja sobre o consumo de bebidas destiladas, percebemos que há uma relação fraca entre as variáveis. Além de a linha de tendência demonstrar uma inclinação modesta, o

R^2 revela que o consumo de cerveja explica apenas 9,29% do consumo de bebidas destiladas.

No terceiro gráfico da Figura 10.8, que ilustra o efeito do consumo total de álcool nos países sobre o consumo de bebidas destiladas, percebemos que há uma relação interessante entre as variáveis. Além de a linha de tendência demonstrar uma inclinação mais pronunciada, o R^2 revela que o consumo total de álcool nos países explica 29,22% do consumo de bebidas destiladas, ou seja, praticamente um terço!

Com esses resultados, já é possível julgar as hipóteses criadas no passo de reunião de dados que iniciou esse estudo. Pela análise dos dados, podemos concordar com os gestores que acreditavam que o consumo de bebidas destiladas é influenciado pelo consumo de cerveja. No entanto, essa influência é bem pequena e, certamente, não justifica a expansão da produção de bebidas destiladas para países que bebem muita cerveja. Podemos também confirmar a hipótese de que o consumo total de álcool por país é mais determinante para o consumo de bebidas destiladas que o consumo de cerveja ou vinho. Como a equação da linha de tendência (reta de regressão) traz a relação matemática entre as variáveis, podemos extrapolar os dados e executar, de fato, análises preditivas. Por exemplo, com base no modelo que construímos com os dados disponíveis, qual seria o consumo médio anual por pessoa de bebidas destiladas (y) quando o total de álcool consumido por pessoa em média (x) fosse de 7 litros? Substituindo na fórmula, temos:

$$y = 14,216x + 17,45$$
$$y = 14,216(7) + 17,45$$
$$y = 99,51 + 17,45$$
$$y = 116,96$$

Portanto, quando o consumo total de álcool por pessoa fosse de 7 litros, o consumo anual médio por pessoa de bebidas destiladas seria de quase 117 doses.

O modelo de regressão simples também é chamado de bivariado. É de esperar, porém, que as variações de uma variável dependente sejam explicadas pelas variações de mais de um preditor. Por isso, é possível construir modelos de regressão múltipla, nos quais são incluídas outras variáveis independentes que ajudam a explicar a variável dependente. Com múltiplos preditores, perdemos a representação gráfica do modelo como uma reta, mas pacotes estatísticos tornam fácil estimar os coeficientes por dados amostrais.[68] Nesse caso, a equação da reta se expande para a seguinte função:

$$y = a + b_1 x_1 + b_2 x_2 + \ldots + b_n x_n$$

Para o conjunto de dados sobre consumo de bebidas nos países, poderíamos tentar adicionar outras variáveis ao modelo, como a renda média anual ou temperatura média anual dos países do estudo. É importante ressaltar que o método a ser utilizado para medir a associação entre variáveis pode afetar o significado e a interpretação dos resultados. É de esperar, por exemplo, que o coeficiente de determinação de uma regressão múltipla seja mais alto que o de uma regressão simples. Afinal, mais informação ajuda melhor a explicar a variável dependente do que menos informação.

Como não existe ciência perfeita para prever o futuro, o modelo de regressão também merece pontos de atenção. Na criação do modelo, é possível enfrentar problemas como os dados não seguirem a distribuição normal, a existência de não linearidade na associação entre variáveis, uma associação entre os preditores que gere sobreposição no resultado, confusão entre correlação e causalidade etc. A boa notícia é que há formas estatísticas de lidar com todos esses problemas. Apesar de o aprofundamento desse assunto não ser nosso foco, vale comentar que nem todas as decisões de modelagem precisam ser tomadas de acordo com os dados. A

---

68   Lock, Robin H.; Morgan, Kari Lock; Lock, Eric F.; Lock, Dennis F. *Estatística: revelando o poder dos dados*. Rio de Janeiro: LTC, 2017. p. 414.

teoria pode ser usada para escolher entre as prováveis variáveis que entrarão no modelo. Ao utilizar a teoria, você pode construir e melhorar seu modelo pelo trabalho de muitos outros especialistas nos assuntos de estatística, matemática, modelagem preditiva etc.

Apesar dos desafios, o modelo de regressão é excelente para a execução de análises preditivas por vários motivos. Primeiro, a regressão pode ser adaptada para praticamente qualquer situação de dados. Segundo, é muito fácil interpretar os resultados de uma equação de regressão. Terceiro, com a ajuda de pacotes estatísticos simples (Excel, por exemplo), os resultados não apenas são fáceis de interpretar como são fáceis de calcular. Quarto, a regressão possibilita o uso de muitas variáveis para prever uma. E, mais importante, o modelo de regressão que você construir pode ser aplicado a novos dados, ajudando a criar novos insights para o seu negócio.

PASSO 4: EXPONDO OS RESULTADOS

O último passo de um trabalho de análise de dados é a exposição dos resultados. Quando organizados adequadamente, os dados podem ajudar-nos a tomar sábias decisões, persuadir colegas de trabalho, desenvolver novos insights sobre o negócio, poupar tempo e dinheiro, ganhar eficiência, imaginar o que pode acontecer no futuro, resolver problemas, passar a ideia de que desafios são solucionáveis etc. Mas, para atingir qualquer desses objetivos, é preciso que você alcance sua audiência de modo que eles aprendam algo e tomem alguma decisão. Dados não significam nada sem contexto. Por isso, deve-se comunicar sobre o processo de análise de dados na forma de uma história.

Uma história é algo que acontece com alguém que está tentando alcançar alguma coisa e que muda como resultado. A história que o gestor moderno deve contar sobre seu processo preditivo tem de seguir o mesmo princípio. Podemos dizer que a empresa é a protagonista em busca de algum objetivo difícil (lucro, eficiência, market share etc.) e que se transformará depois de entender os resultados do estudo e adotar as recomendações do gestor moderno para atingir seu objetivo. Portanto, é preciso criar uma jornada de compreensão dos dados e comunicar os resultados da análise de forma intuitiva, maximizando o valor dos dados e da análise para que a audiência possa obter a essência de seu significado.

Como qualquer história, o gestor moderno deverá construir uma narrativa completa com começo, meio e fim. Deve-se começar com a apresentação dos objetivos que motivaram a análise e as metas traçadas na etapa de reunião de dados. Em seguida, deve-se montar uma direção linear[69] para a história com perguntas simples que ajudem a transformar os dados em uma narrativa convincente. A história deve corresponder a esses objetivos e responder a quaisquer perguntas de maneira clara e inequívoca. É extremamente importante saber o que realmente se quer dizer, assim como o que os dados estão dizendo. Afinal, não se pode simplesmente decidir qual é a mensagem que se deseja passar e depois procurar dados que a suportem.

O meio da história consiste em responder às perguntas criadas na etapa inicial e demonstrar como os objetivos do estudo foram atingidos, segundo a orientação de linearidade da história. Seguem técnicas e dicas para ajudar na construção da história:

- Misture texto com elementos visuais – responda às perguntas criadas no início da história em textos simples e diretos, usando dados, tabelas e gráficos como pano de fundo. Uma narrativa que se baseie apenas em texto se torna entediante, enquanto uma que se baseie apenas em elementos visuais pode se provar incompleta;

- Utilize gráficos – gráficos de apresentação são excelentes para visualizar informações muito densas com simplicidade e clareza;

---

[69] Aqui, linear quer dizer "o que segue em linha reta, sem desvios ou rodeios".

- Use tabelas com moderação – tabelas com números podem ser de difícil leitura. Quando optar por utilizá-las, simplifique-as, use pouco texto e coloque ênfase nos aspectos visuais;

- Organize a forma de demonstrar os dados – mostre o intervalo total de dados, e não apenas uma parte deles. Utilize gráficos e tabelas simples de ler, etiquetando eixos, colocando títulos e deixando claro o que está sendo representado. Ordene os elementos nos gráficos de maneira intuitiva (ordem crescente, ordem decrescente, usando metáfora visual etc.);

- Rotule com eficiência – é extremamente importante rotular tabelas, gráficos ou qualquer outra exibição visual dos dados. Rótulos, títulos e comentários adequados trazem contexto e ajudam o leitor a interpretar a informação e a recordá-la mais à frente. Todavia, não adicione rótulos em tudo para evitar correr o risco de diminuir a relevância da informação que realmente é importante transmitir;

- Narre com parcimônia – você não precisa mostrar tudo, apenas o que é relevante para a história que está construindo. Seja seletivo sobre o que é importante incluir para comunicar suas conclusões;

- Utilize cronologia – tente determinar as mudanças ao longo do tempo que os dados podem contar. Uma história linear orientada por acontecimentos no tempo pode ser uma narrativa poderosa para o seu público. Nem sempre os dados disponíveis informam como as coisas mudam com o tempo. Isso não é um problema, pois a forma linear de contar a história deve prevalecer, enquanto a cronologia serve de artifício para dar mais contexto à história;

- Use diagramas de fluxo – diagramas de fluxo podem ser ótimas ferramentas se a história contada incluir organogramas, processos, algum tipo de hierarquia ou fluxo de uma coisa para outra;

- Foque no seu público – é preciso tornar os números compreensíveis, relacionáveis e comunicar o impacto deles nas pessoas para as quais você está apresentando. Personalizar sua história nas necessidades de seu público pode ser uma ferramenta poderosa;

- Simplifique o complexo – se a história que estiver contando for complexa, simplifique o máximo que puder os itens individuais. A totalidade pode até ser complexa, mas, se tornar seus elementos o mais simples possível, conseguirá passar a mensagem para seu público com clareza;

- Use a repetição a seu favor – apresente dados importantes e as principais mensagens e conclusões mais de uma vez e de modos diferentes para ajudar seu público a aumentar a compreensão e memorização da história;

- Faça comparação e contraste – frequentemente, análise de dados consiste em comparar diferentes conjuntos de dados entre si, bem como contrastar diferentes variáveis dentro dos dados. Por isso, comparação e contraste pode ser uma boa técnica a ser implementada na narrativa;

- Apresente seu modelo com clareza – o público precisa entender seu modelo para aceitar suas previsões. Explique os passos que levaram à criação do modelo, a ordem de construção e como tudo se complementa no final. Somente após o entendimento do modelo é que as previsões farão sentido.

O fim da história é o momento de apresentar as recomendações sobre o que se deve fazer para atingir o objetivo desejado. Como o intuito de um projeto de análise preditiva é direcionar ações futuras, a análise conduzida deve ser capaz de guiar a tomada de decisão de maneira significativa e bem informada, justificando as recomendações com os dados analisados. É importante que as recomendações sejam específicas e factíveis. Com um sólido trabalho de análise de dados, uma comunicação clara, objetiva e assertiva dos resultados e um conjunto sensato e plausível de recomendações, o gestor moderno pode agregar muito valor por meio de suas análises preditivas.

CONCLUSÃO: O QUE O GESTOR MODERNO DEVE FAZER AGORA?

Cada vez mais conectado e digital, o mundo está produzindo uma abundância de dados. Os dados agora são vitais para as empresas, e seu gerenciamento tornou-se função de sobrevivência das organizações. Está cada vez mais difícil para as empresas construírem vantagem competitiva no século XXI sem alavancar o poder dos dados que são produzidos em suas operações. Essa realidade influencia diretamente a atuação do gestor moderno.

É essencial que o gestor moderno comece a desenvolver suas habilidades preditivas e construir modelos que o ajudem a olhar para o futuro. No mercado hipercompetitivo deste século, é imperativo ir além da utilização de dados apenas como instrumento no processo de tomada de decisão. É preciso buscar na análise preditiva de dados sinalizações de possíveis desenvolvimentos futuros. Agora, o gestor moderno está apto a reunir a própria base de dados, extraindo insumo de todas as ferramentas e conhecimentos apresentados nos Capítulos 1 a 10 deste livro. Está preparado também para aplicar instrumentos estatísticos a fim de produzir informações relevantes segundo esses dados. Por fim, o gestor moderno está pronto para construir os próprios modelos preditivos que o ajudarão a debater o futuro do negócio, não apenas seu passado. Ao desenvolver suas habilidades preditivas, o gestor moderno passará a saber o que está por vir em sua área ou indústria, tornando-se um profissional de ação, e não de reação.

Considerações finais
O QUE O GESTOR MODERNO DEVE FAZER AGORA?

> Nós somos aquilo que fazemos repetidamente.
> Excelência, portanto, não é um ato, mas um hábito.
> Aristóteles

Certamente, você percebeu que todos os capítulos terminaram com a mesma pergunta: "O que o gestor moderno deve fazer agora?" As respostas que imediatamente seguiram essa pergunta foram ideias, questionamentos e sugestões sobre como o gestor moderno poderia colocar em prática cada habilidade aprendida nos respectivos capítulos. A pergunta a ser respondida na conclusão deste livro será a mesma. Contudo, a resposta será diferente!

É lógico que você deve estudar o planejamento estratégico de sua empresa, buscar insights em seu ambiente externo, aprender a linguagem financeira dos negócios e extrair informações de conjuntos de dados relevantes para sua atuação. Também é óbvio que você deve otimizar processos, estabelecer KPIs e projetos de alto valor, aplicar a metodologia OBZ, analisar o desempenho do negócio e gerir riscos. Mas, se realmente entendeu a velocidade, o ímpeto e a agressividade da hipercompetitividade do século XXI, você já vem aplicando as 10 habilidades estratégico-financeiras apresentadas aqui ao longo de sua leitura.

O que o gestor moderno deve fazer agora é entender que não precisa ser um diretor executivo para ser um gestor moderno! Para tornar-se um gestor moderno, basta estar disposto a persistir durante uma trajetória de progresso contínuo. Isso não significa atingir determinada posição hierárquica. Ser progressista e adaptável, melhorar o planejamento e a execução de sua área, determinar metas agressivas e alinhadas à estratégia e aos mecanismos de avaliação de desempenho da empresa, preservar o que está dando certo e inovar no resto e criar um dashboard para gerir em tempo real não são requisitos de uma posição hierárquica específica. Mas são requisitos daqueles gestores que aceitam a nova realidade de um mundo cada vez mais volátil e acelerado e adotam práticas mais adequadas para continuar a criar valor. Ou seja, são requisitos de gestores modernos!

Aceite que a concorrência agressiva do mercado hipercompetitivo do século XXI está provocando transformações importantes em todas as organizações, em especial na atuação dos gestores. Desenvolva as 10 habilidades estratégico-financeiras e aplique as ferramentas, os conhecimentos e siga as conclusões apresentadas aqui em sua área. Sirva de exemplo e lidere a transformação de sua empresa em uma organização exponencial ou empresa visionária. Se a vida útil de ideias, produtos e planos de negócios está ficando cada vez mais curta, cabe a você, gestor moderno, impulsionar a transformação de sua empresa antes que o mundo hipercompetitivo a exija e sua organização se torne decadente.

Anexo

TABELA I: DISTRIBUIÇÃO NORMAL PADRÃO ACUMULADA

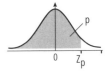

Fornece Φ (z) = P (– ∞ < Z ≤ z), para todo z, de 0,01 em 0,01, desde z = 0,00 até z = 3,59
A distribuição de Z é normal (0;1)

z	0,00	0,01	0,02	0,03	0,04	0,05	0,06	0,07	0,08	0,09
0,0	0,5000	0,5040	0,5080	0,5120	0,5160	0,5199	0,5239	0,5279	0,5319	0,5359
0,1	0,5398	0,5438	0,5478	0,5517	0,5557	0,5596	0,5636	0,5675	0,5714	0,5753
0,2	0,5793	0,5832	0,5871	0,5910	0,5948	0,5987	0,6026	0,6064	0,6103	0,6141
0,3	0,6179	0,6217	0,6255	0,6293	0,6331	0,6368	0,6406	0,6443	0,6480	0,6517
0,4	0,6554	0,6591	0,6628	0,6664	0,6700	0,6736	0,6772	0,6808	0,6844	0,6879
0,5	0,6915	0,6950	0,6985	0,7019	0,7054	0,7088	0,7123	0,7157	0,7190	0,7224
0,6	0,7257	0,7291	0,7324	0,7357	0,7389	0,7422	0,7454	0,7486	0,7517	0,7549
0,7	0,7580	0,7611	0,7642	0,7673	0,7704	0,7734	0,7764	0,7794	0,7823	0,7852
0,8	0,7881	0,7910	0,7939	0,7967	0,7995	0,8023	0,8051	0,8078	0,8106	0,8133
0,9	0,8159	0,8186	0,8212	0,8238	0,8264	0,8289	0,8315	0,8340	0,8365	0,8389
1,0	0,8413	0,8438	0,8461	0,8485	0,8508	0,8531	0,8554	0,8577	0,8599	0,8621
1,1	0,8643	0,8665	0,8686	0,8708	0,8729	0,8749	0,8770	0,8790	0,8810	0,8830
1,2	0,8849	0,8869	0,8888	0,8907	0,8925	0,8944	0,8962	0,8980	0,8997	0,9015
1,3	0,9032	0,9049	0,9066	0,9082	0,9099	0,9115	0,9131	0,9147	0,9162	0,9177
1,4	0,9192	0,9207	0,9222	0,9236	0,9251	0,9265	0,9279	0,9292	0,9306	0,9319
1,5	0,9332	0,9345	0,9357	0,9370	0,9382	0,9394	0,9406	0,9418	0,9429	0,9441
1,6	0,9452	0,9463	0,9474	0,9484	0,9495	0,9505	0,9515	0,9525	0,9535	0,9545
1,7	0,9554	0,9564	0,9573	0,9582	0,9591	0,9599	0,9608	0,9616	0,9625	0,9633
1,8	0,9641	0,9649	0,9656	0,9664	0,9671	0,9678	0,9686	0,9693	0,9699	0,9706
1,9	0,9713	0,9719	0,9726	0,9732	0,9738	0,9744	0,9750	0,9756	0,9761	0,9767
2,0	0,9772	0,9778	0,9783	0,9788	0,9793	0,9798	0,9803	0,9808	0,9812	0,9817
2,1	0,9821	0,9826	0,9830	0,9834	0,9838	0,9842	0,9846	0,9850	0,9854	0,9857
2,2	0,9861	0,9864	0,9868	0,9871	0,9875	0,9878	0,9881	0,9884	0,9887	0,9890
2,3	0,9893	0,9896	0,9898	0,9901	0,9904	0,9906	0,9909	0,9911	0,9913	0,9916
2,4	0,9918	0,9920	0,9922	0,9925	0,9927	0,9929	0,9931	0,9932	0,9934	0,9936
2,5	0,9938	0,9940	0,9941	0,9943	0,9945	0,9946	0,9948	0,9949	0,9951	0,9952
2,6	0,9953	0,9955	0,9956	0,9957	0,9959	0,9960	0,9961	0,9962	0,9963	0,9964
2,7	0,9965	0,9966	0,9967	0,9968	0,9969	0,9970	0,9971	0,9972	0,9973	0,9974
2,8	0,9974	0,9975	0,9976	0,9977	0,9977	0,9978	0,9979	0,9979	0,9980	0,9981
2,9	0,9981	0,9982	0,9982	0,9983	0,9984	0,9984	0,9985	0,9985	0,9986	0,9986
3,0	0,9987	0,9987	0,9987	0,9988	0,9988	0,9989	0,9989	0,9989	0,9990	0,9990
3,1	0,9990	0,9991	0,9991	0,9991	0,9992	0,9992	0,9992	0,9992	0,9993	0,9993
3,2	0,9993	0,9993	0,9994	0,9994	0,9994	0,9994	0,9994	0,9995	0,9995	0,9995
3,3	0,9995	0,9995	0,9995	0,9996	0,9996	0,9996	0,9996	0,9996	0,9996	0,9997
3,4	0,9997	0,9997	0,9997	0,9997	0,9997	0,9997	0,9997	0,9997	0,9997	0,9998
3,5	0,9998	0,9998	0,9998	0,9998	0,9998	0,9998	0,9998	0,9998	0,9998	0,9998

Obs.: Se z < 0, então Φ (z) = P (– ∞ < Z ≤ z) = 1 – Φ (– z).

Referências

AGUILAR, L. *Fundamentos de programação: algoritmos, estruturas de dados e objetos*. 3. ed. Porto Alegre: AMGH, 2011.

ANDRADE, A. *Planejamento estratégico: formulação, implementação e controle*. 2. ed. São Paulo: Atlas, 2016.

ANTON, H.; BUSBY, R. *Álgebra linear contemporânea*. Porto Alegre: Bookman, 2007.

ARAÚJO, L; GARCIA, A; MARTINES, S. *Gestão de processos: melhores resultados e excelência organizacional*. 2. ed. São Paulo: Atlas, 2017.

BECKER, J. *Estatística básica: transformando dados em informação*. Porto Alegre: Bookman, 2015.

BLANCHARD, O. *Macroeconomia*. 5. ed. São Paulo: Pearson Prentice Hall, 2011.

BRUNI, A. *Estatística aplicada à gestão empresarial*. 2. ed. São Paulo: Atlas, 2010.

BROCKE, J; ROSEMANN, M. *Manual de BPM: gestão de processos de negócios*. Porto Alegre: Bookman, 2013.

CASTRO, L.; FERRARI, D. *Introdução à mineração de dados: conceitos básicos, algoritmos e aplicações*. São Paulo: Saraiva, 2016.

CAVALCANTI, F.; SILVEIRA, J. *Fundamentos de gestão de projetos: gestão de riscos*. São Paulo: Atlas, 2016.

CHARAN, R; DROTTER, S.; NOEL, J. *The leadership pipeline: how to build the leadership-powered company*. Califórnia: Jossey-Bass, 2001.

CHIAVENATO, I.; SAPIRO, A. *Planejamento estratégico: fundamentos e aplicações*. 3. ed. Rio de Janeiro: Campus--Elsevier, 2016.

COLLINS, J; PORRAS, J. *Feitas para durar: práticas bem-sucedidas de empresas visionárias*. 9. ed. Rio de Janeiro: Rocco, 2015.

Comitê de Pronunciamentos Contábeis – CPC. Disponível em: <http://www.cpc.org.br/CPC>. Acesso em: 2018.

CRUZ, T. *Manual do planejamento estratégico: ferramentas para desenvolver, executar e aplicar*. São Paulo: Atlas, 2017.

CRUZ, T. *Manual para gerenciamento de processos de negócio: metodologia DOMP^{tm} (documentação, organização e melhoria de processos)*. São Paulo: Atlas, 2015b.

CRUZ, T. *Sistemas, métodos & processos: administrando organizações por meio de processos de negócios*. 3. ed. São Paulo: Atlas, 2015a.

DAMODARAN, A. *Gestão estratégica do risco: uma referência para a tomada de riscos empresariais*. Porto Alegre: Bookman, 2009.

DOBBS, R.; HARRIS, D.; RASMUSSEN, A. *When should CFO'S take the help?* 2006. Disponível em: <https://www.mckinsey.com/business-functions/strategy-and-corporate-finance/our-insights/when-should-cfos-take-the-helm>. Acesso em: 2018.

FAYOL, H. *Administration industrielle et generale: prevoyance, organisation, commandement, coordination, controle*. Paris: Dunod, 1966.

FERNANDES, B.; BERTON, L. *Administração estratégica: da competência empreendedora à avaliação de desempenho*. 2. ed. São Paulo: Saraiva, 2012.

FREZATTI, F. *Orçamento empresarial: planejamento e controle gerencial*. 6. ed. São Paulo: Atlas, 2017.

HIGGINS, R. *Analysis for financial management*. 8. ed. International Edition. Singapore: McGraw-Hill, 2007.

HITT, M.; IRELAND, R.; HOSKISSON, R. *Administração estratégica*. 2. ed. São Paulo: Cengage Learning, 2008.

HOPE, J.; FRASER, R. *Beyond budgeting: how managers can break from the annual performance trap*. Boston: Harvard Business School Press, 2003.

ISMAIL, S.; MALONE, M; VAN GEEST, Y. *Organizações exponenciais: por que elas são 10 vezes melhores, mais rápidas e mais baratas que a sua (e o que fazer a respeito)*. Tradução de Yamagami, Gerson. São Paulo: HSM Editora, 2015.

IUDÍCIBUS, S.; MARION, J. *Curso de contabilidade para não contadores*. 7. ed. São Paulo: Atlas, 2011.

JÚNIOR, A.; CHEROBIM, A.; RIGO, C. *Fundamentos de finanças empresariais: técnicas e práticas essenciais*. Rio de Janeiro: LTC, 2017.

KOTLER, P.; KELLER, K. *Administração de marketing*. 12. ed. São Paulo: Pearson, 2006.

KRAJEWSKI, L; RITZMAN, L; MALHOTRA, M. *Administração de produção e operações*. 8. ed. São Paulo: Pearson, 2009.

KUAZAQUI, E. *Planejamento estratégico*. São Paulo: Cengage Learning, 2016.

LARSON, E.; GRAY, C. *Gerenciamento de projetos: o processo gerencial*. 6. ed. Porto Alegre: AMGH, 2016.

LIMA, F. *Análise de riscos*. 2. ed. São Paulo: Atlas, 2018.

LIPSCHUTZ, S.; LIPSON, M. *Álgebra linear*. 4. ed. Porto Alegre: Bookman, 2011.

LIPTON, M.; FINZI, B. *Leadership transitions: Making the leap from CFO to CEO*. 2016. Disponível em: <https://www2.deloitte.com/insights/us/en/topics/leadership/leadership-transitions-from-cfo-to-ceo.html#endnote-1>. Acesso em: 2018.

LOCK, R. *et al. Estatística: revelando o poder dos dados*. Rio de Janeiro: LTC, 2017.

LUCCA, G. *Gestão estratégica balanceada: um enfoque nas boas práticas estratégicas*. São Paulo: Atlas, 2013.

MAGRETTA, J. *Entendendo Michael Porter: o guia essencial da competição estratégica*. São Paulo: HSM Editora, 2012.

MANKIW, N. Gregory. *Principles of economics*. 2. ed. Orlando: Harcourt College Publishers, 2001.

MARTINS, E.; GELBCKE, E; SANTOS, A; IUDÍCIBUS, S. *Manual de contabilidade societária*. 2. ed. São Paulo: Atlas, 2013.

MORETTIN, P.; HAZZAN, S.; BUSSAB, W. *Cálculo: funções de uma e várias variáveis*. 3. ed. São Paulo: Saraiva, 2016.

MÜLLER, C. *Planejamento estratégico, indicadores e processos: uma integração necessária*. São Paulo: Atlas, 2014.

NETO, A.; SILVA, C. *Administração do capital de giro*. 4. Ed. São Paulo: Atlas, 2012.

OLIVEIRA, D. *Administração de processos: conceitos, metodologia, práticas*. 5. ed. São Paulo: Atlas, 2013.

OLIVEIRA, D. *Planejamento estratégico: conceitos, metodologia e práticas*. 34. ed. São Paulo: Atlas, 2018.

OSTERWALDER, A.; PIGNEUR, Y. *Business model generation: inovação em modelos de negócios*. Rio de Janeiro: Alta Books, 2011.

PADOVEZE, C.; FRANCISCHETTI, C. *Planejamento econômico e orçamento: contabilometria integrando estratégia e planejamento orçamentário*. São Paulo: Saraiva, 2018.

PEREIRA, M. *Planejamento estratégico: teorias, modelos e processos*. Vol. 1. São Paulo: Editora Atlas, 2010.

PFEFFER, J; SUTTON, R. *A verdade dos fatos: gerenciamento baseado em evidências*. Rio de Janeiro: Elsevier, 2006.

ROBBINS, S.; JUDGE, T.; SOBRAL, F. *Comportamento organizacional: teoria e prática no contexto brasileiro*. 14. ed. São Paulo: Pearson Prentice Hall, 2010.

ROSS, S.; WESTERFIELD, R.; JAFFE, J. *Administração financeira*. 2. ed. São Paulo: Atlas, 2011.

SÁ, C. *Fluxo de caixa: a visão da tesouraria e da controladoria*. 3. ed. São Paulo: Atlas, 2009.

SANVICENTE, A.; SANTOS, C. *Orçamento na administração de empresas: planejamento e controle*. 2. ed. São Paulo: Atlas, 2013.

SAVITZ, E. *The path to becoming a Fortune 500 CEO*. 2011. Disponível em: <https://www.forbes.com/sites/ciocentral/2011/12/05/the-path-to-becoming-a-fortune-500-ceo/#7f43db5c709b>. Acesso em: 2018.

SERRA, F. et al. *Gestão estratégica: conceitos e casos*. São Paulo: Atlas, 2014.

SOUZA, A. *Curso de administração financeira e orçamento: princípios e aplicações*. São Paulo: Atlas, 2014.

TAVARES, M. *Gestão estratégica*. 3. ed. São Paulo: Atlas, 2010.

TAYLOR, J. *Economia*. 2. ed. Boston: Houghton Mifflin Co., 1998.

TOZZI, A.; COSTA, J. *Revolução orçamentária: o avanço do orçamento base zero (OBZ)*. São Paulo: Trevisan Editora, 2017.

ULRICH, D.; SMALLWOOD, N.; SWEETMAN, K. *O código da liderança: cinco regras para fazer diferença*. 3. ed. Rio de Janeiro: Best Seller, 2012.

A Editora Senac Rio publica livros nas áreas de Beleza e Estética, Ciências Humanas, Comunicação e Artes, Desenvolvimento Social, Design e Arquitetura, Educação, Gastronomia e Enologia, Gestão e Negócios, Informática, Meio Ambiente, Moda, Saúde, Turismo e Hotelaria.

Visite o site www.rj.senac.br/editora, escolha os títulos de sua preferência e boa leitura.

Fique atento aos nossos próximos lançamentos!

À venda nas melhores livrarias do país.

Editora Senac Rio

Tel.: (21) 2018-9020 Ramal: 8516 (Comercial)

comercial.editora@rj.senac.br

Fale conosco: faleconosco@rj.senac.br

Este livro foi composto nas tipografias Bembo, Avenir e Priori Sans e impresso pela Imos Gráfica e Editora Ltda., em papel *offset* 90 g/m², para a Editora Senac Rio, em agosto de 2022.